Marie-Pierre Gibert
Anne Monjaret

Anthropologie du travail

ARMAND COLIN

U Sociologie

Ouvrage sous la direction de
Anne-Marie Arborio et Olivier Martin

Mise en page : Belle Page
Illustration de couverture : © Getty Images

Armand Colin est une marque de
Dunod Éditeur, 11 rue Paul Bert 92240 Malakoff

ISBN : 978-2-200-62453-8
www.armand-colin.com

Introduction

Jalons pour une anthropologie du travail

Envisagé au sens des « diverses manières inventées par l'Homme pour agir sur son environnement naturel et en extraire les moyens matériels de son existence sociale » (Godelier, 1991, p. 717), le travail occupe une place centrale dans la vie humaine. Il s'agit même de « la colonne vertébrale qui structure la manière dont les gens vivent, dont ils entrent en contact avec la réalité matérielle et sociale, et dont ils obtiennent statut et estime de soi » (Applebaum, 1992, p. IX, *notre traduction*[1]). Cette activité touche à la fois à l'humain (techniques du corps, savoir-faire, comportements, valeurs, représentations, motivations, satisfactions, contraintes, etc.) et à son environnement (matériaux, outils, nature, espace, etc.). Quels que soient son terrain et son objet de recherche, tout anthropologue[2], étudiant[3] comme chercheur confirmé, est donc susceptible d'y être confronté à un moment ou à un autre.

Toutefois, un état des lieux de la littérature anthropologique en ce début du XXIe siècle montre qu'en France en particulier, et dans une moindre mesure ailleurs en Europe, s'il existe de nombreuses recherches ayant touché d'une manière ou d'une autre à la question du travail, celles-ci restent encore dispersées. Un champ de l'« anthropologie du travail » n'est pas réellement constitué; l'usage de cette appellation, et surtout les publications ou enseignements qui s'en réclament expressément, sont encore relativement rares. Nous manquons ainsi cruellement de manuels

1. Sauf indication contraire, toutes les traductions ont été effectuées par les auteures de cet ouvrage.
2. Dans ce manuel, nous envisagerons les termes « anthropologue » et « ethnologue » comme des synonymes, tout en conservant les termes originaux utilisés dans les citations.
3. Par souci de clarté dans l'écriture, nous avons choisi de maintenir la forme générique utilisant le masculin.

d'anthropologie (ou simplement de chapitres) qui s'attacheraient spécifiquement à l'étude des différentes dimensions de l'activité humaine que nous qualifions de « travail », ou de textes généraux sur l'histoire de l'anthropologie du travail. C'est pour cette raison que nous avons choisi de débuter ce manuel, premier du genre en France, par une introduction résolument épistémologique avant d'adopter, dans le corps de l'ouvrage, une organisation qui fasse la part belle aux thématiques de recherches plutôt qu'à l'histoire de ce champ, et qui montre ce que l'anthropologie apporte à l'analyse du travail. Nous ne souhaitons donc pas limiter cet ouvrage à une histoire de la discipline, mais il nous paraît nécessaire de consacrer une partie de l'introduction à saisir les conditions de production des textes anthropologiques sur le travail, et plus largement celles de l'émergence d'un champ disciplinaire, afin de mieux comprendre les résultats présentés par la suite.

Nous montrerons tout d'abord la grande relativité de la notion de travail, ainsi que les apports et les limites de certaines conceptions pour penser anthropologiquement le travail. Nous brosserons ensuite un bref historique des différents cheminements analytiques (et pour partie, institutionnels) portant sur le travail en anthropologie, en concentrant notre regard sur la situation française, avec des contrepoints venant d'autres pays européens et des États-Unis. Enfin, nous présenterons le déroulé des chapitres de ce manuel.

1. Des conceptions plurielles du « travail »

La notion de « travail » est éminemment polysémique. « Aucune définition n'est satisfaisante, car le travail (*work*[1]) est lié à toutes les activités humaines, et il faudrait les épuiser toutes pour épuiser les différents domaines du travail » (Applebaum, 1992, p. x). Essayons toutefois d'en déployer les nombreuses dimensions et de déceler les variations et les caractéristiques communes associées au terme « travail ».

1.1. Au-delà de l'emploi

Nombre d'anthropologues nous mettent en garde contre une limite récurrente : celle d'une confusion entre « travailler » et « avoir un emploi » (qui plus est un emploi formel, sous contrat, payé, voire salarié), alors même

1. Le mot français *travail* peut être traduit, en anglais, par *work* ou par *labo(u)r*. Nous verrons plus loin que le choix de l'un ou de l'autre terme est signifiant pour certains auteurs. Pour cette raison, lorsque nous traduisons les propos d'un auteur anglophone, nous indiquons systématiquement lequel des deux termes est utilisé. La différence orthographique entre *labor* (États-Unis) et *labour* (Royaume-Uni) est respectée dans les citations. En revanche, nous avons choisi d'adopter l'orthographe britannique lorsque nous employons ce terme à notre compte.

qu'il existe de nombreuses activités de travail n'entrant pas dans ce cadre restreint : bénévolat, loisirs amateurs à haut niveau d'expertise (sport, musique, etc.), jardinage, bricolage, études, recherche d'emploi, retraite active, ou encore travail domestique et esclavage. Cette confusion, qui a pour effet de réduire la complexité sociale associée au terme « travail », est pourtant particulièrement courante dans l'usage commun de ce terme dans la plupart des sociétés actuelles. Ce tropisme tient notamment au contexte d'apparition du « concept abstrait de travail », contexte défini à la fois par une période temporelle (le milieu du XVIIIe siècle), un espace géographique (l'Europe), l'invention d'une discipline (l'économie politique) et une situation socio-économique précise (le développement de l'industrie) :

> « Le concept abstrait de travail est [...] né à une époque où s'effondraient les distinctions qui cloisonnaient les diverses formes de travail et empêchaient leur comparaison, où les produits de toutes les formes de travail se transformaient de plus en plus en marchandises dont les valeurs d'usage et d'échange se mesuraient à un même équivalent, l'argent, et où le travail lui-même revêtait progressivement la même forme sociale, celle du travail salarié accompli par des individus désormais libres de leur personne mais contraints pour subsister de vendre l'usage de leur force de travail - devenue elle-même marchandise - à ceux qui détenaient la propriété des moyens de production et de l'argent » (Godelier, 1991, p. 717).

Le néolibéralisme à l'œuvre à l'échelle globale depuis les dernières décades du XXe siècle contribue à sa manière à restreindre encore la conception du travail :

> « La conceptualisation néolibérale du travail [*labor*] centrée sur le marché est qu'il s'agit d'une abstraction, d'une ligne dans un budget, non ancrée dans un lieu ou une organisation, d'une marchandise à laquelle on a accès grâce aux moyens les moins onéreux, jetable et remplaçable sans autre relation à l'entreprise que celle de l'approvisionnement en main-d'œuvre » (Durrenberger, 2017, p. 9).

Un décalage du regard, qui ne fait de la conception « travail = emploi » qu'*une* représentation du travail parmi d'autres, et éminemment située, est une première étape nécessaire à l'anthropologie du travail. Ne pas prendre conscience des spécificités de cette configuration risque de réduire drastiquement la réflexion anthropologique en excluant de nombreuses activités. Il s'agit au contraire d'entendre ici le travail dans la pluralité de ses acceptions et d'embrasser le plus largement possible cet objet anthropologique.

1.2. Diversité linguistique, culturelle, sociale, spatiale, temporelle

La présence d'une notion « travail » au sein d'un groupe social, linguistique ou culturel, dans le temps ou dans l'espace, est loin d'être une évidence. Et quand bien même elle existerait, ce qu'elle signifie pour tel ou tel groupe est relatif. À l'intérieur d'une société, les conceptions du travail peuvent fortement varier, en fonction des classes d'âges, du genre, des groupes professionnels, etc. Ainsi, « travail, travailler, travailleur [...] [sont un] ensemble de mots et d'idées qui appartiennent à une culture et à une époque, et qui sont ethnocentrés, ethnocentriques » (Godelier, 1981, p. 10).

La comparaison, chère à l'anthropologie, nourrit cette réflexion et confirme combien les acceptions sont multiples. Parmi les travaux francophones, l'article « Sociétés avec et sans concept de travail » (Chamoux, 1994) offre un excellent aperçu de ces différences à travers des aires géographiques et des périodes historiques variées, tandis qu'un collectif d'anthropologues et d'historiens allemands et français offre une réflexion à l'échelle d'un continent dans *Le travail en Afrique noire. Représentations et pratiques à l'époque contemporaine* (Almeida-Topor, Lakroum, Spittler, 2003). En monde anglophone, plusieurs ouvrages dressent un large panorama d'ethnographies soulignant ces différences de représentations et de perceptions du travail à travers le temps et l'espace : quoiqu'un peu anciens désormais, citons *Social Anthropology of Work* (Wallman, 1979) ainsi que les deux volumes collectifs *Work in Non-Market and Transitional Societies* (Applebaum, 1984a) et *Work in Market and Industrial Societies* (Applebaum, 1984b). Plus récemment, deux spécialistes d'anthropologie économique ont dirigé l'ouvrage collectif *Labor in Cross-Cultural Perspective* (Durrenberger, Marti, 2006). Les recherches montrent de nombreux cas de figure. Tantôt nous ne trouvons aucun équivalent au terme « travail » dans le vocabulaire usité d'une société ou d'une langue ; tantôt nous trouvons au contraire plusieurs termes qui recouvrent ce qui est désigné par un terme unique en français. Dans d'autres cas, un semblant d'équivalence avec le terme « travail » cache en fait un décalage de conception plus ou moins radical. D'autres études soulignent que, parfois, ce n'est pas tant ce que la notion « travail » signifie dans tel ou tel groupe social ou société qui importe, mais plutôt ce à quoi elle s'oppose... Ce constat confirme aux anthropologues qu'il est nécessaire d'adopter le point de vue de celles et ceux qui font l'activité pour mieux comprendre les tenants et les aboutissants des terminologies utilisées, de leurs conceptions, représentations et perceptions du « travail ». Cette approche est au cœur de la démarche anthropologique.

Prenons l'exemple d'une langue (et du groupe culturel de ses locuteurs) dans laquelle il n'existe pas de notion générique qui correspondrait à celle de « travail » dans la langue française : la langue achuar, en Amazonie équatorienne (Descola, 1983). Chez les Indiens Achuar, le terme *takát* recouvre certaines activités qui, en français, pourraient être rangées sous le terme de « travail » à partir du moment où celui-ci est entendu comme « l'idée d'un ensemble cohérent d'opérations techniques visant à produire tous les moyens matériels nécessaires à leur existence » (Descola, 1983, p. 63). Ainsi, parmi d'autres, les activités horticoles (essarter, planter, récolter) sont qualifiées de *takát.* En revanche, la chasse, la pêche, la cueillette, ou encore le tissage, ne le sont pas. En outre, les membres de cette population distinguent le *takát* du *trabajo,* et utilisent ce terme espagnol pour désigner les activités menées par certains des leurs, comme celles des ouvriers non qualifiés embauchés par des compagnies pétrolières. Les Achuar établissent donc une dichotomie linguistique et notionnelle entre deux ensembles d'activités considérées comme deux réalités parfaitement distinctes pour eux, quand bien même certaines sont techniquement identiques (ouvrir une piste en forêt à l'aide d'une machette par exemple). *Takát* désigne une activité qui touche à la qualité intrinsèque d'être humain, à l'essence même de l'individu. Celui qui l'accomplit en maîtrise les tenants et les aboutissants. Le *trabajo,* au contraire, est une activité qui demeure extérieure à celui qui l'effectue, et qui n'affecte pas en profondeur le sujet agissant. De plus, le *takát* n'est pas basé sur un échange marchand, alors que la réalisation d'un *trabajo* nécessite de payer l'individu qui l'a effectué. L'étude du champ lexical du terme *takát* et de ce à quoi s'oppose ce terme indigène, met en lumière la « coexistence implicite de deux représentations contrastées d'un même type d'activité technique : le *takát* "travail-qualité" et le *trabajo* "travail-marchandise", cette coexistence n'étant rendue possible que par l'usage de deux termes appartenant à des lexiques distincts et renvoyant à deux types de réalités incompatibles » (Descola, 1983, p. 64).

La variabilité dans le temps doit également être prise en compte pour envisager le travail dans une perspective anthropologique. Un ouvrage comme *The Concept of Work* (Applebaum, 1992), qui offre une synthèse des approches du concept de « travail » dans l'histoire de l'Europe et de l'Amérique du Nord, allant de la Grèce homérique au XXe siècle, aide à mesurer la nécessité d'analyse de cette variabilité. Les travaux d'historiens viennent confirmer l'utilité de cette démarche pour qui s'intéresse au travail. Certains montrent par exemple le décalage entre la catégorie actuelle de « travail » en français et la conception ayant cours dans le monde grec antique (Vernant, 1965). En effet,

> « le mot travail n'a pas d'équivalent exact en grec. *Ponos* s'applique à toutes les activités qui exigent un effort pénible sans que celui-ci soit toujours productif. [...] *Ergasia, ergasesthai* que nous traduisons par "travail", "travailler", semblent

s'appliquer au travail agricole et à l'activité financière l'intérêt ("travail") du capital. Quant à *ergon* – l'"œuvre" – le mot a un sens très large, et concerne l'activité dans son aspect le plus général. "*Hergon,* dit J.-P. Vernant, c'est pour chaque chose ou chaque être le produit de la vertu propre", son excellence [Vernant, 1965, p. 198]. *L'ergon* procède d'ailleurs aussi bien de la production – *poïèsis* – que de l'action – *praxis.* La production, en effet, concerne le faire de l'artisan et a une fin différente d'elle-même (son résultat) tandis que l'action, selon la définition d'Aristote, à sa fin en elle-même : c'est l'action réussie elle-même qui est sa propre fin » (Kanelopoulos, 2010, p. 337).

En soulignant l'existence de trois termes distincts, cette étude historique apporte des nuances extrêmement utiles pour réfléchir anthropologiquement aux différentes dimensions de la notion française de travail aujourd'hui en termes d'effort, action, production, etc.

Pour penser la relativité de la notion de « travail », il est également important de saisir l'effet conjugué de plusieurs critères. Par exemple, la juxtaposition de deux situations, celle d'un artiste au Royaume-Uni d'un côté, et celle d'un paysan au Lesotho de l'autre, permet d'obtenir un double contraste – géographique (Europe/Afrique australe) et professionnel (travail artistique/travail agricole) (Wallman, 1979). Le premier cas de figure évoque un comédien britannique qui accepte un « petit boulot » (*job*), payé, entre deux contrats d'acteur, pour, dit-il « se reposer », précisant que « ce n'est pas du travail (*work*), c'est juste pour l'argent ». Le second montre un paysan lesothan labourant son champ et expliquant que le dur labeur (*labour*) de la terre « n'est pas du travail (*work*) ». Selon lui, ce sont les activités annexes, qu'il lui arrive de prendre et pour lesquelles il est payé en argent, qui sont associées au « *travail* » (Wallman, 1979, p. 3). La mise en perspective de ces différentes conceptions (acteur au Royaume-Uni, paysan au Lesotho, mais aussi langue achuar en Amazonie et pensée grecque antique) fait apparaître l'articulation de trois dimensions – effort physique, rétribution et savoir-faire – que chacun articule différemment, pour qualifier ou non de « travail », ses activités, parfois de manière totalement inverse.

D'autres raisons peuvent être évoquées pour expliquer pourquoi certaines sphères d'activités de la vie humaine sont parfois écartées de la conception du travail. Celle du manque de « reconnaissance » – reconnaissance financière (activité de travail non rémunérée), reconnaissance sociale (travail non valorisé socialement) et reconnaissance légale (travail informel et/ou illégal) – est l'une d'elles. Cette notion a largement été développée par le philosophe et sociologue Axel Honneth (1996, 2000) et est aujourd'hui mobilisée dans les sciences humaines et sociales en général. Cette question de la (non) reconnaissance du travail est souvent liée à des formes d'invisibilité ou d'invisibilisation des activités de travail effectuées à l'échelle d'un groupe ou d'une société. La notion de « travail invisible », développée dès la fin des années 1980 par Arlene K. Daniels (1987), a été reconceptualisée par la sociologue Erin Hatton (2017) après trente ans d'usages très variés à travers les sciences humaines et sociales. Elle nous intéresse ici pour penser les multiples sphères et activités de la vie humaine auxquelles le terme de « travail » est rarement accolé. Selon Erin Hatton, trois types de mécanismes mènent à une invisibilisation de certaines activités de travail : mécanismes « socioculturels » (liés à des idéologies d'inégalité entre genres, races, classes, âges, sexualité, etc., jouant à la fois au niveau du corps et des compétences), « sociolégaux » et « sociospaciaux » (liés à des perceptions divergentes concernant la notion de lieu de travail, celles de sphère publique/sphère privée, etc.) (voir son diagramme 2017, p. 339).

Il s'agit donc pour l'anthropologue de s'intéresser au « comment » et au « qui » du travail et des formes de sa reconnaissance, c'est-à-dire d'étudier dans une perspective large les interactions, relations et réseaux, sociaux et familiaux, au et du travail, à la fois pour l'individu et pour le collectif (équipe de travail, collectif de lutte, etc.). La part importante de la reconnaissance sociale apportée par le travail est ainsi particulièrement mise en exergue par le chômage forcé ; celui-ci n'est pas seulement problématique en termes de perte de revenus, mais en termes d'identité individuelle et d'identité sociale. Une telle situation incite Sandra Wallman à revoir la question classique « Qu'est-ce que le travail ? » (*What is work about ?*) afin de s'interroger sur ce que signifierait « ne pas travailler » si cela n'avait pas d'implication financière – par exemple si les individus vivaient dans un système où l'État payait de toute façon les dépenses de base des citoyens. Cette reconsidération permet de sortir d'une pensée commune qui propose une approche restrictive de « travail = emploi et/ou salaire » et d'élargir les propositions analytiques sur les autres et multiples motivations au travail (Wallman, 1979, p. 5).

Il apparaît donc central de prendre en compte le contexte culturel, linguistique, temporel, autant que social et professionnel, des situations étudiées, ainsi que les différents mécanismes qui concourent à l'existence de nombreux domaines de travail non reconnu financièrement, socialement et/ou légalement. Poursuivons ce tour d'horizon des formes restrictives d'interprétation du travail que nous souhaitons dépasser grâce à une approche anthropologique.

1.3. Le travail, entre effort et apport

Les exemples qui précèdent ont montré que le travail est caractérisé par la mise en jeu du corps humain dans une articulation entre : effort physique (y compris intellectuel), savoir-faire et « rétributions » de natures diverses.

Tandis que certaines perspectives (approches scientifiques, mais aussi échanges ordinaires, discours politiques ou propositions médiatiques) mettent avant tout l'accent sur l'effort lui-même – son intensité pouvant aller jusqu'à la pénibilité –, d'autres propositions réfléchissent davantage à ce qu'apportent ces efforts à celui ou celle qui les réalise.

Lorsque la question du *travail* est évoquée en français (ou plus largement dans une langue romane), qu'il s'agisse d'une allusion spontanée au cours d'un échange ordinaire ou d'un texte scientifique, la référence à une étymologie latine de ce terme surgit rapidement, le *tripalium* – instrument de torture constitué de trois pieux –, justifiant l'association entre travail et souffrance. À cette référence au *tripalium,* s'ajoute l'influence judéo-chrétienne qui vient renforcer une représentation du travail comme douleur et souffrance induite par cette étymologie, la doublant d'une notion de contrainte, puisque dans cette acception religieuse, le travail est une punition divine énoncée lors du bannissement originel d'Adam et Ève hors du paradis. Ceux-ci, chassés, sont accompagnés des imprécations divines[1], l'une destinée à Adam : « À la sueur de ton visage tu mangeras du pain » (Genèse 3.19), l'autre à Ève : « c'est péniblement que tu enfanteras des fils » (Genèse 3.16)[2]. Toutefois, pour les locuteurs de langues non romanes, ou pour les membres d'une société dont les valeurs ne sont pas empreintes de judéo-christianisme, le présupposé « travail = souffrance » ne fait aucun sens s'il se base sur ces justifications étymologique ou religieuse.

En outre, l'étymologie *tripalium* est contestée depuis longtemps par de nombreux linguistes mais elle a la dent dure... Ceux qui la récusent lui préfèrent notamment celle de *trab-* (lat. « poutre ») dont proviendraient notamment le français *entraver* et l'espagnol *trabajar.* Centrant la recherche sur les termes espagnols « *trabajo-trabajar(se)* », il est possible de s'écarter de l'étymologie *tripalium* pour envisager plutôt le travail comme un effort ou une tension vers un but, rencontrant une résistance (Delport, 1984). L'analyse du terme français permet d'arriver à une conclusion connexe qui met en avant la « rupture, sous la pression d'une intervention extérieure, [de] "l'en soi-pour soi-chez soi" » (Eskénazi, 2008, p. 359), en d'autres termes, la notion d'effort menant à la différenciation entre activité de travail et sphère privée. Certains auteurs préfèrent donc insister sur le fait que, même si, en français, le terme travail renvoie historiquement (XIIe-XVIe siècle) à la notion de fatigue[3], celle-ci provient de l'effort et de

1. Les versets 19 et 16 cités sont ceux de la traduction œcuménique de la Bible.
2. Le terme « travail » désigne le processus d'accouchement dans plusieurs langues indo-européennes : en français, en anglais (*labour*), en italien (*lavoro*) ou en espagnol (*trabajo*), pour n'en citer que quelques-unes.
3. Selon l'entrée « Travail » du Portail lexical, section étymologie, du Centre National de Ressources Textuelles et Lexicales (CNRTL) (édition en ligne, consultée le 14/09/2019).

la persévérance dans la tâche effectuée, et non d'une douleur intrinsèque au travail en général. Or, cet effort a un objectif : il produit des effets, et c'est à cela que s'intéressent également les anthropologues. La plupart des définitions anthropologiques du travail contiennent l'idée que le travail consiste avant tout en une action sur la nature, voire sa transformation, dont la visée est de produire des moyens de subsistance et d'organisation sociale. Tandis que de nombreux économistes voient d'abord la dimension du travail sous l'angle de la production de biens et de valeurs, les anthropologues notamment considèrent que la question de ce que produit le travail va au-delà des moyens de subsistance ou des gains économiques. S'il y a bien production d'une dépense physique du corps – et c'est souvent à cette dépense que renvoient les approches insistant sur la souffrance corporelle infligée par le travail –, le travail agit aussi en profondeur, sur les dimensions sociales de l'individu, le sujet agissant.

Quelques définitions anthropologiques du travail

Les anthropologues se sont essayés à formuler une définition générale qui englobe les variations linguistiques, culturelles, sociales, spatiales, temporelles, etc., en soulignant les caractéristiques communes du travail. En voici quelques-unes, présentées par ordre chronologique :

« Nous pouvons [...] définir le travail (*labour*) comme une activité systématique, ayant un but, standardisée par tradition et vouée à la satisfaction des besoins, la fabrication des moyens de production, et la création d'objets de luxe, de valeur et de renommée » (Malinowski, 1925, p. 927).

« le travail (*work*) [est] tout effort humain ayant pour but de modifier l'environnement physique de l'être humain » (Udy, 1970, p. 3).

« [...] le travail (*work*) est une question de contrôle - physique et psychologique, social et symbolique. Le premier but du travail est le besoin humain de contrôler la nature, d'en arracher un moyen de subsistance et de lui imposer la culture » (Wallman, 1979, p. 1).

« [le travail (*work*) est] l'activité productrice qui transforme l'environnement physique afin de satisfaire les besoins humains » (Applebaum, 1984b, p. 2).

« [le travail correspond aux] diverses manières inventées par l'Homme pour agir sur son environnement naturel et en extraire les moyens matériels de son existence sociale » (Godelier, 1991, p. 717).

« le travail (*work*) utilise les éléments et matériaux de la nature afin d'élaborer les outils avec lesquels faire des objets, cultiver de la nourriture, et contrôler les

> créatures vivantes et les forces de la nature afin de satisfaire les besoins et les souhaits humains » (Applebaum, 1992, p. x).
>
> « le travail (*work*) est le labeur (*labor*) fait par les humains, ou attendu d'eux, et inclus à la fois l'activité mentale et physique, quoique nous distinguions parfois l'une de l'autre. C'est la condition sine qua non de la vie humaine, créant la culture matérielle qui à la fois sépare et protège la nature humaine du monde naturel. Le travail (*work*) est la base de la culture humaine dans la mesure où il n'existe ni croyances, ni valeurs, ni comportements sans cadre matériel, et pas de cadre matériel sans travail (*work*) » (Applebaum, 2000, p. 497).
>
> « Le travail (*work*) est défini comme une activité humaine continue dont le but est de produire des biens et des services. C'est un phénomène qui existe dans toutes les sociétés humaines. [...] Les préoccupations principales de l'anthropologie du travail incluent les interactions entre les humains et la nature, l'utilisation des outils, et l'ancrage institutionnel et culturel du travail. Dans ce cadre, le travail est envisagé comme élément d'un système. Pris sous un autre angle, le travail est étudié comme action et performance » (Spittler, 2001, p. 16565).
>
> « Est définie comme *travail* toute activité humaine intentionnelle aboutissant à la production d'un bien ou d'un service ayant valeur d'usage et valeur d'échange » (Laburthe-Tolra, Warnier, 2016, p. 336).

Quoique les formulations diffèrent, deux ensembles notionnels apparaissent dans toutes les définitions : d'une part, l'idée d'une activité exercée *par* et *avec* des individus ; d'autre part, celle d'une activité exercée *sur* leur environnement. Ces définitions, chacune à sa manière, montrent comment ces deux occurrences sont liées par des relations multiples (systématisme et nécessité de l'activité ; modification et/ou contrôle de la nature ; centralité des relations sociales), qui participent de la construction et de l'entretien de la vie des Hommes en société.

Cette propension du travail à fabriquer du social fut d'ailleurs envisagée dès la première partie du XXe siècle par certains anthropologues. Dans son ouvrage *Coral Gardens and their Magic* publié en 1935 (*Les Jardins de corail*, 2002), Bronislaw Malinowski décrit comment, pour les habitants des îles Trobriand (Nouvelle-Guinée), leurs jardins ne fournissent pas seulement des produits destinés à les nourrir, mais sont tout autant étroitement liés à l'activité cérémonielle du village, et constituent par ailleurs l'un des moyens de prendre du plaisir dans le travail accompli et d'éprouver de la fierté pour celui-ci. Plusieurs décennies après ces écrits de Malinowski, d'autres anthropologues ont à nouveau abordé cette question de front afin d'esquisser une anthropologie du travail. Les motivations ou incitations (*incentive*) au travail – autres que financières ou matérielles – sont vues comme l'une des dimensions cruciales de cette activité humaine, et paraissent être une piste de recherche importante pour les anthropologues désireux de dépasser une perspective économiste lorsqu'ils étudient le travail (Wallman, 1979, p. 4 et suiv.). En effet, « le travail (*work*) concerne autant la transaction sociale que la production matérielle. En réalité, son importance dépend plus souvent de la qualité des relations impliquées dans la répartition, la production ou la distribution des ressources que des faits bruts de la survie matérielle » (Wallman, 1979, p. 2). S'il est fondamental de s'intéresser aux activités du travail, le sens qui est donné au, et par, le travail l'est donc tout autant. Cet appel à la vigilance sera d'ailleurs au cœur de l'ouvrage *Meanings of Work. Considerations for the Twenty-First Century* (Gamst, 1995). Nombre des auteurs participant à ce recueil encouragent l'anthropologie à prendre au sérieux le fait que la « motivation sous-jacente [du travail] est duelle, à la fois sous forme de récompense matérielle et de gratifications sociales, y compris celle de la définition de soi » (Gamst, 1995, p. xv). En outre, la production de soi se faisant rarement seule, elle a besoin d'être « validée » par le regard des autres, d'où l'importance d'interroger les différentes formes de reconnaissance du travail évoquées précédemment.

Plaisir, sens, fierté, récompense, gratification... Loin de la torture, il y a bien des dimensions positives du travail auxquelles l'anthropologue doit prêter l'œil et l'oreille. Or, selon le postulat de départ du chercheur – l'être humain apprécie de travailler par inclinaison naturelle, ou au contraire il le trouve détestable –, la réflexion menée ensuite risque d'être fort différente (Spittler, 2008, p. 32 et suiv.). Il s'agit donc, pour les anthropologues, d'examiner ces différentes dimensions du travail avec minutie.

Cette réflexion sur les apports humains du travail (production de soi, expertise, plaisir, etc.) nous invite à l'observer autrement, à sortir des catégories communes pour élargir toujours davantage notre regard. Le travail est envisagé comme une activité exercée par et avec des êtres humains, sur leur environnement, afin de construire, ordonner et satisfaire leur vie matérielle et sociale. Pour le dire autrement, l'Homme au travail développe un pouvoir d'agir, qui prend forme dans l'appropriation, la maîtrise et l'organisation de son environnement de travail (objets, matières, espaces, corps, relations interpersonnelles, etc.), dans un but non seulement de production matérielle, mais également de production sociale. C'est à déplier et analyser ces différents éléments constitutifs du travail grâce à l'anthropologie que se consacre ce manuel.

2. L'anthropologie du travail comme « champ négligé » ?

Des premiers écrits de Bronislaw Malinowski (1925) aux appels de Maurice Godelier (1980, 1981), de Sandra Wallman et ses collègues au Royaume-Uni (1979) à Gerd Spittler (1990, 2018a) et l'« École de Bayreuth » en Allemagne, en passant par les chercheurs états-uniens rassemblés au sein de la *Society for the Anthropology of Work* et par ceux qui, plus récemment, se revendiquent d'une *anthropology of labour* (Kasmir, Carbonella, 2014), nombre d'anthropologues n'ont cessé, depuis un siècle, de souligner les apports de cette discipline pour la compréhension du travail et d'appeler de leurs vœux le développement d'un champ spécifique. Pourtant, ce champ peine à se structurer. Alors que la thématique du travail apparaît fréquemment dans les réflexions des anthropologues puisqu'elle traverse presque tous les terrains, comment expliquer le fait que les chercheurs préfèrent se réclamer d'autres domaines de la discipline ? Comment comprendre cette apparente divergence entre intérêt pour un objet et absence d'un champ thématique ? Quelles sont les études anthropologiques qui s'en réfèrent implicitement ou explicitement ? Au-delà de la riche production scientifique de quelques « niches », il apparaît que ce sont d'autres domaines, objets ou approches qui ont pris en charge l'étude de ce type d'activités humaines, participant à faire de l'anthropologie du travail un « champ négligé » (Spittler, 2008, p. 11) qui n'a émergé que tardivement. Attardons-nous ici sur les apports de ces principaux domaines et sur les pistes de réflexion contribuant à appréhender cette thématique du travail.

2.1. Le travail au prisme d'autres champs de l'anthropologie

Pour ne parler que des manuels français d'anthropologie générale, à l'exception marquante de celui rédigé par Jean-Pierre Warnier et Philippe Laburthe-Tolra (1993/2016) qui consacre un chapitre (intitulé « Production matérielle, production sociale ») éclairant le travail, son organisation, ses acteurs, ses représentations et ses modes de production, il n'existe guère de développement portant directement sur le travail. Dans les autres ouvrages, lorsque ces points sont abordés – et ce n'est pas toujours le cas –, ils le sont dans des sections traitant de l'anthropologie économique, écologique et/ou technique. À titre d'exemple, regardons trois d'entre eux, français, datant d'époques différentes : le *Manuel d'ethnographie* (Mauss, 1926/1947), les *Éléments d'Ethnologie* (Cresswell, 1975a et b), et *Les notions clés de l'ethnologie* (Giraud, Leservoisier, Pottier, 2004/2016). Dans les trois cas, le terme « travail » n'est pas présent dans l'index (ou bien l'est uniquement dans l'expression « division du travail »). Les activités humaines se rapportant au travail n'en sont pas moins traitées, mais les réflexions qui les concernent sont incluses dans les chapitres sur : « Technologie » et « Phénomènes économiques » (Mauss, 1926/1947) ; « Écologie », « Technologie », et « Économie » – rédigés respectivement par Jacques Barrau, Hélène Balfet et Maurice Godelier (Cresswell, 1975b) ; ou encore « Anthropologie économique » et « Milieux et Techniques » (Giraud, Leservoisier, Pottier, 2004/2016). Ce n'est que tout récemment que la nouvelle édition de l'*Introduction à l'ethnologie et à l'anthropologie* (Copans, Adell, 2019) dédie un paragraphe à ce sujet, titré « L'anthropologie du travail ».

Voyons comment ces différents champs abordent, quoique avec parfois de nettes différences d'approche d'une tradition universitaire nationale à une autre, la question du travail, et en quoi ils nous permettent de penser ses diverses facettes.

Anthropologie économique

Au sein de l'anthropologie économique, les réflexions s'articulent autour du triptyque production/distribution/consommation de biens et de services, centrant le regard sur l'agriculture, la chasse, la pêche, l'élevage, la collecte, l'artisanat, et plus récemment l'industrie ou l'entreprise. Un certain nombre d'études se penchent également sur la division (sexuelle, sociale, technique) du travail ou les formes de coopérations dans les activités de travail.

Les recherches anthropologiques de la première moitié du XXe siècle portent essentiellement sur des sociétés non européennes – alors nommées « sociétés primitives » –, et qualifiées de sociétés non marchandes dans une perspective économique. Parmi les premiers anthropologues, notons que, très tôt, Bronislaw Malinowski propose de faire un lien entre travail et valeur, concluant qu'« il est visiblement futile de discuter le travail (*labour*) autrement que comme faisant partie du problème de l'économie » (Malinowski, 1925, p. 927). Toutefois, une partie conséquente de son ouvrage *Coral Gardens and their Magic* (1935) insiste non seulement sur l'importance de ces activités dans la construction de l'individu, mais aussi sur le rôle central d'un système de pensée lié au religieux et à la magie dans le travail des jardiniers/cultivateurs trobriandais (Nouvelle-Guinée), dépassant ainsi une vision uniquement économique. Peu de temps après, paraissent au Royaume-Uni des travaux pensant la question du travail à travers celle des moyens de subsistance et se penchant précisément sur l'alimentation en Afrique australe (Richards, 1932, 1939) ou sur les activités de production en Océanie (Firth, 1929). Puis, au milieu des années 1960, au moment où les anthropologues commencent à se tourner vers l'étude de leurs propres sociétés (européennes ou nord-américaines), se développe, d'abord en France, une anthropologie économique d'inspiration marxiste prenant en compte le travail. Au cœur de cette anthropologie se trouve une analyse des logiques de la production domestique qui articule étude des rapports sociaux (notamment la parenté) et étude des moyens de subsistance (production, circulation des biens, etc.) (Godelier, 1966; Meillassoux, 1975). L'influence qu'ont eue les réflexions marxistes sur les sciences humaines et sociales est un élément prépondérant dans l'intérêt de nombreux anthropologues pour le travail :

> « Ce cheminement exploratoire des mondes du travail agricole d'abord, urbain et industriel ensuite, n'est pas seulement empirique et personnel, il est peut-être et même avant tout théorique, historique et collectif. Les années 1965-1980 sont la période de la conversion marxiste, aussi bien en sociologie du travail classique qu'en anthropologie, et plus largement en économie politique du développement capitaliste » (Copans, 2014, p. 30).

Au-delà de l'Hexagone, ce type d'anthropologie a pour partie nourri l'École de Manchester et ceux qui s'en réclament aujourd'hui pour analyser le travail, ainsi que de nombreux auteurs se revendiquant de l'*anthropology of labour*. Il existe notamment plusieurs contributions touchant spécifiquement à la question du travail dans l'ouvrage *Toward a Marxist Anthropology*, compilation d'articles issus d'une rencontre internationale d'anthropologues marxistes aux États-Unis (Diamond, 1979). Cette influence est également visible dans les ouvrages sur les syndicats aux États-Unis (Durrenberger, Erem, 2005; Durrenberger, Reichart, 2010), ou encore dans les approches, en Europe, qui croisent des préoccupations en termes d'histoire du travail, de systèmes économiques, de classes sociales et de rapports de pouvoir (Kalb, Halmai, 2010; Kalb, 2014).

Sans pour autant chercher à être exhaustives, mentionnons deux études anthropologiques au sein desquelles un centrage sur le travail a permis de renouveler, au début des années 1970, les réflexions en anthropologie économique (et au-delà) : d'une part, celle menée par Marshall Sahlins qui se penche sur la « productivité » des « sociétés primitives » dans *Stone-Age Economics* (Sahlins, 1972) et, d'autre part, celle de Keith Hart sur le travail « informel » (Hart, 1973). Dans la première étude, fort critique face à une anthropologie marxiste qui ne parviendrait pas à s'extraire d'une grille de lecture très européo-centrée, Marshall Sahlins suggère d'analyser ces sociétés non marchandes à l'aune de leurs propres logiques et non de celles de la société du chercheur et montre que les membres des sociétés dites « primitives » vivent dans une forme d'« abondance », avec un temps de travail quotidien relativement restreint (Sahlins, 1972). À la suite de ses travaux de terrain à Accra (Ghana), Keith Hart suggère de parler de « possibilité de revenu informel/officieux » (*informal income opportunity*) dont provient la notion d'« économie informelle » (Hart, 1973) encore abondamment utilisée aujourd'hui (Cortado, 2014) quoique également critiquée pour sa coloration souvent péjorative car elle « [présente] le double inconvénient de [...] dénier [aux activités informelles] tout sens économique et de confondre l'extrême diversité des statuts et des situations, sous l'apparence d'un écart structurel aux normes morales, pénales ou légales hégémoniques » (Peraldi, 2001, p. 9). Ces recherches contribuent à l'émergence d'une réflexion sur tout ce qui échappe à l'attention des économistes dans l'étude du travail : marché noir, réseaux informels, échanges illicites, etc.

Anthropologie politique

Plusieurs des analyses présentées précédemment soulignent par ailleurs à quel point les dimensions économiques et politiques du travail s'entrecroisent. Du côté de l'anthropologie politique, les questions de hiérarchie, de rapports de pouvoir et de domination (socio-économique, de genre, de classe, etc.), ou encore celles des rapports individu-groupe-état-transnational croisent celles du travail. L'article « Le travail : un phénomène politique complexe et ses mutations conjoncturelles » constitue à ce titre un riche état des lieux (Bazin, 2014a).

Depuis les années 1970-1980, et avec une large recrudescence dans les années 2000, se développe une littérature anthropologique interrogeant le travail sous l'angle de la globalisation dans sa dimension néolibérale (Selim, 1991a ; Absi, Bazin, Selim, 2014). Cette approche est souvent signalée dans les publications anglophones par l'usage du terme *labour* plutôt que celui de *work*, et plus largement par l'élaboration d'une *anthropology of labour* (Kasmir, Carbonella, 2014 ; Durrenberger, 2017).

Les transformations récentes du travail sont scrutées par les anthropologues qui s'intéressent notamment aux processus de privatisation, qu'il s'agisse du secteur industriel ou de divers services publics ainsi qu'au précariat et aux inégalités. À travers l'analyse politique des mutations de mondes de travail, ce sont donc les manières de faire des individus, leurs rapports à ces univers en transformation et à leurs activités de travail qui sont interrogés. Explorer le quotidien d'une privatisation des services de santé en Italie met par exemple en lumière le rôle fondamental que jouent certains acteurs de la société civile prenant en charge bénévolement une partie des activités de soin au nom de principes éthiques (solidarité, charité), faisant se rejoindre les notions *a priori* antithétiques de morale et de néolibéralisme (Muehlebach, 2012). La privatisation d'industries dans l'Europe post-socialiste est aussi au cœur de nombreuses recherches, comme celle sur les changements de management dans une usine polonaise de nourriture pour bébé qui transforment radicalement les relations entre les travailleurs et la perception que ceux-ci ont d'eux-mêmes et de leur travail (Dunn, 2004). La série d'ethnographies issues des cinq continents rassemblées dans *Industrial Labor on the Margins of Capitalism* propose pour sa part de réfléchir à l'affaiblissement du travail organisé en mettant l'accent sur les questions de « précarité, classe et sujet néo-libéral » (Parry, Hann, 2018). La figure du « travailleur liminal » (*liminal worker*), individu placé dans une position d'entre-deux marquée par la précarité et l'incertitude, entre emploi et chômage, est centrale dans ces réflexions ; elle émerge de l'analyse approfondie de trois milieux professionnels urbains (construction navale, industrie du tabac, banque) de la Grèce contemporaine post-crise financière de 2008, mais dépasse significativement le cadre spécifique de ces ethnographies (Spyridakis, 2017). Toutefois, il ne s'agit pas de dépeindre des travailleurs passifs et résignés face à la précarité, mais au contraire, de leur donner la parole afin de saisir ce qu'ils pensent et comment ils agissent face aux transformations de l'organisation du travail qu'ils et elles perçoivent souvent comme une dégradation de leurs conditions de vie (Procoli, 2004). Les outils conceptuels de l'anthropologie politique apportent des clés de lecture non négligeables pour qui se questionne sur les conditions et les rapports sociaux au travail.

Anthropologie des techniques et de la culture matérielle

Un troisième domaine de l'anthropologie s'est préoccupé des activités humaines souvent associées au travail, mais avec un angle d'approche très différent de ceux que nous venons d'examiner : l'anthropologie des techniques et/ou de la culture matérielle. Il s'agit là d'une double entrée par les processus techniques, les outils, les objets et les matières. Dès l'entre-deux-guerres, André Leroi-Gourhan, fondateur du courant « *technologie culturelle* », s'intéresse aux rapports entre l'Homme et son environnement, cherchant à étudier de manière exhaustive les différents « moyens élémentaires d'action sur la matière » de l'Homme à travers l'analyse des techniques de chasse, de pêche, d'agriculture, de construction, de transport, de préparation culinaire, d'artisanat, etc. (Leroi-Gourhan, 1943, 1964). Une attention minutieuse est portée aux gestes techniques et à leur succession dans ce qu'il nomme la « chaîne opératoire », aux matières, objets ou êtres (humains et animaux) mis en jeu par tout procédé technologique, et à la dimension éminemment sociale de ces actions. Ces recherches sont poursuivies et développées dans des directions et des disciplines différentes (anthropologie, archéologie, sociologie, ergonomie, etc.) par les successeurs d'André Leroi-Gourhan pour réfléchir aux activités techniques humaines. Contemporain de Leroi-Gourhan, l'agronome, ethnologue et ethnolinguiste, André-Georges Haudricourt va, dans les années 1950, contribuer pleinement au développement en France de deux branches des ethnosciences, l'ethnobotanie et l'ethnozoologie, qui se penchent sur les rapports entre les êtres humains, la nature (flore et faune) et sa domestication (agriculture, élevage, etc.) (Haudricourt, 1962). Héritière de ces différents modes d'appréhension des techniques, des innovations et de la culture matérielle, la revue *Techniques & Culture* qui émerge à la fin des années 1970, reste une référence (Bartholeyns, Govoroff, Joulian, 2010). C'est à cette époque qu'un autre intérêt se développe, d'abord dans les milieux anglophones, pour la culture/civilisation matérielle, afin de saisir les relations étroites qui lient objets et sujets. Pour Jean-Pierre Warnier, l'un des pionniers francophones qui développe cette approche dès la fin des années 1970, il s'agit de comprendre comment l'être humain « pense avec ses doigts » (Warnier, 1999). Nourri par ces réflexions, le groupe « Matière à Penser » (MàP) se déploie au début des années 1990 autour du rôle de la culture matérielle dans les processus de subjectivation (Julien, 2005 ; Julien, Rosselin, 2009 ; Warnier, 2017). L'aventure intellectuelle de ce collectif perdure et se renouvelle jusqu'à aujourd'hui (Julien, Poirée, Rosselin, Roustan, Warnier, 2003).

2.2. Ethnologie des métiers, des industries, des organisations...

Ce sont certainement les recherches anthropologiques qui prennent comme objet un métier, un groupe professionnel, une entreprise (usine, bâtiments et travaux publics (BTP), secteur tertiaire) ou une institution, qui ouvrent la voie d'une anthropologie du travail. Elles envisagent le groupe social étudié dans ces structures comme possédant ses propres systèmes de valeurs, ses codes, ses représentations, ses modes d'apprentissages, ses pratiques langagières, sa culture de travail, etc. Un état des lieux des publications traitant du travail dans la revue *Ethnologie française* de 1971 à 2011 donne un bon aperçu des activités étudiées en France par les ethnologues au fil de ces quatre dernières décennies (Monjaret, Schwartz, 2012). Les recherches publiées dans les années 1970 examinent essentiellement le monde paysan, les artisans (ruraux en particulier), les marins, sinon le monde de la pêche. Elles se focalisent sur les techniques et les inventaires d'objets, et quelques incursions sont menées en direction du travail domestique. Le spectre s'élargit à partir des années 1980 pour inclure davantage de recherches sur les ouvriers de petites industries et les artisans urbains, rejoignant ce faisant le développement d'une anthropologie dans, et de, la ville (Perrot, Pétonnet, 1982 ; Althabe, 1984). Les publications se caractérisent également par une attention accrue portée sur les processus de construction identitaire professionnelle et sur le quotidien des travailleurs et travailleuses. En effet, à partir des années 1980, les ethnographies ouvrières « s'intéressent à toutes les sphères sociales, professionnelles et syndicales, résidentielles et familiales. Usines, maisons, jardins, ateliers de bricolage, bistrots, fanfares, clubs de foot, etc., sont des lieux dorénavant ethnographiés » (Monjaret, 2012a, p. 147). Cette inscription du travail dans l'ensemble des sphères de la vie humaine est progressivement prise en charge par l'anthropologie, affirmant toujours davantage l'existence « d'un *"continuum"*, du domicile au travail et du travail au domicile » (Monjaret, 2012a, p. 153).

C'est aussi à cette période qu'une anthropologie de l'entreprise au sens large (de l'usine à l'administration) prend réellement son essor en France. Elle fait l'objet de publications de plus en plus abondantes au fil des décennies, comme le montrent de nombreux numéros spéciaux de revues du monde francophone : *Ethnologie française* (Gérôme, 1984a ; Lazarus, 2001 ; Monjaret, 2005a), *Terrain* (Morel, Vallerant, 1984 ; Flamant, Jeudy-Ballini, 2002), *Anthropologie et Société* (Copans, Bernier, 1986 ; Gallenga, Hervé, 2019), *Journal des anthropologues* (Selim, Sugita, 1991 ; Bazin, Selim, 1996a). Parmi les premiers travaux menés par des ethnologues français en entreprise, notons ceux, précurseurs, de Gérard Althabe qui abordent d'abord la question en creux grâce à une recherche sur le chômage à Brazzaville, au Congo (1963), puis sur l'habitat des salariés en France (Althabe, Legé, Selim, 1984). Son contemporain Pierre Bonte entame quant à lui en 1968 une étude commanditée par une entreprise minière installée en Mauritanie auprès de laquelle il restera pendant trois ans, puis reviendra trente ans après (Bonte, 2005). L'une des leçons à retenir serait que l'étude des entreprises est particulièrement pertinente pour l'anthropologie si l'entreprise est considérée comme : « un code, un langage d'unification d'une modernité autant briguée qu'insaisissable, et c'est ce caractère de nouveau système symbolique à portée universalisante qui peut susciter l'intérêt d'ethnologues habitués à travailler sur les mythes et les modes de légitimation des transformations sociales » (Selim, 1993, p. 65).

Précisons que certains des travaux anthropologiques sur l'entreprise sont issus de l'anthropologie appliquée. C'est particulièrement le cas aux États-Unis, où les anthropologues entrent dans les entreprises dès les années 1940, à la requête des entrepreneurs eux-mêmes (Bennett, 1996). En France toutefois, les missions d'anthropologues dans une entreprise ne datent que des années 1980 et conjuguent souvent nécessité de trouver un contrat, intérêt pour un terrain proche ou « non exotique » et envie de répondre à la demande sociale. Un dialogue entre deux anthropologues ayant conduit différentes « recherches sur contrat » en entreprise (Erikson, Ghasarian, 2002) envisage les conditions de ce type de recherches (temps réduit, doutes sur les attentes de l'entreprise, limitations et contrôle par le commanditaire de la diffusion des résultats, risque de moindre investissement des anthropologues, mais aussi possibilité d'accéder à des structures habituellement inaccessibles aux chercheurs, marge de manœuvre dans la problématisation de la commande, découverte de terrains inattendus, etc.), tout en soulignant les positions ambivalentes, voire contradictoires, de la communauté scientifique anthropologique en France vis-à-vis de ce type de recherches, certains les considérant comme la « panacée » tandis que d'autres y voient un signe de « déchéance » de la discipline (Erikson, Ghasarian, 2002, p. 135).

À partir des années 1990, les dimensions politiques du travail entrant dans les préoccupations des anthropologues, ceux-ci se penchent sur les lieux du pouvoir : organisations ou institutions, structures jusque-là davantage étudiées par les sociologues. Une « anthropologie des institutions » se développe, qui souhaite enquêter sur l'exercice du politique, la formation de ses acteurs et leur travail au quotidien (Abélès, 1995 ; Bellier, 1997), par exemple au sein de la Commission européenne (Abélès, Bellier, McDonald, 1993). Cet engouement pour les organisations se poursuivra, et nous remarquons ces dernières années une recrudescence des travaux sur la bureaucratie, l'administration et le service public. Certains font suite à des recherches menées d'abord en anthropologie du développement et de l'humanitaire, l'analyse des divers acteurs de ce secteur faisant émerger, au tournant des années 2000, des questionnements sur le fonctionnement de la bureaucratie, ses lieux et le travail ordinaire de ses agents (Bierschenk, Olivier de Sardan, 2014). D'autres ethnographies portent sur le service public en Méditerranée (Gallenga, 2011, 2012) ou interrogent l'articulation entre travail de l'État et notion de « commun » à travers l'analyse de différents secteurs publics (accès à l'eau, logement, pratiques sportives ou éducatives, etc.) sur plusieurs continents (Gallenga, Hervé, 2019). Le début des années 2000 voit aussi fleurir des ouvrages anthropologiques centrés sur certains acteurs des entreprises peu étudiés jusqu'alors, qu'il s'agisse des managers en France (Flamant, 2002) ou des chefs d'entreprise développant une forme spécifique de philanthropie aux États-Unis (Abélès, 2002). Le spectre des travailleurs considérés s'élargit donc, les anthropologues s'étant d'abord intéressés aux acteurs situés aux marges de la société (minorités, migrants, classes populaire et moyenne) avant d'en arriver plus tardivement aux dirigeants et aux classes supérieures.

Le début des années 2010 voit la création, aux États-Unis, d'une revue intitulée *Journal of Business Anthropology* voulant encourager les recherches anthropologiques portant sur les organisations de toutes sortes (entreprises, administrations, ONG, associations, etc.). L'industrie n'est pourtant pas oubliée : deux articles-états des lieux permettent de mettre en perspective, à trente-cinq ans d'intervalle, des ethnographies du travail industriel dans diverses parties du monde afin de questionner l'ethnographie du travail (*labor*) dans ses fondements théoriques tout autant que dans ses applications empiriques (Burawoy, 1979, 2013).

À l'aube du XXIe siècle, l'étude anthropologique aborde enfin tous les groupes et milieux professionnels, allant des artisans aux chauffeurs de bus en passant par les égoutiers, les ingénieurs, le personnel médical, et bien d'autres encore. Au fil de cet ouvrage, nous tâcherons de montrer cette large palette de lieux et de professions à travers les divers exemples que nous développerons.

3. Sur les pas des individus au travail

En puisant parmi les recherches d'anthropologues francophones (et dans une moindre mesure, anglophones), qu'ils se revendiquent ou non d'une anthropologie du travail, ce manuel désire montrer comment l'anthropologie peut se saisir de la thématique du travail. Nous n'avons pas l'ambition de l'exhaustivité : tous les travaux disponibles ne sont pas mobilisés, loin de là, et les travaux ne sont pas présentés ou contextualisés dans le détail, mais ils offrent un premier panorama afin de guider le lecteur dans ses recherches initiales et l'inciter à développer ses propres pistes, puisqu'il s'agit ici d'ouvrir les possibilités de compréhension du travail en passant par l'anthropologie.

Pour relater les recherches et donner corps à un champ qui se cherche encore, nous avons surtout privilégié une cohérence d'ensemble qui retranscrive au mieux la spécificité de l'anthropologie du travail comparée à d'autres disciplines. Pour ce faire, nous allons nous intéresser à ce que les gens font, à ce qu'ils disent, où, quand et comment. Nous suivons en quelque sorte leur cheminement dans les six chapitres qui structurent ce manuel : leur apprentissage (chapitre 1), leur manière de dire (chapitre 2), de faire leur travail ou avec leur travail (chapitre 3) ou encore d'occuper les espaces professionnels, de circuler sur un territoire (chapitre 4). Puis nous les observons dans les activités hors travail ou aux frontières du travail (chapitre 5). Enfin, nous nous interrogeons sur leur devenir quand les mondes du travail qu'ils connaissent se transforment, voire se délitent, sur la façon qu'ils ont de lutter contre les changements qui s'imposent à eux, de se réinsérer et de ne pas oublier (chapitre 6).

Ce n'est donc pas uniquement de l'activité proprement dite qu'il sera question ici mais des mondes de travail. L'ensemble des entrées choisies nous permet d'accéder au plus près de ces mondes dont la compréhension ne peut s'affranchir d'autres champs, notamment celui de la parenté, du genre, du politique ou encore de l'économie, de la migration, de la culture matérielle, etc. S'intéresser au travail nécessite de parcourir tous les aspects de la vie sociale des individus et en cela, le travail fait société.

Nous apprécierons mieux ainsi combien l'expérience ethnographique des anthropologues dans le domaine contribue à poser un regard aidant à renouveler les questionnements sur le travail et ses transformations, l'idée étant de suggérer des pistes de recherche, d'aiguiser notre curiosité sur des éléments auxquels nous ne prêtons pas attention, tant le domaine est riche et reste encore à explorer...

*

Aux sources d'un champ disciplinaire

L'émergence d'un intérêt visible des anthropologues pour le travail peut être située à la fin des années 1970. Quelques pionniers ont écrit bien avant cette période – notamment Bronislaw Malinowski (1925), Raymond Firth (1929) ou encore les auteurs du numéro de *Présence Africaine* consacré au « Travail en Afrique noire » (Diop, Naville, 1952) – mais ils font figure d'exceptions. Ce moment charnière de la fin des années 1970-début des années 1980 semble correspondre à une recrudescence des interrogations sociétales sur le travail dans les sociétés européennes et nord-américaines : « l'étude du travail n'a commencé que lorsque le travail [*work*] est devenu un "problème" » (Applebaum, 1984a, p. 40). À cette époque, ce thème intéresse à la fois les citoyens ordinaires, les politiques, et les législateurs, sous des angles aussi divers que « les motivations, l'identité professionnelle, l'organisation du travail, l'activité industrielle, le chômage et la "menace" des nouvelles technologies » (Wallman, 1979, p. v).

En France, les années 1980 sont marquées par deux vastes initiatives visant à instaurer l'anthropologie du travail comme champ disciplinaire. D'une part, celle de Maurice Godelier, qui appelle explicitement les anthropologues à axer leurs recherches sur le travail et ses représentations (1980, 1981). Il organise alors avec Claude Lévi-Strauss un séminaire au Laboratoire d'Anthropologie Sociale (Collège de France) pendant l'année 1981-1982, au cours duquel de nombreux anthropologues sont conviés à réfléchir au travail et à ses représentations dans les aires géographiques dont ils sont spécialistes. Des rencontres lors de ce séminaire surgiront quelques années plus tard plusieurs publications : l'ouvrage collectif *Le travail et ses représentations* (Cartier, 1984), quelques articles dans *L'Homme* (Bidou, 1983 ; Descola, 1983), et une synthèse de plusieurs de ces travaux (Chamoux, 1994). Puis, une dizaine d'années plus tard, Maurice Godelier rédige l'entrée « Travail » dans le *Dictionnaire d'Ethnologie et d'Anthropologie* (Godelier, 1991) qui demeure jusqu'à aujourd'hui l'une des très rares entrées « travail » dans un dictionnaire francophone d'anthropologie/ethnologie. Toutefois, la suite des travaux de Maurice Godelier se fera plutôt sous le sceau de l'anthropologie économique et/ou politique, l'appellation « anthropologie du travail » n'apparaissant quasiment plus sous la plume de cet auteur. Son appel ne mènera donc pas à la formation d'un champ tel qu'il l'avait envisagé. D'autre part, l'initiative d'un groupe d'anthropologues de l'ORSTOM (Office de la Recherche Scientifique et Technique Outre-Mer, aujourd'hui Institut de Recherche pour le Développement-IRD) qui sont extrêmement actifs sur la question du travail dans les années 1980 et 1990. Michel Agier, Robert Cabanes, Jean Copans, Alain Morice et Monique Selim – pour n'en citer que quelques-uns – se rassemblent dans l'équipe de recherche interdisciplinaire intitulée « Travail et travailleurs du Tiers-Monde » (Agier, Copans, Morice, 1987 ; Selim, 1991a ; Cabanes, 2000 ; Copans, 2014). Leurs regards se portent avant tout au « Sud », sur ce qu'ils nomment « les pays de la périphérie capitaliste » (Copans, 1996, p. 34). Ils envisagent le travail sous l'angle « du changement, de l'historicité et de la construction de la modernité et non d'un quelconque culturalisme » (Copans, 1996, p. 35). Puis ces chercheurs prennent peu à peu des directions de recherche différentes. Michel Agier et Jean Copans s'écartent plus ou moins de la thématique du travail ; Alain Morice y adjoint un intérêt pour les questions de migration et se penche sur la situation des travailleurs immigrés en France (Morice, Potot, 2010). Seule Monique Selim poursuit ses travaux sous le label « anthropologie du travail », en Asie principalement, et en l'articulant aux questions soulevées par la globalisation. Elle est bientôt rejointe par d'autres chercheurs, notamment Laurent Bazin, Judith Hayem et Pascale Absi, qui partagent son angle d'approche résolument politique (Hayem, 2008 ; Absi, Bazin, Selim, 2014 ; Bazin, 2014a ; Bourel, Hayem, 2019).

Par la suite, nous notons l'existence d'initiatives plus individuelles. Ainsi, depuis les années 1990, les recherches d'Anne Monjaret s'intéressent aux dimensions sociales et matérielles du travail, d'abord à travers les fêtes en entreprise, puis en élargissant le spectre des lieux de travail (hôpital, musée, etc.) et les objets étudiés (organisation de l'espace, cohabitation de différents métiers, articulation travail-hors-travail, etc.) (Monjaret, 2019a). De son côté, Agnès Jeanjean annonce, dès le sous-titre de son ouvrage sur le travail des égoutiers à Montpellier, qu'elle souhaite faire une « ethnologie du travail » qui réponde résolument aux appels lancés par Maurice Godelier au début des années 1980 afin, explique-t-elle dans l'introduction, de « prêter attention aux représentations que les membres d'une société se font des activités "que nous appelons travail" et de ceux qui les effectuent » (Jeanjean, 2006, p. 14).

Nous trouvons par ailleurs plusieurs articles de socio-anthropologues ou de sociologues formés en anthropologie qui annoncent explicitement vouloir mettre en place ou promouvoir un regard anthropologique dans l'étude du travail, sans pour autant que cela ne débouche sur l'instauration d'un champ spécifique (notamment Bouvier, 1983 ; Bidet, 2001 ; Bernoux, 2011).

Si nous sortons à présent de la France et portons notre attention sur l'Europe et les États-Unis, nous constatons que c'est également au début des années 1980 que des groupes de réflexion affichant le thème de l'anthropologie du travail se structurent. L'un des pôles européens les plus féconds est sans doute celui qui se forme en

Allemagne autour de Gerd Spittler, parmi les anthropologues africanistes de l'Université de Bayreuth (Beck, Spittler, 1996; Spittler, 2018b). Pour ces chercheurs, c'est « le travail en tant qu'action » qu'il s'agit de placer au centre de l'analyse. Ainsi,

> « les recherches sur le travail en Afrique effectuées à l'université de Bayreuth traitent des sujets très divers. Mais elles considèrent toutes l'homme travaillant en tant qu'acteur, sans négliger les conditions économiques, technologiques, écologiques, institutionnelles et culturelles du travail. Elles s'intéressent à ses performances et à ses compétences. Elles étudient les plaisirs et les douleurs que procure le travail. Elles tiennent compte de l'éthique du travail et de la relation entre le travail et l'identité de l'acteur. Ces recherches renouent avec les traditions anthropologiques du travail au XIXe siècle (Marx, Bücher, Weber) trop souvent négligées dans l'anthropologie moderne » (Spittler, 2003, p. 37).

Au Royaume-Uni, un ouvrage désormais classique, *Social Anthropology of Work,* est édité par Sandra Wallman en 1979 à la suite d'une conférence presque éponyme organisée à l'Université de York sous l'égide de l'Association des anthropologues sociaux du Commonwealth (ASA). Pourtant, malgré les volontés exprimées dans ce volume, cette initiative ne débouchera pas vraiment sur l'organisation d'un champ spécifique : seuls quelques individus semblent avoir repris le flambeau. S'inscrivant à la croisée de l'anthropologie marxiste, de l'École de Manchester (elle-même attentive aux textes de Karl Marx et des anthropologues économiques marxistes français Maurice Godelier et Claude Meillassoux) et de l'École de Chicago, Massimiliano Mollona a renoué avec ces réflexions en menant une recherche dans plusieurs lieux industriels de Sheffield (2002, 2009). Il forme alors, avec Jonathan Parry et Geert de Neve, au sein de la London School of Economics, un groupe d'anthropologues se centrant sur un secteur d'activité : l'industrie. De cette collaboration émane un riche manuel d'anthropologie centré sur le travail industriel de par le monde, composé de 24 textes d'auteurs internationaux (Mollona, De Neve, Parry, 2009). Entre ces deux périodes, nous voyons émerger au Royaume-Uni une série d'entrées intitulées « Work » dans plusieurs encyclopédies ou dictionnaires d'anthropologie (Ortiz, 1994; Kingsolver, 1996/2006; Applebaum, 1997/2000), mais pas de réel développement d'un champ disciplinaire.

Aux États-Unis en revanche, une véritable structuration de l'anthropologie du travail a lieu dès le début des années 1980. Trois ans après une première session sur ce thème, organisée en 1977 par June C. Nash et Johannes Fabian lors du congrès annuel de la vaste association professionnelle états-unienne (l'*American Anthropological Association*), naît la *Society for the Anthropology of Work.* Fondée au sein de cette *American Anthropological Association* (AAA), la *Society for the Anthropology of Work* crée aussitôt une lettre d'information (*Newsletter,* 1980), qui deviendra rapidement l'actuelle revue *Anthropology of Work Review* (Nash, 1998). Une partie de ses membres participe également à la création de la collection « SUNY Series in the anthropology of work » aux State University of New York Press (SUNY), placée sous la direction de l'anthropologue June C. Nash. Cette collection, notablement active jusque dans les années 2000, comporte de nombreuses monographies ainsi que d'importants états des lieux théoriques, telles les sommes monumentales d'Herbert Applebaum sur le travail dans les sociétés non marchandes (1984a) ou les sociétés marchandes et industrielles (1984b) ainsi que sur le concept de « travail » (*work*) à travers le temps (1992). Nous comptons en outre les ouvrages coordonnés par June C. Nash et Maria P. Fernandez-Kelly sur la division du travail au prisme des questions de genre (1984), par Michael W. Coy sur l'apprentissage (1989) ou par Frederick Gamst sur le sens du travail (1995).

Peu à peu, nombre de chercheurs états-uniens déplacent leur regard vers des questions plus macro portant sur l'organisation et les conditions de travail, en particulier sur les implications que peuvent avoir néolibéralisme et globalisation sur le travail, en termes de rapports de pouvoirs, d'inégalités et de précariat. Ils et elles s'intéressent moins directement aux activités de travail à proprement parler mais plutôt aux conséquences d'un système sur les individus qui se retrouvent dans des situations précaires. Écrivant en anglais, ces chercheurs choisissent de substituer le terme *labo(u)r* à celui de *work* pour bien marquer ce changement de focale. Si cette perspective est présente dans quelques recherches dès les débuts de l'anthropologie du travail aux États-Unis, elle devient l'axe principal à partir des années 2000, et se renforce encore avec la crise financière de 2008. Pris dans cette acception, le terme *labor*

> « premièrement, [...] inclut une myriade de manières de travailler - les divers travaux des esclaves, des petits producteurs de marchandises, des travailleurs forcés, des travailleurs des plantations, et le travail domestique, au sein de processus temporels et spatiaux d'accumulation de capital [...]. Deuxièmement, il fait référence aux processus à forts enjeux de pouvoir, qui catégorisent, différencient ou unifient ces travailleurs. [...] Enfin, un centrage sur le travail [*labor*] dans ce sens politique nous permet d'explorer comment les États et autres institutions puissantes (comme la Banque Mondiale ou le Fond Monétaire International) interviennent dans les processus capitalistes afin de faciliter ou d'entraver les connexions entre ceux qui travaillent. Cela nous mène à examiner de près la création de formes organisationnelles telles que les syndicats et les partis politiques » (Kasmir, Carbonella, 2014, p. 7).

La parution récente de deux livres confirme l'actuelle centralité de cette approche, au moins dans les publications anglophones. *Blood and Fire. Toward a Global Anthropology of Labor* est édité par Sharryn Kasmir et August Carbonella en 2014. Cet ouvrage enjoint chercheurs et chercheuses à développer une « anthropologie globale du travail (*labor*) » afin de saisir dans leurs connexions spatiales et temporelles, à la fois les inégalités sociales, les processus d'exploitation économique ou de dépossession, les luttes menées contre ces phénomènes (mouvements sociaux, organisations politiques, etc.), et les mutations des classes sociales. En d'autres termes, il s'agit pour ces auteurs de placer ce qu'ils nomment « *the politics of labor* » au cœur de l'analyse (Kasmir, Carbonella, 2014, p. 6). Le deuxième ouvrage, *Uncertain Times. Anthropological Approaches to Labor in a Neoliberal World* (Durrenberger, 2017), s'intéresse aux conséquences du néolibéralisme sur l'organisation du travail et des travailleurs via l'étude des structures syndicales, des histoires et politiques nationales, et des forces économiques et institutions nationales et internationales (Fond Monétaire International, Banque Mondiale, Organisation Internationale du Travail, Organisation Mondiale du Commerce, etc.). Ces regards posés sur le travail comme *labour* rejoignent donc très largement les préoccupations de l'anthropologie économique et de l'anthropologie politique.

C'est également dans cette perspective que nous pourrions placer la création, en 2016, d'un réseau professionnel international intitulé « *Anthropology of Labour Network (AoL)* » au sein de l'une des principales associations d'anthropologues en Europe, la *European Association of Social Anthropologists* (EASA). Selon ses créatrices et créateurs, l'émergence d'un tel groupe de travail est largement liée à la crise économique de 2008 et à la prise de conscience du précariat grandissant dans le monde universitaire. De fait, dans les publications se revendiquant d'une *anthropology of labour*, l'accent est souvent mis sur la dimension militante du travail d'anthropologue, et sur l'implication de celui ou celle-ci sur le terrain.

Chapitre 1

Façonner les individus pour le travail

Nous ne naissons pas travailleurs et travailleuses, nous le devenons. Dès l'enfance, et tout au long de la vie, les hommes et les femmes connaissent, chacun à leur manière, un façonnage physique et social pour être à même de travailler, et ce quelle que soit la société dont ils et elles sont issus. C'est à la compréhension de ces processus de construction sociale pour (et par) le travail que nous nous attacherons dans ce premier chapitre.

Cette construction – qui dépasse, d'ailleurs, la seule sphère du travail – se fonde sur un apprentissage, autrement dit sur l'acquisition de savoirs, de savoir-faire et par là de savoir-être, rendue possible grâce à leur transmission. Aujourd'hui, nombreux sont les anthropologues à s'être penchés sur la question des savoirs (voir notamment Adell, 2011), mais c'est au milieu des années 1980 que cet objet, voire ce champ, de recherche semble se constituer doucement (Sigaut, 2009). En 1991, l'absence d'un champ de la « transmission » est toujours prégnante en anthropologie, au point que celle-ci soit qualifiée d'« introuvable objet » (Chevallier, Chiva, 1991). Les prémices de la réflexion émergent donc progressivement. En France, dès 1978, Marie-Noëlle Chamoux souligne l'intérêt d'étudier la transmission des savoir-faire pour l'ethnologie des techniques (Chamoux, 2010). De l'ethnologie des techniques à l'ethnologie des métiers, il n'y a plus qu'un pas à franchir. Penser la transmission des savoirs dans les métiers artisanaux de la mer à partir d'observations de terrain auprès de paludiers et de marins-pêcheurs, par exemple, peut ainsi permettre de constater que ce qui est transmis en famille, c'est d'abord l'idée de travail plus que les savoirs eux-mêmes (Delbos, Jorion, 1990). Allant plus loin, Alain Morel, qui s'est penché sur les cultures de travail, notamment dans les milieux industriels, considère que l'étude de l'apprentissage d'un métier ne doit pas être réduite à celle de l'apprentissage de la tâche elle-même, elle doit prendre en compte également et plus largement le milieu – artisanal ou industriel – et le secteur – privé ou public – dans lesquels cette tâche s'effectue (Morel, 1989). L'apprentissage de ce savoir travailler passe par le partage singulier de connaissances, un partage qui implique toujours plusieurs acteurs. Parmi ces acteurs de la transmission, la famille a longtemps tenu et tient encore parfois une place prépondérante. Par ailleurs, une réflexion s'amorce à la fin des années 1980 sur l'étude des apprentissages (Lave, 1988 ; Lave, Wenger, 1991) et sur ses potentiels méthodologiques (Coy, 1989 ; Marchand, 2010) : il s'agit pour les anthropologues d'apprendre à faire avec ceux qu'ils étudient pour mieux comprendre les techniques concernées et les enjeux qui les entourent.

Quels sont les apprentissages et les formes de la transmission (familiales, professionnelles, etc.) qui parviennent à ce façonnage ? Travail et parenté font-ils bon ménage ? Peut-on hériter de son travail ? Qu'est-ce qui est transmis, par qui et dans quelle circonstance ? De quelle manière entre-t-on dans un milieu professionnel ? Comment est-on façonné par un métier ?

Quatre parties vont structurer ce chapitre dont la visée est d'abord d'étudier les manières de devenir travailleur ou travailleuse. Nous allons commencer par cerner les apprentissages familiaux, puis professionnels, pour nous centrer ensuite sur les rites d'initiation qui marquent l'entrée en formation puis dans le métier. Enfin, nous nous attacherons à voir comment, une fois passées les étapes de formations, nous intégrons le groupe de travail.

1. Transmission en famille

Il n'est pas étonnant que les anthropologues, qui ont fait de la parenté un des champs forts de leur discipline, prennent en considération la question des apprentissages « professionnels » au sein de la famille. Ils s'intéressent même aux formes métaphoriques de la famille en entreprise. C'est d'abord en étudiant l'organisation sociale et genrée dans les sociétés rurales qu'ils mettent en évidence le lien entre travail et famille. Dès les années 1960, il est admis dans le champ de l'anthropologie du travail rural en Afrique noire que la famille restreinte est d'abord une « cellule de travail » (Gosselin, 1963). Plus tard, les travaux plus historiques sur la famille dans les sociétés paysannes en France confirment cette thèse (Segalen, 1980). La maisonnée est à la fois un espace de reproduction et de production, un espace du domestique et du travail d'où découle une organisation familiale du travail qui fonctionne aussi sur un principe de solidarité.

1.1. L'enfance des apprentissages

L'acquisition des savoirs peut être précoce et prendre une forme d'abord implicite avant d'être plus formalisée. Dès leur enfance, garçons et filles apprennent en regardant avant de faire eux-mêmes. Il en est ainsi des paysans, guides de montagne saisonniers, qui se sont confiés à Françoise Loux (1988). Ils racontent qu'ils ont acquis très tôt le sens des montagnes et les bons gestes en écoutant et regardant autour d'eux, et que leur apprentissage du groupe et de ses solidarités s'est poursuivi plus tard grâce aux échanges de savoirs entre guides et aux rites de passage qui les lient. Aujourd'hui encore, la solidarité apparaît une valeur forte érigée dans les formations des compagnies de guide (Loux, 1988).

C'est également entre enfants, pairs ou fratries, que s'effectuent ces apprentissages des tâches qu'ils ou elles auront à assumer en devenant adulte. Barbara Polak s'est intéressée à la place des enfants dans l'économie familiale de paysans Bamana au Mali, moins pour en dénoncer les formes d'exploitation que pour faire émerger l'existence d'un apprentissage informel. Participant aux activités agricoles, sa position de novice l'a rapprochée des plus jeunes ; elle a pu effectuer des observations montrant que la tâche à accomplir s'apparentait souvent, pour ces derniers, à un jeu, ce qui ne lui ôtait pas son rôle d'apprentissage. L'implication et la responsabilité du travail à réaliser ne se manifestent cependant pas de manière identique selon l'âge des enfants. Pour soutenir son argument, elle relate le cas de trois garçons âgés respectivement de 11, 7 et 5 ans qui aident leur mère à désherber un champ d'arachides. Chacun est équipé d'une houe, mais elles ont été adaptées à la taille et aux capacités techniques de chaque enfant (outil standard pour le plus grand, mais lames émoussées et réduction de la taille et/ou du poids pour les plus petits). Leur application au travail diffère également : le plus grand fait exactement comme sa mère, avec le même sérieux, tout en se reposant plus souvent qu'elle. Les plus petits semblent prendre plaisir à sarcler et désherber. Bien que connaissant ce qu'ils doivent faire (enlever les mauvaises herbes et les jeter vers l'arrière), ils sont moins concentrés, moins efficaces, s'interrompant en cours de rang, reprenant un autre plus loin, s'arrêtant pour discuter ou jouer. Leur travail est donc moins soutenu que celui de leur aîné et leur mère ; leur connaissance agricole, moins étendue. Aussi quand le benjamin arrache, par mégarde, un pied d'arachide, c'est le cadet qui tente de réparer la bêtise et c'est la mère accompagnée de l'aîné qui s'occupe de le replanter (Polak, 2012).

1.2. Respecter la division sexuée du travail ?

Même si l'exemple ci-dessus montre une mère et ses fils au travail, l'un des modèles les plus fréquents reste celui d'une répartition sexuée des tâches qui conduit à ce que la transmission se fasse plutôt de père en fils et de mère en fille. Ainsi, chacun apprend les obligations de son rôle dans la famille et dans le travail, les deux sphères pouvant s'entremêler. Selon les sociétés, la justification de cette division sexuelle du travail peut être sociale comme parfois religieuse. Chez les mineurs de Bolivie, l'apprentissage est précoce ; dès l'âge de 10 ans, pendant les vacances scolaires, les enfants, garçons et filles, aident leurs parents dans les mines. Un lien privilégié unit le père et le fils. Pour les garçons, le père est un modèle. Sortir de la maison signifie devenir mineur et par là devenir homme, un principe qui s'est reproduit de génération en génération, avant la rupture de l'exode urbain (Absi, 2003). Dans un tout autre contexte culturel, chez les pêcheurs de l'île d'Houat en Bretagne, la transmission, par exemple des repères en mer, s'effectue à bord des bateaux entre le père et ses fils célibataires, une transmission qui ne passe pas par l'écrit mais par l'oral, et qui a son importance car il s'agit de délivrer non seulement un mode d'emploi mais aussi des lieux secrets et rentables. Déjà, enfants, les garçons apprennent les bons gestes en regardant les adultes au travail (Jorion, 2012). Il en est de même de ce fils de viticulteur dans le Languedoc, seul garçon d'une fratrie de quatre enfants, que Winnie Lem a rencontré et qui lui a raconté comment, encore jeune après l'école, son père lui expliquait, dans les champs, la façon de cultiver la vigne : planter les greffons, labourer, désherber, traiter et récolter les grappes, saisir la signification des couleurs de la grappe, diagnostiquer les différentes affections, déterminer la teneur en sucre de la grappe, etc. Puis, grandissant, la formation s'est poursuivie toujours aux côtés de son père qui supervisait son travail comme jeune apprenti. C'est ainsi qu'il a appris le métier et a été désigné comme l'héritier de la ferme, ce qui fait dire à l'auteure qu'elle se trouve devant un modèle familial despotique, laissant peu de marge aux individus (Lem, 2001). Apprendre s'effectue donc d'abord en regardant, en écoutant puis en faisant. Les exemples de ces apprentissages masculins pourraient être multipliés. Mais, qu'en est-il de celui des filles ? Il est vrai que les cas relatés en anthropologie sont moins nombreux, ce qui ne veut pas dire qu'il n'existe pas un apprentissage des tâches féminines dans la famille. Au Laos, dans la région de Ventiane, dès l'enfance, entourées de parentes de leur ascendance maternelle, les filles se familiarisent avec les pratiques textiles : elles imitent leur mère dans leurs jeux, s'imprégnant progressivement des savoir-faire du tissage avant de pouvoir, à la puberté, prendre les rênes d'un métier et continuer lentement un apprentissage peu verbalisé. Leurs capacités de tisseuse en font par ailleurs de bonnes filles à marier. Les jeunes filles deviennent des femmes par le tissage (Vallard, 2012). Le même constat a été fait à propos de fillettes mexicaines apprenant la broderie (Chamoux, 2010) ou de jeunes filles à Minot, village de Bourgogne, qui se préparaient à être des épouses par la couture (Verdier, 1979).

Ces modèles de division sexuée du travail semblent bien ancrés. Très rares sont les filles qui pêchent avec leur père, et quand elles le font, ce n'est que jusqu'à leur mariage. Le modèle hommes en mer et femmes à terre reste dominant (Jorion, 2012). Quand les femmes héritent des vignobles, elles les exploitent plus rarement. Lorsqu'elles le font, c'est par obligation, la famille ne comptant que des héritières, et elles restent plus longtemps subordonnées au chef masculin de la ferme (Lem, 2001). Il arrive, cependant, que cette répartition sexuée des tâches soit bousculée, et par conséquent également, les modalités d'apprentissage. Chez les Indiens nahuas du Mexique, si les systèmes de représentations et les discours indigènes évoquent, au début des années 1970, une division sexuelle du travail en raison de compétences différentes, la réalité des savoir-faire est autre lorsque l'anthropologue observe les pratiques. Les femmes participent à certaines tâches agricoles alors même que symboliquement ces dernières sont réservées aux hommes ; de la même manière, les hommes affirment ne pas savoir fabriquer les galettes de maïs à la base de l'alimentation quotidienne, mais se révèlent compétents lorsqu'ils y sont contraints (en voyage par exemple). En revanche, les hommes ne pratiquent pas le tissage et n'en possèdent pas le savoir-faire qui est, lui, exclusivement féminin (Chamoux, 2010). Toutes les configurations existent, selon les groupes et les aires culturelles étudiées. Si les femmes accèdent parfois aux activités considérées comme masculines, l'inverse est également vrai. Dans la riziculture en Iran, les paysans pouvaient être amenés à réaliser, occasionnellement et par nécessité, des tâches dévolues habituellement aux femmes (Bromberger, 2012). Cette complémentarité entre les sexes est asymétrique car les femmes restent plus que les hommes surexploitées. Il serait donc plus facile à une femme d'adopter des activités d'homme, que l'inverse. Ces cas de figure sont intéressants car ils montrent qu'il faut se garder d'interprétations rapides et qu'il est nécessaire d'appréhender les contextes culturels pour comprendre la dimension sociale et symbolique des pratiques.

1.3. La famille comme modèle d'organisation

Les enjeux de la transmission au sein des familles prennent une tout autre teneur dès lors qu'il ne s'agit pas uniquement de transmettre une pratique ou un métier, mais aussi une exploitation, une entreprise. Que nous ayons affaire à des vignerons, des pêcheurs, des mariniers, des paysans, et d'autres groupes de métier encore, le principe reste le même : sauvegarder un bien de génération en génération pour éviter qu'il sorte du patrimoine familial, comme le confirment les exemples traités par les auteurs précédemment cités.

La spécificité économique de la batellerie artisanale du Nord se repère dans la structure « famille-équipage » dont la péniche, habitat et outil de travail sur les flots, est le symbole. Dans le groupe de Conflans-Sainte-Honorine suivi par Fabienne Wateau, le « bateau de famille » peut être transmis aux enfants. Le mariage est alors l'occasion de cette donation. Les parents s'assurent ainsi que ce bien restera au sein de la famille et plus encore de la grande famille des mariniers, l'endogamie socioprofessionnelle et artisanale ayant longtemps été de rigueur. De ce fait, il n'est pas étonnant qu'à bord, le capitaine soit secondé par son épouse et par ses enfants dès que leur âge le permet (Wateau, 1989).

Les familles nombreuses peuvent se présenter comme un dispositif économique rentable (Jorion, 1989). Un des enfants de la fratrie est désigné comme le successeur sans que la compétence ne forge la décision. La comparaison des milieux agricoles et forestiers permet de voir que si, chez les agriculteurs, le repreneur est un fils biologique ou adoptif, « né dedans », à qui revient la pérennisation de la mémoire professionnelle et familiale, dans le cas des entrepreneurs de travaux forestiers, il est un fils symbolique qui hérite alors du nom de famille. Si la transmission professionnelle est souvent intergénérationnelle, elle ne relève pas pour autant systématiquement d'une transmission verticale (Jacques-Jouvenot, Schepens, 2007). D'une certaine manière, il en est de même pour les forgerons du Burkina Faso (Martinelli, 1996). S'il est préférable d'être « né dans la forge » pour exercer ce métier et plus encore pour accéder à un statut, il n'est pas impossible d'acquérir savoirs, savoir-faire et statut sans être affilié à une famille de forgerons. Il n'y a donc pas de condition héréditaire obligatoire. L'appartenance à un autre lignage de forgerons facilite le passage, mais il se peut aussi qu'une relation d'adoption et d'amitié, gage métaphorique, suffise pour amorcer un apprentissage dans le groupe d'accueil.

La firme familiale est un modèle d'organisation qui se retrouve dans de nombreux pays et dans des secteurs économiques variés. Dans les univers marchands et industriels, quel que soit le modèle organisationnel, les familles patronales et ouvrières sont engagées, chacune à leur manière, dans la marche de l'entreprise. En Inde, les membres d'une même famille de marchands et d'entrepreneurs peuvent par exemple se partager un groupe d'entreprises, dirigé par l'aîné (Tambs-Lyche, 2013). Il n'était pas rare non plus, dans une même entreprise – paternaliste ou non –, de voir passer, d'une génération à l'autre, les membres d'une même famille élargie (du père au fils, de l'oncle au neveu, etc.), ce type de contexte facilitant l'accès à l'emploi des plus jeunes. Le fonctionnement des firmes familiales, et les engagements intergénérationnels qu'il suppose, sont élaborés sur un sentiment de parenté (Yanagisako, 2018a, 2019). Parmi les multiples acteurs de l'industrie de la soie à Côme, dans le nord de l'Italie, pour peu que nous ne nous arrêtions pas aux discours convenus et dominants qui placent les hommes (grands-pères, pères, fils) au cœur de l'essor de ces entreprises familiales, il apparaît que les femmes ont un rôle majeur dans le processus économique. Mais, dans le même temps, elles ont été exclues de postes clés, et les conflits intrafamiliaux sont importants. Cette dynamique familiale contribue à l'émergence d'un capitalisme fondé sur des valeurs culturelles locales (Yanagisako, 2002).

La place de la famille est telle dans ces univers de travail qu'il n'est pas étonnant d'assister à un transfert métaphorique de ce qu'elle porte en leur sein, et en particulier dans les entreprises paternalistes. Cette analogie s'opère par exemple dans l'usage des termes qui qualifient ses membres. Dans la haute couture, la relation patron-couturières se mue en celle d'un père et de ses filles (Monjaret, 1997a). Ailleurs, la métaphore familiale peut cristalliser les conflits, comme par exemple dans une entreprise de l'agro-alimentaire à Abidjan en Côte d'Ivoire où, dans un contexte postcolonial au sein duquel parenté et clientélisme fonctionnent en écho, les discours critiques des employés se concentrent contre le directeur – père fondateur – à propos du devenir industriel de cet établissement (Bazin, 1998).

2. Apprentissages techniques et professionnels

Les modèles de transmission et d'apprentissage professionnel en famille cohabitent avec d'autres modèles d'apprentissage institutionnel, comme ceux des corporations d'artisans ou ceux des institutions professionnelles, scolaires et universitaires. Ce sont encore une fois les apprentissages, durant les âges de la vie, des savoirs techniques, artisanaux ou semi-industriels puis industriels, dans les mondes ruraux puis urbains, qui ont particulièrement retenu l'attention des anthropologues. Il s'est souvent agi pour eux de proposer une analyse du rôle social et sexué de ce passage éducatif dans le façonnage des individus, même si la dimension technique ne leur échappe pas non plus (voir chapitre 3).

2.1. Les premiers pas : se former en faisant

Dans la France rurale jusqu'à la première moitié du XXe siècle, il arrivait qu'à peine sortis de l'école primaire, les enfants entament leur apprentissage chez un artisan. Par exemple, les filles étaient envoyées chez la couturière. Pour autant, leur éducation ne se réduisait pas à l'acquisition de la couture. Les fillettes qui avaient l'habitude de passer à l'atelier, observant et écoutant les histoires de leurs aînés, commençaient aussi à apprivoiser leur devenir de « femmes » (Verdier, 1979 ; Zonabend, 1980). Du côté des garçons, les principes éducatifs ont le même rôle. Les mousses sur les bateaux apprennent « à être des hommes » entre dépendance et autonomie (Dusquesne, 2003). Aujourd'hui, l'éducation passe par d'autres outils, notamment numériques et ludiques. Dans les parcs d'attractions « KidZania », comme celui existant à Santiago du Chili, qui se présentent comme une ville marchande à échelle réduite, il est proposé aux enfants tant de jouer à travailler en choisissant un métier et en gagnant de l'argent, que de consommer auprès de vraies entreprises et institutions, partenaires du parc d'attractions. C'est donc en participant à ce dispositif ludique rodé, constitué d'un ensemble de jeux de rôle effectués dans un espace de loisir, qu'ils font l'apprentissage du travail salarié (Corbillé, 2018).

Les anthropologues cherchent donc à comprendre plus finement les modalités des différentes formes d'apprentissages à travers l'étude des multiples acteurs qui y prennent part et des modes relationnels ainsi engendrés. L'acquisition des savoirs et savoir-faire techniques peut s'effectuer par imprégnation, au sein de la famille ou du village, ne donnant pas forcément lieu à une relation spécifique entre apprenants et sachants. À l'inverse, la transmission peut nécessiter de passer par une relation de type maître-élève ou maître-apprenti. Dans ce cas, l'apprentissage peut se faire de manière informelle, ou de façon instituée (mise en apprentissage auprès d'un maître, scolarisation dans un établissement d'enseignement spécialisé, etc.). Contrairement à la « transmission par imprégnation », la « transmission par un maître » modifie les rapports sociaux (Chamoux, 2010).

2.2. Des rapports sociaux entre l'apprenti et le maître

La relation entre l'apprenti et le maître, au cœur de cette forme de transmission, soulève la question des liens entre générations qui ne se nouent pas forcément aisément, la génération nouvelle devant souvent prouver à celle qui la précède qu'elle a « mérité » d'apprendre. Aux *Forges et Taillanderies de Charavines*, usine de fabrication d'outils installée dans une vallée au nord de Grenoble, les ouvriers se souviennent de leur apprentissage, soulignant que les tensions entre nouveaux arrivants et ouvriers en place étaient légion (Barthélémy, Lazier, 1986). Alors que les jeunes étaient avides d'apprendre, les anciens étaient peu enclins à transmettre leur savoir et faisaient montre d'autorité. Pourtant, c'est grâce à l'obstination du novice dans la tâche que le contremaître pourra remarquer ses aptitudes et le suivre dans son parcours. La spécificité des contextes module les formes et les expressions de ces rapports d'apprentissage. Les effets des changements économiques sur les rapports sociaux entre maître et apprentis peuvent être mis en évidence en comparant le fonctionnement d'ateliers artisanaux de différentes spécialités professionnelles. Dans plusieurs villes africaines, il a été observé le glissement d'une économie paysanne, communautaire et lignagère vers une économie marchande mais informelle, ce qui a conduit non seulement à l'essor de rapports extrafamiliaux soumettant l'apprenti à une exploitation et une subordination, mais surtout à l'émergence d'un travail davantage orienté vers la réparation que la production, ce qui réduit les acquis techniques, contraignant l'apprenti à ne pas apprendre toutes les opérations de fabrication d'un objet (Viti, 2018). Dans ce dernier exemple, la durée des apprentissages se voit réduite dans le temps par les changements structurels analysés, mais ce n'est pas le cas de la plupart des formations.

2.3. Le temps long de l'apprentissage

Comme l'observent les anthropologues, une temporalité longue est nécessaire pour que « le travail entre » et pour devenir un bon professionnel. L'acquisition d'une maturité physiologique, sociale et professionnelle peut durer toute la vie. Les terrains d'enquête réalisés en France comme ailleurs confirment cet état de fait. Il faut trois ans à l'apprenti taillandier pour savoir forger uniquement deux types d'outils, cinq ans pour élargir son domaine d'action et dix ans pour être maître de la pratique (Barthélémy, Lazier, 1986). Au Burkina Faso, l'apprentissage verbal et gestuel des techniques en métallurgique s'effectue pour l'apprenti par étapes, par paliers de savoir et d'insertion chez les forgerons. Il rentre dans une conception globale de l'éducation. Dès l'enfance, les jeunes observent leurs aînés puis, grandissant, ils les imiteront. Progressivement, les adultes leur confient des tâches. C'est donc par la pratique qu'ils acquièrent les bases de l'activité. Mais ce n'est qu'à 15-17 ans, intégrant une unité de travail, que la formation commence véritablement. Pour la parfaire, un « tour du pays » d'une durée de deux à cinq ans dans des forges d'accueil est exigé. Cette circulation des hommes suppose également une circulation des savoirs technologiques (Martinelli, 1996). Ce tour, bien que dans un contexte culturel différent, n'est pas sans rappeler celui des Compagnons du devoir (Adell-Gombert, 2008).

Ces exemples montrent combien il est nécessaire de se poser la question des entrelacements des savoirs formels et informels, des savoirs théoriques et pratiques. Les dispositifs de formation en alternance permettent aux apprentis d'être à la fois en entreprise et en lycée ou université. Les entreprises ou les fédérations professionnelles possèdent parfois leur propre école, offrant des formations en interne. Ces écoles reproduisent les hiérarchies qui se retrouvent au sein des organisations professionnelles. Ainsi dans le secteur minier, il existe deux modèles qui distinguent les agents de maîtrise des cadres supérieurs ; les premiers sortent des centres d'apprentissage minier, à l'enseignement concret, quand les seconds sont diplômés des grandes écoles dont l'École des Mines. Dans les deux cas, la période de formation sert en amont à faire prendre conscience aux élèves qu'ils appartiennent déjà à un groupe et leur permet de se constituer un réseau. Les ingénieurs travaillant dans les houillères lorraines bénéficient de l'efficacité d'un réseau professionnel qui nourrit un entre-soi dès le passage en Grande École et surtout contrôle les recrutements, puis les promotions au cours de la carrière (Roth, 2002).

Les formations ne concernent pas uniquement la préparation à entrer dans une carrière, elles peuvent se poursuivre tout au long de celle-ci, pour se perfectionner ou pour prendre une nouvelle voie professionnelle. Les stages du Conservatoire national des Arts et Métiers (CNAM) appartiennent à ce registre des formations continues, certains étant consacrés au management des ressources humaines et destinés à des cadres d'entreprise (Procoli, 1999, 2000a, 2001). Nous retrouvons cette nécessité de perfectionnement dans des contextes forts divers. Il en est ainsi des guides habilités à faire visiter Notre-Dame de Paris qui doivent effectuer une formation auprès d'une association nationale, les Communautés d'Accueil dans les Sites Artistiques (CASA). Pour accéder au statut de guide bénévole habilité, ils doivent « se mettre au travail » : les acquis personnels ne suffisant pas, une formation continue est proposée par l'association à ses membres. Conférences mensuelles et voyage annuel participent à cet enrichissement que le guide va en outre alimenter de lui-même, ce qui apparaît pour certains comme un gage de qualité (Sagnes, 2019).

2.4. L'auto-formation

Dans bien des cas, les guides sont amenés à s'auto-former. Autodidactes, ces guides se donnent les moyens de transmettre au public leur passion, comme Colette, guide bénévole de l'église de Rieu dans le Minervois qui a lu les publications existantes sur le sujet, suivi les cours d'un historien dans le cadre de formations pour adultes, mais qui a également su se nourrir des remarques des visiteurs et des acteurs de la restauration de l'église. C'est son autodidactisme qui façonne l'admiration, se cristallisant autour de cette figure locale (Sagnes, 2010). La reconnaissance est obtenue au prix d'un travail personnel. Il en est de même d'autres passionnés du patrimoine qui, au fil des années, deviennent des experts, se formant « sur le tas » (Dassié, 2016) ou encore, dans un autre registre professionnel, des ouvriers qui trouvent leur place en usine grâce à l'usage de la « bricole » ou de la « perruque » (voir chapitre 5) qui devient pour eux un moyen de s'approprier des savoirs ou de donner à voir leur maîtrise de gestes appris « sur le tas » (Moulinié, 2014).

Tous ces apprentissages formels et informels ont en commun de transformer les individus pour qu'ils prennent place pleinement dans une activité de travail quelle qu'elle soit. Dans le cas des formations continues au CNAM, il est question de déconstruire pour mieux reconstruire par la suite les stagiaires qui se lancent dans un nouveau projet professionnel, sur la base d'une morale du sacrifice. En effet, cette reconfiguration professionnelle et par là identitaire implique par exemple une mise à distance avec leurs univers familiers du travail et de la famille et la création d'un discours collectif, un mythe à travers lequel tous les stagiaires se reconnaissent. Les stagiaires sont, dès leur entrée, parrainés. Puis ils sont selon leur ancienneté divisés en trois promotions : les « entrants », les « moyennants » et les « sortants » (Procoli, 1999, 2000a, 2001). La formation apparaît bien comme un passage et la transmission ne se réduit pas uniquement à une transmission des savoirs, mais elle accompagne un changement de statuts et de rôles sociaux. L'apprentissage des savoir-faire est aussi celui d'un savoir-être, et en cela le passage entamé lors de ces formations peut être confirmé plus symboliquement par des rituels.

3. Rites d'initiation, un passage obligé ?

L'apprentissage des normes et des valeurs sociales d'un métier et du groupe professionnel qui le constitue passe par d'autres formes et d'autres temps que ceux de l'enseignement proprement dit. En effet, leur acquisition s'effectue également lors d'événements festifs qui préparent à l'entrée des individus, hommes et femmes, dans la vie active. Ces événements viennent signifier, par un langage symbolique, durant toute la durée de la formation, l'appartenance des apprentis à leur nouveau cercle de travail. Ainsi, encore au cours des années 1980-1990 dans les écoles de mode parisiennes, le jour de la Sainte-Catherine, fête patronale des couturières, les élèves se familiarisaient avec les traditions festives d'un milieu et valorisaient, grâce à l'organisation de défilés, leurs compétences nouvellement acquises (Monjaret, 1997a). Dans les Écoles Arts et Métiers, les « Traditions », qui regroupent un certain nombre de rites dont ceux d'entrée et de sortie des élèves ingénieurs, sont là pour fabriquer un esprit de corps (Cuche, 1985, 1988). Tous les lieux d'apprentissages ne possèdent pas de tels rites d'initiation, mais lorsqu'ils existent, il semble impossible à tous nouveaux et nouvelles de s'y soustraire, sous peine d'être ensuite exclus du groupe, voire de la formation.

Les anthropologues ont largement été attentifs à ces rituels initiatiques, et en particulier à ceux qui soulignent l'entrée en apprentissage, qui nourrissent leur réflexion classique sur la place des rites dans les sociétés. Présents de manières diverses dans toute l'Europe, souvent qualifiés de bizutages, ces rites d'intégration, estudiantins et corporatifs, remonteraient au Moyen Âge. En France, depuis leur interdiction en 1998 à la suite des débordements non sans conséquence sur les participants, ils ont été remplacés (ou sont censés l'être), dans bien des établissements supérieurs, par des week-ends d'intégration supposés jouer le même rôle. Ces rituels appartiennent aux « rites de passage », dans le sens où ils marquent un changement de statut dans le cycle de vie de l'individu (Van Gennep, 1981). Ils possèdent en outre les caractéristiques du « rite profane » : conduites codifiées ayant un support corporel, caractère plus ou moins répétitif, forte charge symbolique, adhésion mentale éventuellement non conscientisée, etc. (Rivière, 1995).

3.1. Les bizutages, des formes et des lieux

Les exemples relatés par les anthropologues – cas de terrain ou témoignages en France et en Belgique – ne manquent pas, ce qui permet d'avoir une bonne vision des milieux où se déroulent ces cérémonies. Ainsi, des formes de bizutage se retrouvent dans les classes préparatoires (Houseman, 2012), les universités de médecine (Godeau, 2007), les grandes écoles – dont les plus célèbres, celles d'Arts et Métiers évoquées précédemment –, l'École nationale d'administration (Bellier, 1993), les Beaux-Arts (Renaud, Lamy, 1992; Larguèze, 1995; Corbière, 2003), l'École normale d'instituteurs (Blanc, 1987), etc., mais aussi dans les sociétés de compagnonnages (Adell-Gombert, 2008), les formations en atelier, et d'autres contextes de formation encore tels que celui des plongeurs professionnels (Mariethoz, 2003).

Si, dans tous ces lieux, les structures du rituel sont relativement similaires, se reproduisant de génération en génération, les contenus des séquences, marqués par le sceau du secret, varient selon les institutions, comme pour mieux affirmer les différences, comme pour mieux faire corps. L'orchestration de la manifestation qui se déroule généralement sur plusieurs jours revient aux anciens qui ont en charge de transmettre les règles du jeu aux « bizuts » (qualifiés parfois d'autres noms selon les lieux : « conscrits », « intégrants », « bleus », etc.). Afin de les faire entrer dans un monde, et plus encore dans un moule, les novices sont alors façonnés (« usinés », dira-t-on des bizuts aux Arts et Métiers) par les valeurs et les représentations du monde professionnel auquel ils aspirent.

Quoique particulièrement étudiées dans les milieux de l'enseignement supérieur, des formes de bizutage professionnel existent dans d'autres formations. Ainsi, les pratiques rituelles observées dans le cadre des formations organisées en Égypte par l'Association Professionnelle des Instructeurs de Plongée (PADI) mettent à l'épreuve le stagiaire. Pendant un à six mois, il sera soumis à une forme d'exclusion sociale et à des épreuves initiatiques : réalisation de tâches ingrates, « test de stress », duel sous-marin entre l'apprenti et le maître, « test du tuba » qui consiste à l'absorption forcée d'alcool via un tuba et le port d'un masque empêchant de respirer (Mariethoz, 2003).

Les bizutages signent la phase d'apprentissage, ritualisant l'intégration des nouveaux venus en une série d'épreuves qui s'achèvera sur une renaissance et/ou un baptême symbolique auquel il est difficile d'échapper pour éviter l'exclusion. Cette phase de transformation des individus s'effectue au prix d'une soumission au groupe ou à l'institution. Les élèves, les apprentis apprennent souvent à leurs dépens ce qu'appartenir à un groupe veut dire, et c'est à ce prix que s'effectuent leur intégration et l'acquisition d'un esprit de corps. La distinction passe par des épreuves physiques et morales ainsi que des jeux de pouvoir et de domination qui nous permettent de les inscrire dans la catégorie des « rites d'institution » définis par Pierre Bourdieu (1982). Ces rites qui participent à distinguer les individus entre eux signifient une séparation entre ceux qui ont participé ou subi les épreuves, et les autres.

3.2. Des rites ou des jeux ?

Les bizutages ou « usinages » – autre qualificatif donné au bizutage dans certaines écoles d'ingénieur – peuvent se lire comme des jeux de rôle qui mettent en scène des dominants (les anciens) et des dominés (les nouveaux). Ils sont parfois désignés par leurs acteurs (bizuteurs et bizuts) comme un « jeu ». Mais ce rite semble plutôt une contrefaçon du jeu, sa dimension morale et obligatoire lui faisant perdre sa dimension ludique (Corbière, 2003). L'obscénité des pratiques, la violence des épreuves et l'humiliation des brimades font vite oublier leur part de jeu, l'existence de comportements ludiques. En effet, ces jeux ne sont pas toujours très drôles à vivre : jeux à gages, compétitions, mimes à caractère sexuel, etc., l'idée affichée étant de développer coûte que coûte un esprit d'équipe, un « esprit de corps ». Ils peuvent basculer du côté du sadisme. C'est ce qui conduit à s'interroger sur la connotation ludique de ces rituels et leur tonalité émotionnelle, comme le fait Michael Houseman (2012) à propos de bizutages dans des classes préparatoires aux grandes écoles. Certaines de ces pratiques, à la limite du supportable, apportent en fait souffrance physique et psychologique aux novices qui pourtant doivent afficher plaisir et légèreté pendant les épreuves. Ceux-ci doivent donc « jouer à jouer » et « faire semblant de faire semblant » qu'ils ne souffrent pas et qu'ils acceptent la position de domination des bizuteurs (Houseman, 2012, p. 146). Cet enchâssement codifié du jeu à l'intérieur du jeu est pris en charge par un système d'interactions complexes entre bizuteurs, bizuts, personnel du lycée et membres du public, et met en actes de façon inconsciente les inégalités sociales que cache le système des grandes écoles françaises.

3.3. Une « nouvelle » donne : la mixité

La mixité dans l'enseignement supérieur existe en France depuis plus d'un siècle, même si la féminisation de certaines filières, et en particulier celles des grandes écoles, est encore inégale. En dépit de cela, les bizutages sont souvent pensés, énoncés et mis en scène comme des pratiques éminemment masculines incluant inversion sexuée, virilité exacerbée, obscénité ritualisée, licence sexuelle, etc. La participation féminine à de telles cérémonies peut donc sembler paradoxale, et invite l'anthropologue à se demander si la présence de femmes a des effets sur ce cadre rituel (Larguèze, 1995 ; Corbière, 2003). Dans bien des cas, une dimension érotique et l'image de la domination masculine sont maintenues malgré la présence des filles, celles-ci devant s'accorder à ce modèle. S'il existe des divergences sexuées, il semble, cependant, que les étudiantes ne s'opposent pas aux rituels, elles les subissent et les font subir sans y apporter de modifications conséquentes. Pour autant, il existe des scènes de mise en concurrence des sexes, les bizuteuses jouant à la femme dominatrice, sadomasochiste, tandis que les bizuteurs accumulent les signes d'une hypervirilité (Larguèze, 1995).

Ces rites initiatiques participent à la socialisation des jeunes ou « conscrits », et surtout à la confirmation de leurs appartenances professionnelles. Ils façonnent des hommes et des femmes à l'image d'une organisation professionnelle. Ils instituent, dans le sens où chaque individu doit apprendre à jouer le rôle qui lui a été désigné. C'est de cette manière que l'institution le conduit à se reconnaître dans le système auquel il va prendre part. Il n'est pas étonnant alors qu'après son embauche, la jeune recrue fasse l'objet de nouvelles épreuves et que tout au long de sa carrière, le salarié retrouve au sein même de son lieu de travail de nouvelles festivités qui contribuent à entretenir un esprit maison (voir chapitre 5).

L'usinage ou la fabrication du « Gadz'Arts » : enquête chez les ingénieurs Arts et Métiers

Deux publications sur les rites d'initiation au sein de l'École nationale supérieure d'Arts et Métiers (ENSAM) qui réunit plusieurs établissements, nous semblent particulièrement intéressantes pour évoquer les difficultés que l'auteur, Denys Cuche, a rencontrées sur le terrain et voir la manière dont celui-ci s'en est saisi pour traiter le sujet du bizutage des ingénieurs à une époque où celui-ci était encore autorisé (Cuche, 1985, 1988).

La vocation d'origine de cette école qui remonte au XVIIIe siècle est de former des ouvriers qualifiés ou une élite ouvrière pour l'industrie. Mais c'est au début du XIXe siècle qu'elle prend le nom d'École d'Arts et Métiers, se transformant progressivement en formation pour ingénieurs. Au moment de l'enquête entre 1977 et 1983, elle comprend six centres régionaux. C'est le profil original de ces écoles comparées aux autres grandes écoles en France qui a poussé l'auteur à y consacrer une recherche. Ce dernier concentre son enquête sur le centre d'Angers afin de saisir comment cette institution fabrique les ingénieurs ou « Gadz'Arts », terme d'auto-désignation usité par les élèves. Il va vite comprendre qu'il ne s'agit pas de former uniquement des ingénieurs-techniciens, mais aussi des hommes-ingénieurs ; autrement dit l'apprentissage que les élèves reçoivent est celui d'un savoir-faire autant que d'un savoir-être et savoir-vivre.

C'est ce qui le conduit à étudier les modalités de cette transmission et à se pencher sur ce que les « Gadz'Arts » nomment les « Traditions », qui regroupent des activités extrascolaires dont un ensemble de rituels codifiés avec des signes distinctifs comme l'uniforme, image de prestige – héritage du passé militaire de l'école – et la blouse – référence ouvrière –, le surnom, un langage ésotérique, etc., que chaque élève consigne dans son « carnet de traditions ». Lors de la rentrée, les nouveaux se voient attribuer un parrain qui les accompagne dans cette période de transmission des valeurs en vase clos. Cette période est nommée « usinage », elle couvre toute la durée de la formation avec de multiples cérémonies, notamment, d'entrée « Le Baptême » et de sortie « La Délivrance » de l'institution ou encore d'inversion « La Revanche ». C'est au « Comité des Traditions », lié à l'association des anciens élèves, d'organiser cet « usinage », sous le sceau de la règle du secret, « non formulée mais très efficace » (Cuche, 1985, p. 57) qui permet d'inculquer, non sans brimades, les valeurs de « Fraternité », un « esprit commun » pour forger une personnalité collective propre aux « Gadz'Arts », valeurs perpétuées par l'association.

Bien que, comme le relate Denys Cuche, nombre d'élèves se défendent de l'assimilation de l'« usinage » à un « simple » bizutage, les formes que prennent ces rites d'initiation renvoient, comme nous avons pu le noter, à des principes similaires : changer de statut passe par une mise à l'épreuve du corps et de l'esprit. Ne pas se soumettre à ces règles fait prendre le risque à l'élève, désigné « HU » ou « hors usinage », de ne pas acquérir le titre de « Gadz'Arts » délivré par l'association et les solidarités de corps qui la constituent, et ce indépendamment du fait qu'il obtiendra, dans tous les cas, son titre d'ingénieur de l'École.

Nous comprenons que, dans ce contexte, l'enquête n'a pas été facile à réaliser. Prendre soi-même des photographies tout comme se procurer des images des aspects les plus significatifs des traditions n'est pas un exercice aisé. De même, solliciter des témoignages sur ces pratiques contestées ne l'est pas non plus. En effet, cet engagement n'est pas sans risque pour ceux qui se prêtent à l'entretien : la peur d'être accusés de trahison faisait craindre aux élèves une mise en quarantaine de la part de leurs pairs conservateurs, majoritaires dans l'établissement, et aux enseignants un frein à leur carrière.

Nous pouvons alors nous demander comment le chercheur a pu contourner le poids de la règle et du secret. S'il a pu réaliser des entretiens avec des élèves, des anciens élèves, des professeurs et des membres du personnel non-enseignant de l'École, c'est en respectant leur demande d'anonymat pour se prémunir des effets encourus. Conjointement, il a réuni nombre de documents produits par l'École et par l'association qui sont venus compléter les témoignages.

De ce terrain, Denys Cuche a tiré un sujet croisant les pratiques contemporaines aux sources plus historiques. C'est l'évolution sociologique des « Traditions », et par là celle des enjeux de leur transmission au cours du temps, qui a suscité son intérêt. Cette recherche montre le rôle de l'enquête historique pour comprendre le retournement de sens des pratiques, qui s'est effectué par une succession de petits glissements. Ainsi, dans les deux publications analysées, l'auteur ne propose pas à proprement parler de descriptions fines des rites d'usinage, mais tente plutôt de cerner les mécanismes évolutifs du processus de fabrication des « Gadz'Arts ». Se penchant sur les appartenances sociales des élèves, il compare leurs recrutements sur trois périodes (1808-1890/1961-1962/1983-1984). Il observe un progressif « embourgeoisement », et insiste sur le fait que les premiers élèves étaient issus de milieux ouvriers très modestes. Ce constat n'est pas à négliger pour appréhender les changements des rituels survenus dans les écoles. À l'origine, les « Traditions » se présentaient comme une contre-culture, réaction culturelle populaire à la domination culturelle savante de l'encadrement bourgeois, écrit l'anthropologue, alors qu'ensuite elles vont très vite appartenir à la culture estudiantine promue également par l'École pour renforcer un esprit de corps, nécessaire au vu de la concurrence d'autres grandes écoles rivales, et de ce fait elles ont changé de sens : d'une opposition à l'ordre établi, quasi militaire, elles passent à l'adhésion à l'ordre institutionnel ; d'une subversion brouillonne portée par le refus de se laisser civiliser, elles deviennent l'outil d'une restauration morale et d'une intégration ordonnée pour un devenir de cadre.

La référence ouvrière qui apparaît toujours comme un socle fait ressortir les ambivalences des « Gadz'Arts » aujourd'hui, qui usent, selon les circonstances, de la blouse grise ou de l'uniforme de prestige. De même, le terme « usinage » n'est qu'un rappel de la transformation de la pièce « brute » en un produit fini dans l'industrie, un processus qui est appliqué, au propre et au figuré, sur l'élève pour le dégrossir et lui inculquer de nouvelles valeurs.

4. Entrer dans le groupe de travail

Nous avons vu le rôle joué par les formations et les rituels d'intégration dans la fabrique du futur travailleur – ouvrier, employé ou cadre –, la façon de le préparer à entrer dans la vie active et de le conduire à faire déjà corps avec le groupe professionnel choisi, ses valeurs, ses normes ainsi que ses acteurs et ses hiérarchies. Suivront l'embauche, les premiers pas avec les collègues, les temps d'adaptation qui sont autant de moments qui lui permettront de trouver sa place dans le groupe de travail. Les ethnographies en milieux professionnels confirment la complexité de ce processus d'intégration.

4.1. Rôle des réseaux familiaux dans l'accès à l'emploi

Ce qui a particulièrement retenu l'attention des chercheurs, sans doute parce que ce champ d'étude appartient aux classiques de l'anthropologie, c'est l'implication des réseaux de parenté dans le cheminement professionnel des individus.

Dans une usine de parqueterie du Sud-Ouest, située en milieu rural, penser et parler usine c'est d'abord penser et parler famille. Bien que travaillant indifféremment dans les ateliers ou dans les bureaux, les employés sont unis par des liens de parenté, consanguins et alliés, proches et éloignés. L'usine privilégie surtout les couples et la descendance. Par exemple, l'embauche d'un ouvrier à l'usine n'a été possible qu'après avoir épousé une ouvrière. La parenté devient un critère d'embauche et garantit le parrainage nécessaire pour entrer dans l'entreprise, et les jeunes – notamment ceux n'ayant pas de diplôme – bénéficient de cette aubaine. Nous comprenons mieux l'importance, dans ce contexte, du maintien de ces liens familiaux. Concernant ce terrain, Véronique Moulinié fait l'hypothèse que cette idéologie « familialiste », basée aussi sur le rejet de tout syndicat, alimente la politique d'embauche (préférence donnée aux parents, aux proches, aux amis de personnes déjà employées) et inscrit toutes les relations à l'usine en termes de parenté. C'est ainsi qu'il existe de véritables dynasties tant du côté de la direction que du côté des employés et que se forment des réseaux d'influence (Moulinié, 1996, 1998).

Le cas des « cols rouges » ou « Savoyards », commissionnaires de l'Hôtel Drouot à Paris (Lemonnier, 1980; Arpun, 2010), est en cela exemplaire. Ce groupe a longtemps détenu le monopole de la manutention et du transport des salles de vente de Drouot, lieu central du marché de l'art français. Son organisation était basée sur le secret et sur un réseau régional de parenté, qui permettait une rapide circulation des informations, comme l'annonce du départ d'un commissionnaire et celle de la recherche de son remplaçant. Les recrutements se faisaient par cooptation ou par recommandation d'un parent (famille élargie, père, oncle, époux d'une tante, frère, etc.), d'un ami ou d'un voisin, tous liés à une même région (voir chapitre 4). Les nouveaux venus pouvaient alors retrouver des relations, ce qui facilitait leur intégration professionnelle.

Dans certains cas, les agents entrés dans l'administration, bien qu'ils aient eu à passer des concours, ont choisi d'intégrer certaines filières, encouragés par des parents proches déjà en poste. Il en est ainsi des agents de surveillance de musée. Là encore les réseaux régionaux (Corse, Dom-Tom en particulier) ont souvent aidé à la recherche d'emploi pour des non-diplômés, puis à leur intégration au sein d'établissement culturel, trouvant, dans la fonction publique, une stabilité et une sécurité. Leur appartenance à une filière professionnelle spécifique contribue à se penser comme un corps de métier défini et à créer en contrecoup un entre-soi (Monjaret, 2016).

4.2. L'embauche ou les exigences de l'apparence

Parfois, les exigences du groupe professionnel se révèlent au moment de l'embauche. Elles ne se réduisent ni aux acquis d'un diplôme, ni à l'appartenance à un réseau. Pour entrer dans certains milieux, d'autres critères prévalent. S'ils servent à la sélection des candidats, ils sont en outre une des marques de leur façonnage. L'apparence est l'un d'entre eux, il s'agit donc d'apprendre à s'y conformer. Aux États-Unis, le port du tailleur, incarnant certaines valeurs, a permis aux femmes d'accéder à des milieux professionnels masculins et de se positionner hiérarchiquement, au point de devenir le symbole d'un courant dans les années 1970, nommé le Power Dressing. Nous voyons bien à travers cet exemple comment se fabrique l'une des images, socialement marquée, des femmes au travail (Hanifi, 2008). Pour réussir, les candidats seraient donc conduits à s'adapter à des normes de l'apparence, et cela est d'autant plus vrai, voire la condition *sine qua non*, quand le corps est l'outil non seulement de travail mais également de (re)présentation comme pour les girls du music-hall. Lors de leur recrutement, les prétendantes danseuses doivent être physiquement conformes à l'image esthétique de l'établissement les embauchant et pouvoir se fondre dans la compagnie de girls déjà présentes. D'une « maison » à l'autre, les critères changent, montrant ainsi qu'il n'y a pas une norme esthétique unique, mais plusieurs (Fourmaux, 2009; Perault, 2012).

4.3. Faire encore et toujours ses preuves

Une fois embauché, il reste encore au nouveau ou à la nouvelle à faire ses preuves. Les premiers pas ne se font pas sans difficultés, comme ont pu le remarquer les anthropologues attentifs à ce passage. Les nouveaux ont, souvent, à endurer une période d'essai. À l'Hôtel Drouot, le remplaçant du commissionnaire partant, appelé le « bis », est soumis au contrôle de ses pairs qui décident, à l'issue de cette période, s'il est digne de porter le col rouge (Arpun, 2010). Et comme nous avons pu le voir précédemment, un changement de statut se marque souvent rituellement et suppose alors des épreuves. Dans les ateliers de taillanderie isérois (France), les ouvriers relatent les farces réservées à celui qui venait d'être embauché à l'usine : l'obligation de porter des charges lourdes toute une journée, de boire des litres de vin en continu (Barthélémy, Lazier, 1986). Les ethnographies soulignent combien devenir travailleur impose un travail des corps, de soi et sur soi, qui semble parfois loin de savoirs techniques, mais qui souvent y trouve un ancrage symbolique. Là encore, il s'agit de faire ses preuves. Dans le cas des intérimaires, cette période semble se répéter indéfiniment. Ce marché particulier touche, semble-t-il, les jeunes générations qui aspirent moins que leurs aînés à des carrières de longue durée dans un même établissement. L'ethnographie par immersion qu'a réalisée Philippe Rosini lui a permis d'éprouver au plus près cette situation et de se confronter à l'obligation d'une adaptation perpétuelle, d'une remise en question de ses « habitudes fraîchement acquises », qui l'installe dans la position de débutant à chaque nouvelle mission, sans possibilité d'une continuité de transmission par les anciens (Rosini, 2012a). Trouver sa place n'a rien d'une évidence dans les univers de travail, tant les modèles organisationnels se font multiples. Certains y arrivent par des détours, comme ces ouvriers que Véronique Moulinié a côtoyés et dont elle dresse de beaux portraits (Moulinié, 2014). Ils n'ont pas suivi de cursus interne à l'usine, ils n'ont pas « fait les Arpètes », c'est-à-dire qu'ils n'ont pas eu à assumer les petites besognes dans l'atelier réservées au débutant, mais ont, malgré tout, acquis « sur le tas » des gestes qu'ils peuvent faire valoir, ou encore ils ont réussi à s'imposer grâce à leur savoir de la bricole. Bien qu'ils se soient forgés seuls, ils ont pu entrer dans le groupe. Toutefois, les circonstances viennent parfois briser les acquis, et les ruptures les plus rudes ne sont pas forcément celles engendrées par un changement au travail mais celles impliquant un changement de travail (voir chapitre 6).

Dans ce premier chapitre, nous avons cherché à montrer les multiples manières sociales ou rituelles de façonner les hommes et les femmes pour le travail, et ce parfois dès l'enfance, puis tout au long du parcours professionnel. Nous avons vu, à cet effet, le rôle prégnant que tient la famille, puis le groupe de travail de proximité, dans cet apprentissage des savoirs, des valeurs et des pratiques professionnelles, autrement dit, d'une culture du travail.

Chapitre 2

Les langages du travail

Ce deuxième chapitre revient sur des thématiques chères à l'anthropologie : les pratiques langagières, orales ou écrites, et leurs contextes d'énonciation et de production. Si l'anthropologie des pratiques langagières est désormais un domaine bien établi et qui a largement démontré son intérêt à s'emparer de la complexité humaine (Jackson, 2002 ; Leguy, Bornand, 2013), il s'agit ici de resserrer la focale sur ce qui se passe plus spécifiquement en contexte de travail. Quelles oralités et quelles écritures pour quel travail ?

Dans un premier temps, nous verrons comment l'utilisation des mots, à l'oral et à l'écrit, est au cœur de la plupart des activités de travail. Comment parle-t-on *dans* son travail ? Comment parle-t-on *de* son travail ? Qu'écrit-on au travail ? Que nomme-t-on au travail ? Ou bien au contraire, que ne peut-on pas dire ? Nous nous intéresserons ensuite à des productions langagières qui, à première vue, peuvent sembler plus « secondaires », mais qui se révèlent des sources d'une richesse inestimable pour qui veut saisir dans toute sa finesse la réalité du travail et de ses acteurs. Nous nous pencherons donc d'abord sur la manière dont travailleuses et travailleurs s'interpellent. De quelle manière s'adresse-t-on la parole ? Comment appelle-t-on celles et ceux avec qui l'on travaille ? Dans un troisième temps, nous nous attacherons au rire et aux plaisanteries au travail. De quoi peut-on rire ? Selon quelles modalités, et avec qui ?

1. Parler et écrire au travail

Des plus officielles aux plus invisibles, des documents prescriptifs aux simples aide-mémoires, des discours publics aux échanges les plus secrets, les productions orales et écrites jalonnent les activités de travail. Faire la liste exhaustive des types de productions langagières potentiellement présentes au travail dépasserait de loin l'espace dont nous disposons pour cet ouvrage, mais de grands domaines peuvent être esquissés, qui ne sont pas exclusifs les uns des autres. Certaines de ces productions ont été davantage explorées que d'autres par l'anthropologie, nous en donnerons quelques exemples.

1.1. Les mots au travail

Parmi les productions langagières susceptibles d'intéresser les anthropologues, nous trouvons d'abord les documents officiels, qu'ils soient prescriptifs (écrits : règlements, notes de service, contrats de travail, etc. ; et oraux : discours, ordres, etc.) ou descriptifs (sites internet ou autres supports de communication d'une structure, journaux d'entreprise, bulletins syndicaux, informations données au cours d'une réunion ou d'une célébration, etc.). Le plus souvent simplement mentionnés dans les monographies, il arrive que de tels documents soient placés au cœur d'une recherche, comme les journaux d'entreprise dont l'étude permet d'appréhender les manières dont le discours managérial s'établit. Nous pouvons voir, à travers toutes les étapes de fabrication d'un journal, comment les discours oraux des salariés interviewés sont peu à peu transformés en un texte écrit, extrêmement différent des paroles originales, au fil d'une série d'échanges entre interlocuteurs tenus de valider l'article. Le produit final perd souvent toute ressemblance, de fond et de forme, avec ce qui a réellement été dit par les interviewés, mais se coule parfaitement dans le discours managérial en vogue dans l'entreprise (Both, 2006). Dans un contexte très différent, à l'Assemblée nationale à Paris, le suivi de la fabrique des lois montre les transformations que peuvent subir les échanges verbaux professionnels avant leur fixation dans une forme officielle. Ainsi, la production d'une législation consiste à passer des débats de l'hémicycle vers la rédaction d'un texte écrit, c'est-à-dire une « mise en mots » juridiques de discours ancrés dans le registre du politique et de la joute oratoire (Abélès, 2000). Une autre manière d'examiner « les mots » officiels du travail est de chercher à saisir « ce que peut cacher un organigramme » (Baboulet-Flourens, 2007). Dans un centre de navigation aérienne en France, l'écrit officiel que constitue l'organigramme cohabite avec d'autres formes de hiérarchies, officieuses cette fois, qui renvoient tant à des questions de spécialités professionnelles et de valorisation des technologies mobilisées, qu'à une « gradation du risque » et au « rapport de proximité à l'avion » (Baboulet-Flourens, 2007, p. 154).

Un deuxième type de pratiques langagières qui peuvent être analysées par les anthropologues sont les documents procéduraux, écrits ou oraux, que les travailleurs doivent produire et/ou auxquels ils doivent faire appel au cours de leurs activités quotidiennes. Nous trouverons parmi eux les cahiers de transmission des métiers du soin, les dossiers de patients ou de clients, les fiches de signalement, les feuilles de route, les descriptifs d'enseignements, les écrits comptables, etc., mais aussi les manuels de procédure ou les écrans de contrôle. Certains de ces écrits professionnels nourrissent ainsi de riches monographies, tels ceux des infirmières du service de neurologie d'un hôpital parisien (Vega, 2000). L'analyse des carnets de pêche est un autre exemple de l'utilité de ce regard centré sur les écrits réguliers des travailleurs. Plusieurs patrons de bateaux de pêche de l'île d'Houat dans laquelle Paul Jorion effectue un long terrain dans les années 1970 acceptent de lui confier leurs carnets de pêche. Y sont consignées de nombreuses indications : jours, horaires des pêches et temps de travail, conditions climatiques, nature et quantités des fruits de mer et poissons pêchés, matériel utilisé, frais engagés, etc. Cette mine d'information permet à l'auteur d'établir la comptabilité de quelques bateaux sur un temps long (entre 5 et 10 ans) et de la mettre en regard des données que lui-même construit pendant l'année qu'il passe aux côtés de ces pêcheurs (Jorion, 2012). De manière connexe, ce sont les courriers divers, bons de commande, devis, réclamations, invitations, que regarderont de près les anthropologues intéressés par le travail.

À côté de ces productions relativement formalisées se trouvent de nombreux éléments plus informels qui emplissent nos temps et espaces de travail, productions souvent « invisibles » et davantage liées au « travail réel » (activité accomplie par le travailleur) qu'au « travail prescrit » (injonction donnée en amont quant à la tâche à effectuer) – couple notionnel développé par l'ergonomie et traversant aujourd'hui largement les SHS. En termes d'écrits, ce sont par exemple les multiples mémos, écrits pour soi ou déposés sur le bureau d'un collègue, notes sur feuilles volantes ou griffonnées dans un carnet à usage personnel, messages mails informels, etc., auxquels il s'agit de faire attention, tout autant qu'aux cartes envoyées ou offertes aux collègues ou qu'aux éléments de décoration, dans les bureaux (Monjaret, 1996a) ou les ateliers (Monjaret, 2004, 2005b). Portant une attention fine aux types de documents mobilisés pour cette décoration, il est possible de décrypter la vie quotidienne au travail, les références partagées (internes ou non à l'univers professionnel), ou encore les sujets de discorde, etc.

Du côté de l'oral, ce sont les échanges de savoirs et de savoir-faire sous forme de discussions informelles dans les lieux de travail et à sa périphérie (vestiaires et lieux de repos par exemple) ou encore des espaces interstitiels, qui retiendront l'attention des anthropologues. Nous pouvons par exemple chercher à comprendre « ce qui du travail se noue au café » (Jeanjean, 2004). Les débits de boissons dans lesquels se rendent égoutiers et cadres employés du Service des Égouts de Montpellier pendant leurs horaires de travail sont des espaces de constitution des savoirs professionnels extrêmement efficaces, car oraux et informels. C'est là que s'échangent des informations, se construisent des accords entre collègues ou collaborateurs d'entreprises différentes (Jeanjean, 2004). De fait, temps et espaces de travail sont jalonnés d'échanges oraux qui lient travailleurs et interlocuteurs extérieurs (usagers, clients, fournisseurs, patients, étudiants, spectateurs, etc.). Il peut s'agir de conversations (téléphoniques, numériques ou « en présentiel »), mais aussi de rendez-vous, réunions, présentations en séminaires, célébrations, etc. Les anthropologues ne se sont pas encore saisis de toutes ces sources, mais certaines font l'objet de recherches originales. Nous en trouvons ainsi sur le discours oral des camelots, comme ces vendeurs de « poignées de bijoux » installés sur les marchés ou le long des grands boulevards parisiens (Duval, 1981) ou les démonstrateurs de « produits ingénieux » (Le Velly, 2007). La triangulation démonstrateur-produit-public/clients potentiels peut être envisagée au prisme de l'interactionnisme symbolique, en mettant particulièrement en évidence les savoir-faire oraux de ces professionnels. Les pratiques langagières marchandes peuvent s'insérer dans l'ensemble plus vaste des sons du marché et de la ville, en Italie (Féraud, 2010) ou en Palestine (Kassatly, Puig, Tabet, 2016) et leur étude participe ce faisant au développement de l'anthropologie sensorielle.

Enfin, un autre type d'échanges retient, de plus en plus, l'attention des anthropologues : le travail de communication et de diffusion d'informations auquel doivent s'astreindre de nombreux individus dans le travail desquels les relations extérieures jouent un rôle prépondérant et extrêmement chronophage, alors même que cela n'est pas, selon eux, le « cœur » de leur métier. Il est parfois nommé « travail relationnel » (*relational work*), terme emprunté aux linguistes Miriam A. Locher et Richard J. Watts (2005), qui désignent ainsi « le « travail » que les individus investissent en négociant des relations avec d'autres individus » (Locher, Watts, 2005, p. 10). C'est tout particulièrement le cas des mondes dits de « l'industrie créative », par exemple celui des grimpeurs professionnels que Guillaume Dumont a accompagné pendant plusieurs années. Paradoxalement, ces grimpeurs passent souvent plus de temps et d'énergie à filmer ou photographier leurs exploits sportifs, puis à les poster sur différents réseaux sociaux et à répondre aux questions et commentaires de leurs fans, qu'à grimper. Tout cela est destiné à entretenir leur réputation, et ce faisant, à leur assurer le soutien financier de leurs sponsors qui les encouragent à accomplir ce que l'auteur nomme le « travail réputationnel » (Dumont, 2016, 2018).

1.2. Les mots du travail

L'une des premières choses auxquelles un travailleur (ou l'ethnologue menant son enquête) est confronté dans un monde professionnel qu'il découvre est sans doute la profusion de termes ou expressions nouvelles utilisées régulièrement par les autres travailleurs. En effet, de nombreuses pratiques langagières décrivant les actions, outils, matières ou sensations du travail sont spécifiques, ou utilisées dans un sens parfois différent de leur usage commun. Classifications, catégorisations et lexiques en tous genres ponctuent verbalement les activités de travail et renseignent l'anthropologue sur le monde du travail qu'il étudie. La quasi-totalité des recherches anthropologiques portant, d'une manière ou d'une autre, sur le travail mentionnent, au moins en passant, l'existence d'un vocabulaire particulier, et la plupart proposent des glossaires. Expliciter ces termes et les placer en contexte de production et d'énonciation aident à en dégager les logiques internes car c'est souvent cette explicitation (ou la difficulté de le faire) qui apporte les plus riches informations sur le travail lui-même, sa perception et ses représentations.

Parmi les registres convoqués pour élaborer un vocabulaire professionnel se trouvent souvent des références aux cinq sens. Nous développerons plus loin l'importance du sensoriel au travail (voir chapitre 3), mais un exemple sur la relation entre sens et langage pourra être utile ici. L'étude des « happerceptions professionnelles » chez les stylistes/modélistes/couturiers permet de s'intéresser à la fois aux compétences et expertises de ces professionnels en termes de « toucher actif » (haptique) et au champ lexical qu'ils emploient alors, et de mettre en évidence l'existence d'un terme essentiel, la *main*, qui désigne les « qualités tactiles d'un tissu, d'un cuir ou d'une pelleterie » (Sola, 2007, p. 38, note 4). Non seulement ce ressenti informe le travailleur sur la nature ou la composition du tissu, mais aussi sur le type de modèle qu'il pourra effectuer, la manière de le travailler (coupe, assemblage), ou encore son évolution dans le temps. Or, la dénomination joue un rôle central dans l'élaboration des savoirs et savoir-faire : celui de la conscientisation, puisque nommer « permet d'identifier des stimuli, de faciliter l'encodage mémoriel » (Sola, 2007, p. 37). Il y a donc ici nécessité à mettre en mots des sensations, tant pour le travailleur lui-même que pour communiquer avec d'autres, la description de la *main* d'un tissu étant souvent mobilisée comme argument de vente.

Nombreux sont les anthropologues qui soulignent combien vocabulaire et manières de l'utiliser ont un « effet structurant dans le milieu [...] et permettent aux membres de se reconnaître entre eux », comme l'écrit Jacques Bernard à propos des joueurs d'échecs professionnels (Bernard, 2003, p. 54), et ce faisant, constituent « un outil qui permet de juger de l'extériorité, de reconnaître, à partir du vocabulaire employé, si quelqu'un est du *métier* ou non » (Daphy, 1994, p. 35). Ainsi, parmi les professionnels de la musique (en France et au Royaume-Uni notamment), deux formes de langages du travail émergent : le « parler technique », c'est-à-dire utiliser des termes et expressions qualifiant les procédés techniques, le son, le matériel, etc., et le « parler métier », qui inclut l'art de manier l'« usage systématique de la parole "pour de rire" » (Daphy, 1994, p. 32). Ce « parler métier » consiste entre autres à savoir raconter des blagues en contexte et à manier l'emprunt régulier de termes ou de références issus d'un répertoire commun de plaisanteries et de pratiques professionnelles pour nourrir les discours courants (Daphy, 1999). Logiques de catégorisation ou mobilisations de métaphores pour qualifier tout ou partie du travail nous renseignent donc à la fois sur l'activité elle-même et sur celles et ceux qui l'effectuent. Ainsi, les égoutiers convoquent très fréquemment le terme de « *merde* » dans, et dès qu'ils parlent de, leur travail. Si les excréments ne sont que l'une des nombreuses matières qu'ils rencontrent dans leur travail quotidien (sang, sperme, détergents, hydrocarbures, cadavres ou déchets solides en tous genres – voir Jeanjean, 2014), c'est de loin la plus significative, tant dans les discours que dans les représentations, internes ou externes, qui portent sur ce métier. Dans un processus de retournement du stigmate et de la violence qui leur est imposée par cette substance et son traitement, les ouvriers se sentent renforcés par leur capacité à prononcer ce terme, et vont parfois jusqu'à l'utiliser pour qualifier par métonymie leur activité, le collectif de leur groupe professionnel, ou à l'inverse pour marquer une égalité supposée entre eux et des habitants occupant une position sociale supérieure. C'est bien ce qu'exprime l'un des égoutiers lorsqu'il commente : « devant la merde comme devant la mort : on est tous égaux » (Jeanjean, 1999a, p. 78). Pourtant, depuis la fin des années 1990, la direction et les cadres de l'entreprise tentent ce qu'ils nomment un « redressement sémantique » (Jeanjean, 1999b, p. 612) visant à promouvoir un discours différent afin de revaloriser les activités liées aux déchets. Or la mobilisation d'euphémismes cachant la réalité des substances et des activités agit comme une nouvelle forme de violence faite aux ouvriers, puisqu'elle nie la réalité de leurs activités et les prive de ce qu'ils considéraient comme leur pouvoir d'action.

Cette réflexion sur l'effacement de certains termes qualifiant l'activité de travail nous mène à un autre usage du langage, mais un usage en creux : celui de ce que l'on ne dit pas au/sur le travail. D'une part, il s'agit des interdits et tabous de langage. Interdiction d'énonciation de termes précis ou interdiction de parole quelle qu'elle soit, dans un lieu ou à un moment spécifique d'une activité ou d'un monde professionnel. Il en va ainsi de l'obligation de silence dans les parties officielles des joueurs d'échecs professionnels (Bernard, 2003) ou des interdits d'énonciation portant sur un mot (« corde » au théâtre, « lapin » dans la marine). Le chercheur tentera alors de saisir les raisons invoquées, les enjeux, les potentielles stratégies de contournement, et ce que cela nous dit du travail. Par exemple, le « tabou du lapin chez les marins » (Houseman, 1990) interdit non seulement de prononcer ce terme dans un bateau, mais également de consommer cet animal, de l'amener à bord, ou même que le marin ne rencontre un lapin ou un lièvre sur son trajet vers le port. À travers une analyse symbolique de ce tabou, il est possible d'y lire, en négatif, un certain nombre de « valeurs essentielles du monde marin » (Houseman, 1990, p. 125). D'autre part, les anthropologues peuvent être face à des ensembles de savoirs qui ne sont révélés que sous certaines conditions (« secret »), savoirs et conditions de révélations étant bien souvent constitutifs de l'organisation du groupe professionnel. C'est le cas notamment lorsque les étapes de divulgation des savoirs participent des processus d'apprentissage et de construction de l'individu, comme chez les Compagnons du devoir (Adell-Gombert, 2008). Cette question des conditions du silence existe aussi dans le cadre du secret médical ou du devoir de réserve de certaines catégories de fonctionnaires. Enfin, se trouve le cas de savoirs supposés, non vérifiables, et cependant sources de pouvoir symbolique pour les travailleurs. Selon les égoutiers par exemple, une de leur force réside dans ce qu'ils considèrent avoir appris des habitants en observant leurs égouts, et qu'ils taisent, mais menacent de révéler (Jeanjean, 1999b). De fait, depuis les travaux de John Austin sur la performativité du langage (1955), la question de l'autorité et du pouvoir que peut conférer le langage est très souvent étudiée. Certains anthropologues ont ainsi mis en exergue la puissance d'agir que peuvent comporter certains mots en contexte de travail. Cette articulation entre autorité et langage est centrale lorsque l'on s'intéresse aux différents registres de langage utilisés entre les travailleurs, car ces différences peuvent agir comme marqueur de hiérarchie ou d'inégalité, selon le statut des locuteurs. Quoique cette question soit rarement mise au cœur de la recherche, la coprésence de registres langagiers et ses effets sont souvent mentionnés par les anthropologues. C'est le cas de certains chantiers du bâtiment, où l'autorité d'un chef de chantier s'exprime de différentes façons, parmi lesquelles se trouve le fait qu'il « emploie un langage plus sophistiqué et plus technique que celui des monteurs » (Ghasarian, 1999, p. 602).

1.3. Travailler avec les mots

Nous avons vu jusqu'à présent que la production d'actes de langage, écrits et oraux, était un passage obligé de presque toutes les formes de travail. Il arrive en outre que le langage ne soit pas seulement un outil parmi d'autres, mais le cœur du travail étudié. Travailleurs et travailleuses agissent alors principalement *par* le langage et *sur* le langage, qu'il soit écrit ou oral. Cela correspond à des domaines professionnels aussi divers que le soin psychique, le journalisme, les métiers du droit, l'enseignement, le contrôle aérien, l'écriture littéraire ou scientifique, l'administration, le conseil, les plateformes téléphoniques, ou encore les négociateurs en bourse. Il s'agit de se demander ce qu'apporte le langage à chaque activité : apport d'informations, de savoir, de soin, de transformation légale, d'échanges commerciaux, de résolution de problèmes, etc. L'anthropologue s'attachera à saisir en finesse comment est utilisé le langage : sous quelles formes, selon quelles combinaisons (écriture/lecture/parole/écoute), autour de quelles représentations et valeurs, etc. Une recherche au sein du service du courrier présidentiel montre qu'avant même le travail de réponse aux lettres envoyées au président de la République par des citoyens français, une large partie de l'activité des agents est consacrée à leur lecture minutieuse, puis à la rédaction de notes de synthèse destinées aux différents services de l'État susceptibles de pouvoir répondre aux requêtes des expéditeurs. Les réponses sont finalement élaborées, mais grâce à différents corpus de textes mis à la disposition des agents, et combinés : lettres types, d'une part; discours, écrits, et déclarations du Président, d'autre part. Il s'agit donc bien de pratiques langagières (lecture et écriture), beaucoup plus composites qu'il n'y paraît, et inscrites dans un processus d'échange et de circulation entre services (Fraenkel, 1997). Une ethnographie menée dans trois écoles théâtrales en Allemagne et en France permet de se pencher sur les différents usages du langage sollicités dans l'élaboration d'une mise en scène et d'analyser la manière dont, dans un premier temps de l'apprentissage et de la répétition, professeur-metteur en scène et élèves-comédiens utilisent des interjections ou insèrent de nouveaux énoncés synthétiques. Ce « sous-texte », inséré au sein d'un texte théâtral pour en clarifier certains passages et mieux appréhender les actions qui y sont associées est, pour les élèves, un moyen transitoire de mieux s'approprier le sens et les dynamiques du texte original. Il est ensuite retiré au fil de la mise en place de chaque scène. Le relevé de l'ensemble des pratiques langagières qui s'élaborent dans les interactions entre comédiens et metteur en scène aide à souligner les fonctions performative et communicative du sous-texte puisque celui-ci permet à la fois la compréhension des intentions du personnage, l'élaboration des actions associées et la mémorisation du dialogue (Katz, 2008).

La manière dont les pratiques langagières sont utilisées au travail et entre travailleurs recèle donc de multiples formes et enjeux. Penchons-nous à présent sur un deuxième pan, immense et souvent plus informel, du langage au travail : celui de la façon dont nous nommons non plus la matière, les outils, ou les actions, mais les gens avec lesquels nous travaillons.

2. Nommer. S'adresser

L'anthropologie linguistique et l'anthropologie de la parenté ont, chacune à leur manière, pris en charge l'étude des façons qu'ont les individus de parler des autres ou de s'adresser à eux, tant dans les situations d'interlocution quotidienne qu'au sein de leur groupe de parenté. À la fin du XIXe siècle, l'anthropologue britannique John McLennan a proposé de faire une distinction entre « termes d'adresse » et « termes de référence » (1865). Cette distinction, désormais classique en anthropologie, renvoie, respectivement, aux termes par lesquels un locuteur s'adresse à un autre, et ceux par lesquels il va faire référence à quelqu'un sans lui adresser directement la parole. Dans le cadre des activités de travail, l'ethnographe s'aperçoit vite de l'existence de différents modes d'interactions verbales, signifiants pour celles et ceux qui les emploient. Comment s'adresse-t-on à, ou parle-t-on de, ses collègues, sa supérieure hiérarchique, un fournisseur, une usagère, etc. ? Va-t-on utiliser le nom ? Le prénom ? Un surnom ? Quelles sont les logiques de nomination à l'œuvre ? Se pencher sur ces modes de nomination dans les situations de travail s'avère extrêmement productif.

2.1. Tutoiement ou vouvoiement ?

Dans un premier temps, c'est la question du pronom d'adresse (*tu* ou *vous*) à utiliser qui se pose – du moins pour celles et ceux qui travaillent dans une langue dont le système grammatical compte cette distinction.

Les sociolinguistes se sont souvent intéressés à cette question, montrant que dans l'usage commun le choix du vouvoiement est le plus souvent associé à une forme de respect et/ou de distance sociale, tandis que le tutoiement renverrait à la sphère familiale, et par extension à une forme de familiarité et d'inclusion (Ager, 1990). Mais leurs recherches récentes relèvent en outre que la décision de tutoyer ou de vouvoyer dépend, de plus en plus, d'une combinaison complexe entre construction sociale, situation d'énonciation et appréciation personnelle des interlocuteurs, ce choix participant alors davantage d'un acte identitaire individuel (Gardner-Chloros, 2004, 2007). Nous retrouvons cet éventail de possibles dans les recherches anthropologiques sur le travail.

Tout d'abord, si nombre d'auteurs soulignent l'existence d'une tendance, voire d'une obligation dans certains cas, au tutoiement entre collègues, les logiques en sont diverses, et les nuances ont leur importance. Par exemple, la règle tacite de tutoiement qui existe entre joueurs d'échecs professionnels, même lorsque ceux-ci ne se connaissent pas ou ont une grande différence d'âge, « exalte l'égalité de tous devant la pratique des échecs » (Bernard, 2003, p. 53). D'autres anthropologues font état de situations plus nuancées. Pour les électriciens avec lesquels Christian Ghasarian travaille et se déplace d'un chantier à un autre, le tutoiement (et l'emploi du prénom) n'est de règle qu'entre individus ayant un statut hiérarchique équivalent (ouvriers salariés ou intérimaires), et est notamment justifié par la nécessité de pouvoir s'intégrer rapidement parmi de nouveaux collègues dans le contexte mouvant des chantiers (Ghasarian, 1999, 2001). En revanche, les supérieurs hiérarchiques (chefs de chantier et membres de la direction de l'entreprise) sont vouvoyés. Pourtant dans quelques cas, cette distance hiérarchique peut se réduire grâce à l'établissement d'une plus grande proximité relationnelle entre un chef de chantier et « ses » ouvriers, si celui-ci parvient à concilier autorité, compréhension des contraintes des électriciens, et insertion dans les dynamiques de sociabilité (déjeuner pris en commun, humour, etc.). Le chef est alors tutoyé et appelé par son prénom. C'est aussi ce type de proximité relationnelle, cherchant à transcender les différences hiérarchiques au profit d'autres oppositions, qui se retrouve dans une usine de fabrication de parquets et de lambris dans une commune rurale française (Moulinié, 1993, 1996). Ici, c'est plus particulièrement la relation de confiance qui est marquée par le tutoiement : « Le langage devient un moyen efficace de classer les gens. On ne vouvoie que ceux dont on se méfie » (Moulinié, 1993, p. 8).

Mais l'opposition entre tutoiement et vouvoiement peut être utilisée pour de tout autres raisons, par exemple pour la différenciation entre spécialités professionnelles se côtoyant dans un même lieu de travail. Ainsi, dans un centre de navigation aérienne, le groupe des contrôleurs aériens se tutoie car tous se considèrent comme pairs, quelles que soient les différences d'ancienneté ou de degré de qualification des interlocuteurs. À l'inverse, ce groupe s'oppose, par le vouvoiement, aux membres des autres services et groupes professionnels qui composent le personnel du centre (Baboulet-Flourens, 2007).

2.2. Termes d'adresse et de référence

Au-delà de la question du tutoiement/vouvoiement, celle de la nomination surgit, et il est d'ailleurs souvent difficile de traiter l'une sans l'autre. Le cas des modes d'adresse au siège parisien d'une grande entreprise est à ce titre exemplaire. Le relevé du vocabulaire d'adresse qu'utilisent la petite cinquantaine d'hommes et femmes présents quotidiennement dans ces bureaux, ainsi que leurs relations et leurs fonctions (organigramme) contribue à mettre en lumière huit catégories d'adresse qui articulent l'utilisation ou non d'un titre (Monsieur/Madame), du nom de famille, du prénom, et le choix du *tu*/*vous*. Chacune de ces catégories (« style distant », « respectueux », « militaire », « potache », etc.) est sous-tendue par une recherche de la « bonne distance » (Guigo, 1991, p. 41) en fonction de l'âge, la position hiérarchique, le sexe et le type de relations entretenues (au bureau et à l'extérieur). L'auteur en décode également les dynamiques puisque, pour deux individus donnés, le passage d'un style à un autre peut être lié au temps qui passe, à un changement de position hiérarchique, à un événement spécifique, etc. (Guigo, 1991).

Pour l'anthropologue britannique Nigel Rapport (2007), l'étude des appellations met souvent en lumière les logiques classificatoires (d'acteurs, de lieux et d'activités) internes au contexte de travail, et la manière dont les travailleurs se réapproprient ces classifications. Étudiant la façon dont les brancardiers d'un hôpital écossais s'interpellent, s'adressent à d'autres travailleurs hospitaliers, ou parlent de chacun en son absence, il conclut que ces classifications symboliques constituent « une stratégie cognitive que les individus mettent en œuvre de façon créative et dont ils peuvent faire un usage à la fois spontané, momentané et contradictoire » (Rapport, 2007, p. 256). Selon cet auteur, maîtriser ce type de discours serait, pour les brancardiers, « le signe de leur compétence professionnelle et de leur appartenance institutionnelle » (Rapport, 2007, p. 257).

Enfin, tandis que les exemples précédents se penchent largement sur les appellations individuelles, les appellations collectives désignant un groupe de travailleurs parmi l'ensemble des acteurs de la structure étudiée sont aussi très courantes. Dans une petite entreprise industrielle de fabrication d'outils au Royaume-Uni, un système d'appellation distingue les deux ateliers principaux : « le chaud » et « le froid ». Si la dénomination fait explicitement référence à la température du métal dans chacun des ateliers (façonnage du métal chauffé à blanc d'un côté, fraisage du métal refroidi de l'autre), ce sont ceux qui y travaillent, mais aussi les espaces (de travail et de repos), les sons, les températures, les technologies et outils, les rythmes et processus de travail, l'organisation des savoirs, et même une perception différente de la valeur du travail, qui sont opposés dans ces appellations (Mollona, 2002, 2009).

2.3. Les surnoms

Le surnom est un cas particulier de dénomination. Il prend sens dans la sphère semi-publique semi-privée d'un groupe restreint. Utilisés en termes d'adresse le plus souvent, il arrive aussi que certains surnoms ne soient employés qu'en l'absence de l'intéressé, et parfois seulement à son insu. Contrairement aux historiens, folkloristes ou linguistes que le sujet passionne, encore trop peu d'anthropologues s'en sont emparés, hormis dans les monographies ouvrières et professionnelles. Un excellent état de la question se trouve toutefois dans l'article « Le surnom et ses usages sur les marchés à la criée Matif » (Hassoun, 2000). C'est au regard des parcours, compétences et statuts professionnels des surnommés que l'auteur analyse la large utilisation de surnoms parmi les employés de la Bourse (Matif-Marché à terme international de France).

Les surnoms au travail : un cas de terrain

Une enquête ethnographique réalisée dans plusieurs services techniques d'hôpitaux parisiens à la fin des années 1990 et au début des années 2000 a permis la mise en évidence d'un usage des surnoms dans ce monde de travail hospitalier (Monjaret, 2005b). Nous relaterons ici un cas précis de (sur)nomination rencontrée dans les deux secteurs techniques distincts, « usine » et « bâtiment », de l'un des hôpitaux étudiés. L'intérêt de ce cas de terrain tient au fait qu'il donne accès aux logiques ouvrières d'appréhension du surnom. Ces logiques ne se limitent pas, comme on pourrait le penser, à une seule utilisation verbale d'un terme. Le mot trouve, en effet, un prolongement dans sa matérialisation.

Le secteur « usine », situé en sous-sol, est un espace collectif avec des établis individuels. L'un des monteurs en chauffage est surnommé, par ses collègues, « bisounours » et « Fouya ». Il doit son premier surnom à son physique plutôt rondouillet et le second, aux tee-shirts publicitaires signés « Fouya » qu'il porte fréquemment et dont il possède un lot. Le secteur « bâtiment » ne se présente pas sous une configuration spatiale identique : les ateliers se répartissent, par spécialité, sur un même niveau de sous-sol dans une cour à ciel ouvert. La menuiserie en particulier est occupée par deux ouvriers. L'un d'eux est surnommé « Monsieur Poulet », expression qui se rapporte à son patronyme Louët. L'équation expliquant cette attribution est simple : Louët = Loué (une marque de volaille) = Poulet de Loué, d'où poulet. Le titre de « Monsieur », en usage pour signifier un rapport hiérarchique, du moins une mise à distance relationnelle, est utilisé dans un jeu d'inversion. Le langage de dérision tend à jouer de la norme et des conventions. Les ouvriers montrent ainsi qu'ils ont conscience de l'existence de ces dernières. Dans les deux cas, le surnom est connu du groupe et du concerné. Il s'inscrit dans une interrelation basée sur la plaisanterie, l'humour. L'usage de ce terme d'adresse, bien qu'occasionnel, permet de créer et de maintenir un lien entre les membres de l'atelier ou plus largement du service technique.

Intéressons-nous aux autres pratiques qui sont associées aux surnoms et qu'Anne Monjaret a pu observer sur son terrain. Les deux cas de surnoms cités précédemment ne dérogent pas à la règle. Les surnoms semblent « s'afficher », au sens propre et figuré du terme. Le signifié (le mot) s'accompagne de son signifiant (l'objet). La traduction en image est l'une des formes rencontrées de concrétisation de l'expression orale. Le signifié est illustré sur des cartes postales achetées, ou par des dessins humoristiques croqués par un collègue doué d'un sens de l'observation. La circulation de ces cartes postales ou dessins s'effectue plutôt en interne, entre ceux qui en comprennent et déchiffrent les codes. L'ethnologue a pu, en outre, constater l'existence d'objets qui faisaient référence à ces surnoms. Peluches, bibelots, figurines en pâte à sel, dispersés dans l'atelier ou décorant l'établi, souvent offerts, leur donnent véritablement corps. Ils lui sont apparus comme la manifestation matérielle la plus aboutie du surnom.

Parfois, ils sont mis en scène. Il en est ainsi de l'atelier de menuiserie : avant même de franchir son seuil, fixé sur un socle à un mètre du sol, une horloge en forme de coq, des coquetiers et un poulet déplumé en plastique suspendu par le cou à la manière de l'étal du boucher sont présentés. Sur la porte vitrée, des affichettes viennent compléter le décor. Devant le visiteur, une petite saynète semble se jouer. Dans l'atelier « usine », « Bisounours » se rappelle du cadeau qu'il a reçu de ses collègues : une sorte de diorama qui fut exposé un temps et dont il ne possède désormais plus que la trace photographique. Il s'agissait d'une boîte en carton dont l'une des faces avait été découpée pour laisser voir l'intérieur disposé comme une petite scène de théâtre. Une série d'objets choisis avec soin composent le décor du tableau :
- un ours en peluche vêtu d'un bleu de travail et d'un tee-shirt marqué « Fouya » représente le surnommé ;
- une pièce de lingerie féminine (une petite culotte) évoque le genre féminin mais surtout pourrait évoquer les affichettes de nus qui décoraient fréquemment les ateliers ;
- un biberon et son goutte-à-goutte renvoient au monde enfantin (est-ce le visage poupon de l'intéressé qui a incité à cette association ?) et hospitalier à la fois. Ils font également allusion à la consommation d'alcool qui appartenait aux pratiques de convivialité du groupe de travail ;
- une canne à pêche et un prospectus touristique vantant l'Irlande rappellent la passion de cet agent ;
- enfin, un objet noir, qui pourrait s'apparenter à un morceau de pneu, n'est pas suffisamment défini sur le cliché pour le qualifier.

Dans le fond de la boîte en revanche, sur une discrète feuille de papier blanc, est écrite la mention « privé » ; les collègues soulignent ainsi le registre dans lequel ils inscrivent ce cadeau et font la démonstration de la connaissance intime qu'ils ont de leur collègue. Cet objet apparaît comme une véritable carte d'identité et décline les différentes facettes de la personnalité du donataire.

Si ces deux exemples de reconstitution d'univers miniatures se distinguent, ils ont en commun de théâtraliser le surnom et de jouer sur l'outrance, la caricature. L'enquête a pu montrer l'existence d'une association marquée au règne animal, référence toutefois courante, d'une matérialisation du signifié et d'un aboutissement maximal de l'appropriation par une mise en scène spatiale. Ces pratiques appartiennent aux productions symboliques qui se trouvent régulièrement sur les lieux du travail. Elles viennent conforter l'interconnaissance qui existe en son sein et formaliser l'intimité du groupe de travail.

Le surnom peut appartenir à des rites d'initiation (voir chapitre 1). Dans ce cadre, le surnom permet d'intégrer un milieu, de nommer les nouveaux venus. Le cas du nom compagnonnique en est un exemple paradigmatique puisque le surnom – ou la re-nomination – y est obligatoire et institué. Les Compagnons du Devoir reçoivent une nouvelle identité nominale lors du rituel d'initiation, puis ce nom est peu à peu incorporé par le compagnon, à la fois par l'écrit (signature, registres, gravure d'objets) et par l'oral (déclarations formelles, chanson, échanges quotidiens) (Adell-Gombert, 2008).

Mais, au-delà de cet exemple particulier, le surnom sert, le plus souvent, à désigner ou caractériser d'autres collègues et s'insère dans les « relations à plaisanterie » qui se sont tissées entre travailleurs. Son énonciation dénote d'une certaine familiarité dans le groupe de travail, ce que Jean-Pierre Hassoun nomme « proximité d'adresse » (2000, p. 15). Constatant un plus grand nombre de surnoms parmi celles et ceux qui sont beaucoup plus en contact direct avec des collègues, il fait l'hypothèse que le surnom agit comme « marqueur d'un style relationnel de proximité où toute marque de distance est contre-productive » (Hassoun, 2000, p. 31). Ce faisant, l'utilisation récurrente des surnoms au Matif participerait des « microprocédures de contrôle et de régulation [...] dont une des fonctions est d'instaurer la proximité relationnelle et la fluidité sociale » (Hassoun, 2000, p. 32).

Ailleurs, dans une entreprise dont le mode de recrutement est largement basé sur les relations de parenté, et dans laquelle il est souvent fait appel à la métaphore de la famille pour qualifier les modes de fonctionnement, certains surnoms peuvent jouer sur une ambiguïté entre parenté réelle et parenté fictive (Moulinié, 1996). C'est le cas d'un individu surnommé « Tonton ». Si cet homme est effectivement l'oncle d'un des dirigeants de l'usine, il ne l'est pas de l'ensemble des travailleurs qui, pourtant, le surnomment ainsi. Selon l'auteure, cette dénomination répond à l'imbrication de deux logiques. D'une part, « en l'appelant unanimement "Tonton", toute l'usine s'approprie ce lien de parenté et se place, en quelque sorte, au niveau du grand chef » (Moulinié, 1996, p. 81). D'autre part, cette appellation joue sur le fait que le terme « tonton » est parfois utilisé dans le langage commun pour désigner un parent masculin resté célibataire. C'est donc toujours à la sphère familiale que se réfère cette deuxième acception, mais elle cache alors une forme de critique sociale : cet homme a été marié plusieurs fois, mais ses deux mariages sont considérés comme des échecs par les observateurs extérieurs que sont les travailleurs de l'usine.

Enfin, plusieurs contextes de travail favorisent l'adoption d'un pseudonyme. C'est tout particulièrement le cas dans les professions liées au spectacle, mais pas uniquement. Dans plusieurs music-halls parisiens, les danseuses sont fréquemment renommées selon des logiques répondant à la hiérarchie interne de la troupe. Seules les solistes ou les meneuses de revue peuvent avoir un pseudonyme singularisant; le reste de la troupe reçoit au contraire un pseudonyme unique, généralement associé au lieu dans lequel elles dansent, et qui participe, ce faisant, d'une homogénéisation des danseuses déjà extrêmement présente dans la manière dont sont façonnés, habillés et maquillés les corps pour tous se ressembler

(Fourmaux, 2008, 2009). Divers auteurs ayant travaillé sur les centres d'appels délocalisés en Inde notent aussi l'emploi régulier de pseudonymes, mais dans une perspective différente (Krishnamurthy, 2004; Sonntag, 2005). Ce changement de prénom est souvent destiné à cacher aux clients appelant des États-Unis ou du Royaume-Uni l'origine indienne de leurs interlocuteurs, notamment pour éviter le mécontentement des clients face à la délocalisation des emplois vers l'Inde. Ce camouflage passe également par la construction d'un « personnage » (Krishnamurthy, 2004, p. 10) qui inclut l'aptitude à comprendre de nombreux accents anglophones, la capacité de pouvoir échanger brièvement autour du sport, de la météo ou de l'actualité dans le pays de leur correspondant téléphonique, ou encore la transformation de l'anglais utilisé : vocabulaire, accent spécifique ou « Global English » (Sonntag, 2005).

Les surnoms peuvent émerger d'une blague entre quelques membres du collectif de travail ou aux dépens de l'un d'eux. Il peut s'agir d'une « vanne qui reste » (Hassoun, 2000, p. 17) ou de la « fixation [...] d'une "relation à plaisanterie" » (Hassoun, 2000, p. 32). Voyons cela plus en détail.

3. Rire et plaisanter

En 1926, Marcel Mauss soulignait déjà l'intérêt d'étudier certaines formes d'institutionnalisation de la plaisanterie qu'il nomme « Parentés à plaisanterie » (Mauss, 1969), puis l'article d'Alfred Radcliffe-Brown (1940) fait entrer la notion de « relation à plaisanterie » dans les classiques de l'anthropologie de la parenté, puis de l'anthropologie sociale et culturelle dans son ensemble. Cette expression désigne un type de relation dans lequel les personnes ont « le droit ou l'obligation de se conduire les unes envers les autres d'une manière irrespectueuse ou insultante, sans que personne ne puisse être offensé » (Radcliffe-Brown, 1940, p. 136).

Au-delà de cette relation spécifique, la question de l'humour, du rire et des plaisanteries a connu une recrudescence d'intérêt en anthropologie, comme en témoignent certains numéros spéciaux de revues d'anthropologie parus ces dernières années : voir le numéro de *Terrain* intitulé « Rire » (Morin, 2013) ou, en anglais, le numéro d'*Etnofoor* « Humour and Anthropology » (Swinkel, De Koning, 2016). Pour saisir ce qui fait rire, il s'agit pour les anthropologues de pénétrer les logiques internes et les références culturelles ou groupe social concerné puisque, comme l'écrit Geneviève Calame-Griaule, « si le rire est universel, il est loin d'être déclenché partout par les mêmes causes » (1999, p. 12). Le thème de l'humour au travail peut donc permettre à l'anthropologue d'accéder à des pans de connaissance qui, sinon, risquent de lui rester inaccessibles.

3.1. Les ressorts de l'humour

Nombreux sont les auteurs qui mentionnent « en passant », l'existence de manifestations d'humour (verbales ou non) sur les lieux de travail qu'ils étudient. Quelques-uns y ont consacré une partie plus conséquente de leur recherche. Pour tous, il s'agit avant tout de saisir de quoi, comment, où, avec qui l'on rit, et ce qu'en disent les travailleuses et travailleurs. Il apparaît alors clairement que tous les rires ne sont pas équivalents, et n'ont pas le même rôle. Trois grands aspects du rire et de la plaisanterie au travail apparaissent régulièrement dans les études anthropologiques : gestion des émotions ; création et entretien d'un collectif ; outil de pouvoir.

En premier lieu, l'analyse la plus souvent proposée tant par les chercheurs que par leurs interlocuteurs sur le terrain est formulée en termes de gestion des émotions au travail (voir chapitre 3). Celles-ci peuvent être d'ordre négatif, auquel cas rire et plaisanteries « soulagent » des souffrances générées par le travail : gérer la pression issue d'activités difficiles, de relations conflictuelles ou d'un incident spécifique. Rire et plaisanteries pourraient donc être de bons révélateurs des désaccords, controverses ou conflits, des lieux de cristallisation des rapports de pouvoir ou de négociation des stigmates pesant sur l'activité de travail, le groupe ou le milieu professionnel. Comme l'indique le titre d'un article (« La "vanne" et la "pression" »), les plaisanteries des électriciens sur les chantiers en bâtiment sont un moyen « d'évacuer certaines tensions et contrariétés qui se sont accumulées dans le travail » (Ghasarian, 1999, p. 601). Dans ce cadre, utiliser l'humour autorise à dire les choses sérieuses qui ne peuvent pas être énoncées autrement, ce qui remplit en outre une « fonction d'autocontrôle » (Ghasarian, 1999, p. 601). L'utilisation intense de l'humour, et notamment sous la forme des vannes ou railleries, est à lire au prisme de la sociabilité entre électriciens, elle-même considérée comme obligatoire par ces derniers. « La vanne, ça fait partie du travail », dit ainsi l'un d'eux, tandis qu'un autre souligne la nécessaire réciprocité du processus : « Si tu ne chambres pas, tu te fais chambrer. T'as pas le choix » (Ghasarian, 1999, p. 601). Mais, à l'inverse, les émotions générées par le travail peuvent également être agréables. Le rire au travail peut être envisagé de manière positive, et non uniquement comme résistance à une souffrance au travail. Dans une usine de câblage électronique en Allemagne, les ouvrières érigent le *Spaß* (plaisir, amusement) en mode de présence subjective au travail nécessaire au bon fonctionnement de l'usine. Cet amusement constitutif du travail passe par la conjugaison d'un travail bien fait (« proprement », « vite », etc.), effectué « ensemble » (en aidant les plus lentes), et dans un environnement riche en blagues et en rires destiné à « bien s'entendre » (Corteel, 2005). Rires et plaisanteries ne sont donc pas là pour soulager le travail, mais bien pour le faire advenir.

En deuxième lieu, certaines recherches se sont penchées sur l'importance des plaisanteries dans la construction et/ou l'affirmation d'une appartenance collective au travail. Ces processus s'opèrent grâce à un double mouvement : souligner les spécificités du groupe et se distinguer des autres – processus bien mis en évidence par Frederik Barth dans ses travaux sur les constructions identitaires (1969). L'usage intensif d'un humour moqueur et l'utilisation de surnoms souvent humoristiques au sein du Matif permettent à ceux qui y travaillent de signifier leur appartenance à un collectif et leur participation à un « travail comme les autres » (Hassoun, 2000, p. 19). En analysant les multiples justifications des vannes et surnoms offertes à l'enquêteur par les travailleurs (gagner le respect en humiliant un collègue, « mettre la pression », obliger à rester attentif, etc.), celui-ci constate que la pratique d'un humour particulièrement piquant provoque et fluidifie les interactions entre les travailleurs, et ce faisant, facilite le travail puisque le marché fonctionne alors de manière plus fluide et plus rapide (Hassoun, 2000). Dans le cadre de ces collectifs, les plaisanteries remplissent une fonction pédagogique de transmission de savoirs, de savoir-être ou de modes d'interactions spécifiques pour un monde professionnel donné.

En troisième lieu, l'étude de l'humour au travail (qui apparaît en transversal des deux premières dimensions évoquées) ouvre des pistes de réflexion sur l'organisation des rapports de pouvoir. Dans les maisons closes de Potosi (Bolivie), le rire est, pour les travailleuses du sexe, un outil de pouvoir et de domination sur les clients, et parfois plus largement sur les hommes. Cette inversion des rapports de pouvoir ne fonctionne pas seulement sur le moment, mais contribue en outre, à petite dose au moins, à une remise en question des normes sociales et des perceptions des hommes. L'humour entre les prostituées contiendrait une dimension de « "contre éducation" professionnelle des codes sociaux féminins de décence et de pudeur » (Absi, 2012, p. 120). Pour ces femmes, la « récurrence [de l'humour], sa codification et sa pratique corporative [...] l'érigent en véritable art corporatif ». De ce fait, la « capacité à rire et à faire rire est une aptitude essentielle de l'exercice de la prostitution » (Absi, 2012, p. 120). Mais si, dans ce cas, ce sont celles qui sont, *a priori*, les dominées, qui parviennent à inverser une relation de pouvoir inégale grâce à l'usage de l'humour, il arrive dans d'autres cas que l'utilisation des plaisanteries contribue à renforcer une inégalité déjà existante.

3.2. Modes et registres de la dérision

Les registres mobilisés sont potentiellement multiples – famille, politique, loisirs, sport, sexualité, genre, origine géographique, etc. –, l'un ou l'autre pouvant être prisé dans une situation et totalement prohibé dans une autre. Toutefois, il en est un qui est toujours présent : le registre des activités de travail et du milieu professionnel. Par exemple, de nombreuses plaisanteries des égoutiers tournent autour des odeurs, et en particulier de celles qu'ils exhalent : « tu sens bon, c'est louche, tu n'étais pas au travail, ta femme va se douter de quelque chose ». Il s'agit d'un retournement des normes olfactives, « l'odeur d'égout [étant] alors l'odeur légitime » tandis que « la bonne odeur au contraire est suspecte » (Jeanjean, 1999a, p. 78). Dans un hôpital écossais, une large partie des commentaires et railleries échangés entre brancardiers puisent dans les différents « savoir-faire rassemblés dans l'institution hospitalière », et mettent en exergue des contradictions entre « niveaux de compétences et d'efforts normalement requis pour ces spécialités, et ceux qui sont effectivement mobilisés » (Rapport, 2007, p. 257). De fait, comme l'analysent Olivier Morin dans l'introduction du numéro de la revue *Terrain* sur le rire (2013) ou Susan Seizer à propos des auteurs de *stand-up comedy* (2017), c'est souvent l'incongruité ou l'ambiguïté d'une situation qui est prise en charge par l'humour. Il s'agit de tourner en dérision ses propres pratiques, celles d'un collègue ou d'un client. Il en est ainsi des prostituées boliviennes qui vont tantôt s'emparer de situations absurdes qui leur sont arrivées dans l'exercice de leur métier pour les raconter en riant à leurs collègues, tantôt railler et moquer leurs clients, notamment en les poussant dans des situations d'inconfort moral et/ou physique. Dans ce cas, la gestion de l'incongru se double d'une volonté de transgression : en se saisissant d'un thème associé au monde masculin (le sexe) de manière crue, ces femmes déstabilisent les clients, mettant au défi leur autorité (Absi, 2012). Ce phénomène transgressif est également très présent dans les plaisanteries et mises en scènes humoristiques des internes en médecine. Dans ce cas, c'est avant tout une transgression des normes professionnelles (respect du corps des patients, silence et hygiène de l'hôpital, etc.) qui est au cœur de cet humour, et qui se traduit souvent par leur inversion carnavalesque (déguisements, mimes, batailles de nourriture, etc.) (Godeau, 2007).

Les modalités de l'humour au travail sont diverses. Elles passent beaucoup, nous l'avons vu, par l'emploi de surnoms, de « vannes » ou d'échanges de bons mots. La dimension codifiée de la plaisanterie peut aussi être particulièrement valorisée, comme dans les *running jokes*, les histoires drôles ou les devinettes. C'est le cas chez de nombreux musiciens en France (Daphy, 1999) ou aux États-Unis (Groce, 1999), poussant ces auteures à choisir d'étudier les « paroles à rire » des professionnels de la musique (musiciens et techniciens) comme une forme de littérature orale dont il faut analyser les conditions de production et d'énonciation, le contexte de performance, et les connaissances professionnelles et contextuelles prérequises (pour celui qui raconte comme pour celui qui écoute).

La littérature comme terrain : le cas des gardiens de musée

La littérature comme toutes les autres formes d'art (la peinture, la sculpture, le cinéma, etc.) est une source possible pour les anthropologues. Elle peut même devenir un terrain qui ouvre des pistes de réflexion sur la construction des stéréotypes, notamment à propos des métiers. Cependant, cette démarche impose certaines précautions méthodologiques, en particulier celle de se garder de comparer ces fictions à des réalités sociologiques.

Les recherches menées par Véronique Moulinié sur la figure du gardien de musée dans la littérature jeunesse et adulte sont intéressantes pour qui veut entamer en anthropologue une exploration littéraire, et ce d'autant plus qu'elle n'hésite pas à aborder des questions méthodologiques ou encore à interroger les limites de ce type d'approche.

Nous partirons de deux de ses articles sur le sujet (Moulinié, 2016, 2017) afin de voir comment elle s'attache à la façon dont le gardien de musée, figure forte du musée, est traité à travers cette « écriture d'invention », la littérature fictionnelle, et ce même si elle ne se positionne pas ici dans le champ de l'anthropologie du travail.

Dans le premier article, elle revient sur ses préliminaires de recherche, explorant sans distinction fictions littéraires, théâtrales, musicales, cinématographiques, etc., autant de sources lui permettant la rencontre attendue avec la figure qu'elle souhaite cerner. Mais c'est la littérature qui l'emporte dans les analyses qu'elle propose dans ces deux premières publications. À chaque fois, elle prend le temps de décrire son corpus, d'offrir une « radiographie du corpus », précaution méthodologique non négligeable dans la recherche. Le premier travail de l'anthropologue a donc consisté en la constitution et la délimitation d'un corpus d'ouvrages en français qui inclut des traductions. Elle recueille des textes destinés à un lectorat à la fois d'adultes et d'enfants (« tout-petits » et « ados »). Pour ce faire, elle a décidé de « ratisser large » (Moulinié, 2016, p. 184) et a conservé les titres sans distinction hiérarchique. Les listes d'ouvrages présentées en sont représentatives sans être exhaustives.

Jusque dans les années 1990, la figure du gardien n'est que marginalement convoquée, ayant une place à l'arrière-plan, et ce même lorsque les actions se déroulent dans un musée. Puis il se couvre de l'étoffe du héros, devenant personnage principal, surtout dans la littérature adulte. Il est le métier muséal le plus représenté. Sans doute est-ce parce qu'il est celui le plus identifiable par les publics et par là incarne au mieux à leurs yeux l'institution qu'ils viennent visiter. Dans tous les cas, la littérature s'en empare et en propose souvent un portrait pittoresque. En étudiant deux corpus, celui pour adulte et celui pour enfant, Véronique Moulinié se rend compte qu'il existe plusieurs voix pour parler des gardiens et ce même s'il existe des recoupements. La description morphologique du gardien semble plus poussée du côté de la littérature enfantine que de la littérature adulte. Elle considère toutefois que les auteurs restent avares de mots et que les portraits dressés ne sont pas approfondis. Cela étant, les illustrations apportent souvent un aperçu complémentaire des personnages pour une meilleure visualisation de ce qu'ils sont. La figure du gardien est présentée comme un homme – très rarement une femme – grisonnant, avec plutôt de l'embonpoint. Son signe distinctif reste l'uniforme : pantalon, veste, cravate, casquette de couleur (de préférence foncée), et les clés qu'il détient. Ces descriptions participent à nourrir le stéréotype de l'agent de surveillance.

La littérature adulte semble davantage mettre l'accent sur les caractéristiques du métier. Ainsi, de nombreux ouvrages les représentent comme arrivant par hasard dans ce travail, et n'étant pas toujours armés pour assurer leur poste, certains gardiens étant même présentés comme des « éclopés de la vie » (Moulinié, 2016, p. 196). Toutes les attitudes soulignent un métier ennuyeux : les manières de se mouvoir en déambulant, marchant main dans le dos et en silence, les manières d'être assis, avachi sur une chaise, assoupi, rêvassant, observant les visiteurs – pour certains les femmes –, jouant à dresser une typologie des visiteurs pour s'occuper. Autodidacte, le gardien comble ses lacunes. D'un savoir absent ou acquis sans méthode il constitue son savoir par l'expérience. La relation directe avec le public est pourtant limitée ; le gardien apparaît comme un repoussoir. En revanche, la relation aux œuvres est intime jusqu'à l'identification, une fusion qui mène à la destruction de l'œuvre voire à la folie du gardien et à son autodestruction. Véronique Moulinié nous livre ainsi les multiples représentations qui surgissent des récits.

Dans la littérature jeunesse, ce sont les enfants qui sont les héros, les personnages principaux ; le gardien apparaît en fond, plus secondaire. Il peut avoir un lien de parenté à l'enfant, et quand ce n'est pas le cas, la rencontre se fait à l'occasion d'une visite scolaire dans un musée imaginaire ou existant. Il est donc mis en scène comme personnage à la fois absent et présent, ridicule et indulgent. Même s'il est là pour surveiller les œuvres, dans ces textes pour enfants il ne leur prête que peu d'intérêt, pas plus que pour les visiteurs. Il est dans ses pensées, ailleurs, mais souvent complice des enfants à qui il ouvre les coulisses, il est un passeur de mondes. Ces histoires, à la manière des contes, ont une vertu pédagogique, l'idée étant de faire découvrir aux enfants un monde qui a ses règles, ses normes et ses valeurs, et ce même si ici ce monde est schématisé, voire stéréotypé.

L'anthropologue relève que la fiction n'aborde pas les questions sensibles sur les conditions de travail et encore moins ne les dénonce ; qu'elle n'aborde pas non plus les changements récents des musées avec l'arrivée des médiateurs par exemple, qui a eu pour effet de redéfinir les missions des gardiens. L'activité de la surveillance a changé dans bien des musées, poussant à la relégation d'un métier, à la réduction de sa polyvalence. Alors, « pourquoi accorder [dans la littérature] un tel intérêt au grand perdant de ces transformations, à celui qui a vu son rôle se réduire comme une peau de chagrin » (Moulinié, 2017, p. 96) ? Sans doute est-ce parce que le gardien de musée est devenu le symbole du lieu et des œuvres qu'il surveille.

Les récits littéraires participent à la construction sociale d'un métier : celle qui renvoie à ce que les autres en racontent.

Le geste peut parfois s'ajouter à la parole, voire la supplanter. Mention est faite de différents exemples de langage non verbal (mimes, mimiques, etc.) dans les textes portant sur le travail, mais il est rare que ceux-ci soient au centre de l'analyse anthropologique. La remarque d'un chirurgien dans une salle d'opération qui, faisant mine de se lécher le doigt plein du sang d'un accidenté, s'exclame « Au goût il a 14 [de tension] ! » (Pouchelle, 2007, p. 11) est un bel exemple de ce langage gestuel. Si cette plaisanterie est en partie destinée à désamorcer la pression de ce type d'opération, elle a également pour fonction de signifier à l'anesthésiste son manque d'attention à la pression artérielle du patient. Toujours dans le milieu hospitalier mais dans un autre contexte, les mimes, les saynètes satiriques ou la manipulation d'objets ou de morceaux de cadavres occupent une large place dans l'humour des internes hospitaliers, ces activités participant de la construction d'une relation différente au corps et à la mort (Godeau, 2007).

Le détournement humoristique d'objets, voire leur fabrication ou leur mise en exergue, est relevé par d'autres auteurs, en particulier parmi les ouvriers ou dans les entreprises. Dans les bureaux d'établissement de différents secteurs d'activité, de nombreuses occurrences d'objets détournés, tels ces bouquets fabriqués à partir d'anciens dossiers passés au destructeur de documents, ont pu être observées (Monjaret, 1996a). De même, a pu être notée, dans plusieurs biographies d'ouvrier, la transformation d'outils ou de matériaux de l'atelier en agrès de gymnastique (Le Port, 2013). S'emparant de cette question matérielle par un autre angle, les documents humoristiques (textes administratifs parodiques en particulier) circulant sur les lieux de travail peuvent être considérés comme appartenant à un « Copy-Lore » (Le Quellec, 1999) car directement liés aux appareils permettant de produire des copies d'un texte (photocopieuses, fax, ordinateur, etc.).

Enfin, il arrive que « faire rire » constitue officiellement l'activité de travail. Quels sont alors les procédés mis en œuvre et leurs composantes (texte, mouvement, apparence corporelle et vêtements, accessoires, etc.) ? Les recherches sur les bouffons rituels au Mali en sont un bon exemple. L'étude de leurs pratiques performatives (Carbonnel, 2015, 2017), de leur utilisation des restes et rebuts (prénoms, aliments, textiles, objets) (Carbonnel, 2016) ou encore des émotions qu'ils produisent permet de comprendre les ressorts du comique, de la provocation, de la transgression, de la subversion ou du détournement qui conduisent à l'efficacité rituelle de leur travail (bénédiction, fertilité, guérison, contre-sorcellerie). L'analyse de deux styles de comédie totalement distincts – le *Special Drama* en Inde (Seizer, 2005) et le *stand-up comedy* aux États-Unis (Seizer, 2012 (film), 2017) – montre que c'est souvent dans l'articulation de plusieurs plans que se construit le spectacle humoristique : contenu linguistique, conditions d'énonciation des textes et mise en scène, et parfois prise en compte des réactions du public. Il s'agit alors pour l'anthropologue d'étudier les processus de création et la vie quotidienne des artistes, mais aussi les différents acteurs des réseaux de circulation et de diffusion de ces spectacles humoristiques. Pour les comédiens et comédiennes de *stand-up* jouant un rôle crucial dans les luttes anti-racistes et anti-sexistes actuelles aux États-Unis, ce sont tout particulièrement leurs choix en matière de langue, d'accent, de gestuelle, de présentation extérieure de soi et de réponse directe au public, qui semblent concourir à la construction d'une double dimension comique et critique (Antoine, 2016).

Au terme de ce chapitre, nous retenons que pour les anthropologues, travailler sur les mots du travail et au travail est un moyen efficace pour mieux appréhender les activités de travail et le groupe qui les pratique, en saisir les contraintes et les logiques d'appropriation, ou encore découvrir l'inventivité langagière dont font souvent preuve celles et ceux qui les créent ou les emploient.

Chapitre 3

Travailler la matière au quotidien

Corps, gestes, conduites motrices, objets, outils, matières, techniques, savoirs et savoir-faire concourent, par leurs interactions, à la réalisation des activités de travail au quotidien. Que travaille-t-on, avec quoi, et comment ? De quelles façons les matières sont-elles mises en actes ? Comment chacun compose-t-il avec son environnement de travail ? Quelles sont les conséquences de ces engagements corporels et matériels sur celui ou celle qui agit ? En anthropologie, plusieurs approches ont été adoptées pour envisager les relations fondamentales qui lient le corps de l'être humain en action, les outils qu'il utilise, les matières qu'il travaille, les savoirs qu'il met en branle, mais aussi les processus de subjectivation de celles et ceux qui, en travaillant, mobilisent leur corps dans un rapport avec les outils et la matière. Regardons donc à présent comment, au travail, c'est « le sujet-avec-ses-objets » (Warnier, 2017, p. 151) qui est examiné par les anthropologues.

Les trois parties qui constituent ce chapitre s'arrêtent successivement sur différentes dimensions (corps, objets, matières) pour affiner le regard de l'ethnographe sur chacune d'entre elles. Toutefois, ce sont bien les actions du corps sur la matière, directement ou via des outils, et réciproquement de la matière et des outils sur le corps, qui constituent à la fois le travail et le sujet qui travaille. Dans un premier temps, nous regarderons comment le corps est investi dans le travail : chaque activité le sollicite de manières diverses dans une série de gestes et de mouvements, mais fait également appel aux sens et aux émotions. Nous nous pencherons ensuite sur la culture matérielle au cœur du travail : outils, vêtements, protections, etc. Enfin, nous verrons comment la mise en mouvement de ces corps et objets s'effectue sur une variété de matières afin de façonner, transformer, recycler du matériel, de l'immatériel et de l'humain.

1. Le travail des corps

Depuis le texte fondateur de Marcel Mauss, prononcé en 1934, sur ce qu'il nomme « les techniques du corps », c'est-à-dire « les façons dont les hommes, société par société, d'une façon traditionnelle, savent se servir de leur corps » (Mauss, 2009, p. 365), la dimension éminemment construite (culturellement et socialement) du corps humain, des manières de s'en servir, et des représentations, savoirs et croyances qui s'y rattachent, sont au cœur de nombreuses réflexions anthropologiques sur les usages sociaux du corps. Les activités de travail constituent certains de ces usages. Nous trouvons ainsi de très nombreuses études sur la mise en corps des savoirs : expertise, savoir-faire et « tour-de-main » (Chevalier, Chiva, 1991 ; Sennett, 2008 ; Roda, Bril, Goujon, Shim, 2015 ; Bril, 2019) ; efficacité des gestes sur la matière (Sigaud, 2003) ; manière dont le savoir est « en train de se faire » (*making knowledge*) (Marchand, 2008, 2010) et dont il est incarné ou incorporé (*embodied knowledge*) (O'Connor, 2005). Nous sommes donc loin d'un dualisme qui opposerait corps et esprit : lorsque nous parlons de travail du corps, nous entendons le travail de *toutes* les parties du corps, cerveau inclus. Certains savoirs et savoir-faire peuvent être verbalisés, notés, conceptualisés, mis en algorithme ou en propositions logiques, mais bien d'autres n'existent que dans les membres de celles et ceux qui les connaissent, les actions pouvant combiner à la fois du cognitif, du sensori-moteur et du somatique. Pour plusieurs auteurs nourris notamment par la phénoménologie, la perception que nous avons de notre corps et de nos actions dans l'espace inclut aussi des éléments de culture matérielle (vêtements, objets, matières, etc.). Au fil de l'apprentissage, ces éléments deviennent un véritable prolongement du corps, au point d'être incorporés dans notre schéma corporel (Warnier, 1999 ; Julien, Rosselin, 2009). La formule « corps-en-action-avec-ses-objets » sert à désigner ce couplage sujet-objets et à marquer à la fois cette incorporation et le dynamisme qui en découle (Rosselin, Lalo, Nourrit, 2015, p. 16).

1.1. Savoir-faire et corps en mouvement

L'insertion dans un monde de travail forge peu à peu un corps, une manière de s'en servir, des valeurs spécifiques qui y sont attachées. En un mot, une *hexis corporelle* (Bourdieu, 1972) qui s'élabore au fil des activités, de la manipulation des outils et des matières, des échanges avec les collègues, etc. Le corps est à la fois mis en jeu dans une série d'actions, analysables en termes de mouvements, de chaînes opératoires et de gestes techniques, et dans son façonnage général, les deux se nourrissant mutuellement.

Analyser et noter le mouvement et les gestes du travail

Saisir l'apprentissage des gestes techniques, puis leur réalisation experte, contribue à appréhender comment travailleurs et travailleuses développent des « aptitudes d'ajustement aux variations multiples caractéristiques des situations de la vie réelle, qu'il s'agisse de la matière première, de la disponibilité des outils, de la forme à produire, mais aussi des lieux, des conditions sociales ou encore rituelles de la réalisation de ces actions; en fait l'ensemble des conditions possibles de production du geste technique » (Bril, 2019, p. 81), mais aussi comment ils et elles les transmettent, les empruntent et les font évoluer.

Depuis les travaux exposés en 1934 par Marcel Mauss sur « les techniques du corps » (2009), et d'André Leroi-Gourhan sur le geste technique (1943, 1964), l'anthropologie des techniques a peu à peu développé un outil descriptif et analytique extrêmement utile : le concept de « chaîne opératoire », c'est-à-dire la succession des opérations qui composent une activité technique. Une série de « fiches pratiques », mise en place par l'équipe de la revue *Techniques & Culture* (Buob, Chevallier, Gosselain, 2019), montre de manière très empirique comment ce concept de chaîne opératoire doit être envisagé à la fois comme processus technique, outil de documentation et représentation graphique. En étudiant les différents paramètres et contraintes d'une action élémentaire technique – par exemple la taille d'une pierre dans la fabrication de perles de cornaline en Inde (Bril, 2019) –, il est progressivement possible de mettre au jour l'ensemble des stratégies (de mouvements, d'outils, de matières premières) choisies par l'acteur.

Les anthropologues de la danse et les ethnochoréologues utilisent divers systèmes pour transcrire la danse par écrit, qu'elle soit activité de travail ou de loisir, action religieuse, etc. (Gibert, 2009). L'un des systèmes de notation les plus courants aujourd'hui a été élaboré par le Hongrois Rudolf Laban à partir du début du XXe siècle. Quoique essentiellement connue pour son utilisation dans les mondes de la danse, la *Notation Laban* est conçue pour rendre compte analytiquement et graphiquement de tout mouvement du corps humain se déployant dans le temps et dans l'espace. Elle peut donc s'avérer fort utile pour noter gestes et mouvements de travail, d'autant plus que l'observation de différentes activités de travail (militaire, industriel) a largement nourri la réflexion du créateur de ce système de notation. Il s'en est particulièrement inspiré pour penser « l'effort » – au sens de dépense d'énergie nécessaire à tout mouvement du corps humain – et les différentes qualités du mouvement (Laban, 1994).

L'étape que constituent l'analyse et la notation du mouvement et des gestes n'est que rarement une fin en soi en anthropologie, elle permet en revanche de porter un regard d'une granularité extrêmement fine sur le corps en mouvement et sur l'environnement dans lequel l'activité de travail prend forme, en étudiant à la fois le but à atteindre, la manière d'y parvenir et les éléments de culture matérielle mis en jeu.

> L'investissement fort du corps de l'anthropologue dans ce genre de recherche s'avère souvent être un bon moyen pour parvenir à comprendre « par corps » (Faure, 2000). En réalisant une « ethnographie incorporée » (*embodied ethnography*) (Csordas, 1990), il s'agit d'incorporer ou d'incarner ce que font celles et ceux avec qui nous menons l'enquête. L'auto-ethnographie d'Erin O'Connor sur l'apprentissage du soufflage du verre en situation est un bon exemple de l'apport inestimable de cette analyse interne pour comprendre en profondeur les mécanismes corporels et cognitifs de la transmission, de l'apprentissage et de la maîtrise d'un savoir-faire (O'Connor, 2005).

La situation des militaires de carrière est intéressante en ce que les années passées sous les drapeaux, et en premier lieu la période initiale de formation, (trans)forment leurs corps en profondeur. Les sessions de formations au métier de soldat parachutiste en France révèlent la construction de « "deux corps" du soldat » (Teboul, 2015, 2017) qui correspondent à deux modèles corporels distincts : l'un répond à des impératifs opérationnels du « corps combattant » (fort, résistant à la douleur, silencieux, discret, ramassé sur lui-même) mobilisé à l'entraînement et au combat ; l'autre à des impératifs esthétiques du « corps-parade » (élégant, visible et audible avec ostentation, déployé dans l'espace) exposé dans les marches au pas, défilés et cérémonies officielles (Teboul, 2015, p. 107). C'est leur cohabitation qui permet d'incorporer et de faire face à la violence qu'implique ce métier. Il s'agit bien ici de l'incorporation de savoir-faire *a priori* antinomiques en termes de logiques corporelles (ramper et marcher au pas, se recroqueviller et bomber le torse, se dissimuler et parader) mais qui correspondent aux deux faces d'un savoir-être soldat dont la combinaison constitue l'*hexis* de ces « professionnels de la guerre » (Teboul, 2015, p. 100).

Nul besoin cependant d'appartenir à une institution aussi formalisée que l'armée pour que les corps soient marqués profondément par le travail qui les (re)configure en fonction de ses besoins et contraintes. Les scaphandriers du bâtiment et travaux publics (BTP) « dévasent, découpent, soudent, inspectent, élinguent, coulent du béton, dans des environnements diversifiés (stations d'épuration, cuves industrielles, égouts, barrages, centrales nucléaires, ponts, ports, écluses) » (Rosselin-Bareille, 2019, cf. encadré 1, § 4). Il s'agit donc pour eux non seulement d'être compétents dans les savoir-faire de différentes spécialités du BTP (soudage, électricité, maçonnerie, métallerie) mais également de parvenir à les effectuer dans un environnement particulier qui fait appel à un tout autre usage du corps, les interventions étant réalisées au fond de l'eau. Celle-ci n'offre parfois aucune visibilité, ralentit les mouvements et impose de maîtriser les techniques de la plongée (respiration dans un tuyau, maintien dans l'eau en palmant constamment, contact radio permanent avec la surface, etc.). Cette polyvalence mobilise des conduites motrices et des constructions corporelles très diverses, dont certaines semblent parfois incompatibles, par exemple combiner force physique intense et un peu éparpillée (« *faut être aussi bourrin* ») avec une extrême finesse de perception dans le toucher (Rosselin, Lalo, Nourrit, 2015, p. 15).

Réduisons encore la focale. L'engagement corporel de celui et de celle qui travaille, et les processus techniques dans lesquels il est investi, peuvent être analysés avec précision en suivant (et documentant) les postures et la succession exacte des actions et des gestes que nécessite chaque activité selon une série de paramètres (Bril, 2010). Comprendre quelles sont les exigences techniques de l'élaboration d'un objet ou de la réalisation d'une tâche peut permettre à l'anthropologue d'explorer les marges de manœuvre laissées à l'individu au sein de ces deux processus. Pour de nombreux luthiers et apprentis luthiers, évoluant dans un cadre technique relativement contraint (formes et cotes imposées, outils et principes du processus technique répertoriés), c'est dans la manière d'effectuer les gestes techniques et leur ordre, ainsi que dans le choix (limité) des matériaux que ces professionnels développent marges de liberté individuelle et plaisir de fabrication d'un bon (et beau) violon (Buob, 2013a et b). Ce qui est recherché et valorisé, c'est la « virtuosité du travailleur », une virtuosité gestuelle, non spectaculaire, qui cherche au contraire à « éviter tout superflu » (Buob, 2013a, p. 80) et prône l'adresse, la rapidité et la simplicité.

Étudier une activité professionnelle passe ainsi par l'observation minutieuse de la mobilisation dynamique du corps dans la succession des gestes et mouvements du travail, mais aussi de la manière dont ceux-ci sont évalués par le travailleur lui-même et par ceux qui l'entourent. Pour les ouvriers et artisans de la construction navale basés au Pirée (Grèce) dont l'emploi est essentiellement composé de contrats courts sur des chantiers de construction ou de réparation de bateaux, le travail s'effectue en général sur la base d'un duo constitué d'un maître artisan et de son assistant. Ces duos se font et se défont parfois au gré des engagements, mais nécessitent que les travailleurs se connaissent et s'entendent sur la manière de travailler la matière (bois, métal). Cette appréciation réciproque passe également par des formes d'échanges corporels, chacun « volant des mouvements et des idées » (Spyridakis, 2017, p. 122) à l'autre, apprenant par là de nouveaux savoir-faire autant que des manières d'être, au travail et en dehors. Connaître les autres travailleurs de la zone portuaire, leurs compétences et qualités professionnelles fait partie intégrante des savoirs centraux dans cet environnement de travail fortement mis à mal par la crise financière de 2008. L'engagement du corps au travail revêt donc des formes multiples en termes de conduites sensori-motrices, ce qui nécessite en outre de prendre en compte la dimension du sensible.

1.2. Les sens au travail

Resté longtemps parent pauvre de l'anthropologie en général, et de l'anthropologie du travail en particulier, alors même que de nombreuses ethnographies (en particulier liées au travail) laissent apercevoir depuis longtemps un potentiel stimulant, le champ des sens et sensations est, depuis la fin du XXe siècle, investi par les anthropologues qui s'intéressent à la dimension sociale et culturelle des sens. Que sent-on, entend-on, incorpore-t-on, voit-on, goûte-t-on, touche-t-on dans le travail et pour faire son travail ?

L'analyse de son environnement de travail par l'intermédiaire des sens est au cœur de l'apprentissage et de l'expertise du travailleur (voir chapitre 1). Bien souvent, il s'agit de combinaisons de différents sens. Ainsi, pour les pédologues, spécialistes de l'analyse des sols, une expertise multisensorielle est nécessaire. Connaissance des types de sols, outils pour les creuser (du marteau-piqueur au canif ou à la brosse), et façon de les explorer participent de ce savoir-faire expert. Celui-ci s'exerce d'abord dans la capacité, lors du creusement, à ressentir tactilement et auditivement les différentes formes et qualités du sol à travers les réponses de l'outil, puis à observer la structure de la motte de terre et sa manière de casser, et enfin à toucher le grain changeant des sols (Meulemans, 2018). Pour de nombreux travailleurs des déchets, l'expertise passe également très largement par un développement aigu de compétences multisensorielles. Parmi les *catadores*, ramasseurs de déchets dans la grande décharge du Jardim Gramacho de Rio de Janeiro (Brésil), l'audition et le toucher sont aussi importants que la vue pour savoir rapidement localiser ce qui vaut la peine d'être ramassé et revendu pour recyclage, décider ou non d'éventrer un sac-poubelle selon le contenu qui lui est supposé, etc. Pour les objets en plastique PET (polyéthylène téréphtalate) par exemple, il est indispensable de savoir les isoler du reste des déchets et de les distinguer des autres types de plastique (qui, eux, ne se recyclent pas dans ce cadre) avant même de les avoir vus : palper les sacs-poubelles pour en saisir l'élasticité, reconnaître le son caractéristique de ce plastique lorsqu'il est froissé (Millar, 2018).

Certaines études se centrent toutefois sur un sens en particulier. Pour les professionnels du textile, le toucher est extrêmement important. La « *main* », c'est-à-dire les « qualités tactiles d'un tissu [...] (douceur, fermeté, poids, tombé, élasticité, finesse, résilience, etc.) » (Sola, 2007, note 4), est au cœur de leurs pratiques, tant corporelles que langagières (voir chapitre 2). Il s'agit ici d'un « toucher actif » (haptique), une perception « tactilo-kinésique » nécessitant « des mouvements intentionnels d'exploration du système bras-main en vue d'un contact avec des personnes ou des objets » (Sola, 2007, p. 37). Pour les stylistes, modélistes, couturiers, toucher la matière travaillée est indispensable à sa compréhension et conditionne le bon déroulement de l'activité professionnelle : prévision d'un modèle de vêtement, coupe et assemblage des textiles, etc.

L'odorat est un sens particulièrement stimulé chez ceux qui se trouvent régulièrement « en rapport avec les odeurs des corps humains, vivants ou morts, ou encore de leurs déchets évacués dans les égouts » (Candau, Jeanjean, 2006, p. 52). Égoutiers, employés de la morgue, fossoyeurs, infirmiers, médecins, pompiers sont, malgré leurs différences, extrêmement attentifs aux odeurs et à ce qu'elles charrient d'informations. Tous soulignent l'importance de savoir tenir les odeurs à distance pour parvenir à être professionnel dans leur domaine, voire de savoir les accepter. En outre, les odeurs ne sont pas seulement prépondérantes comme environnement sensoriel de travail, elles peuvent jouer un rôle direct dans la manière de travailler, comme l'indique l'employé d'une station d'épuration : « Une station, tu travailles avec les yeux et le nez. Moi, d'entrée, si ça sent, je regarde et avec ça je sais ce qui se passe. Enfin, je sais qu'il y a un problème » (Candau, Jeanjean, 2006, p. 55-56). Les sens sont en effet souvent mobilisés comme moyen de contrôle du bon déroulement des activités de travail, et à l'inverse, comme détecteur de danger, d'erreur ou de panne.

Enfin, des ressentis plus larges de l'environnement de travail – température, luminosité, son ambiant, degré d'humidité – jouent également un rôle parfois prégnant dans les activités (voir chapitre 4). Cela conditionne la manière de se vêtir, le choix des outils, la durée de travail, mais aussi le rapport à la matière travaillée, les modes de sociabilité et parfois même les manières d'envisager le travail dans son ensemble (Parry, 1999 ; Mollona, 2002).

L'usage des sens est donc central dans le travail, même s'il n'est pas toujours nommé, voire conscientisé, par les travailleuses et les travailleurs. Ces expériences sensorielles peuvent provoquer en outre différents affects chez celles et ceux qui évoluent dans ces environnements de travail.

1.3. Émotions et affects

Les activités de travail mettent en jeu diverses émotions ou affects, tant chez ceux qui travaillent que chez ceux avec lesquels ils peuvent être en relation : clients, patients, élèves, spectateurs, etc. Jubilation intellectuelle, plaisir, angoisse, colère, satisfaction, peur, honte, espoir, joie, tristesse, excitation... La gamme entière des émotions humaines peut se retrouver dans le travail en tant qu'action. Comment sont-elles perçues, mais aussi gérées, voire recherchées, selon les activités et secteurs professionnels considérés ? Comment leur étude peut-elle nous en dire davantage sur le travail ?

Parmi les affects au travail qui commencent à être relativement bien documentés en anthropologie, se trouvent les émotions positives de type satisfaction, plaisir, passion. Pour beaucoup de luthiers, l'une des raisons du choix de leur profession apparaît dans la satisfaction à faire du bel ouvrage, à acquérir « le beau geste » dont la dimension esthétique réside dans la fluidité, l'amplitude, l'économie corporelle et l'efficacité (Buob, 2013a). Ce plaisir de faire, de transformer la matière efficacement, de sentir et d'entendre le bois ou le vernis glisser harmonieusement sous les outils ou contre la main a ainsi mené les élèves luthiers de l'École nationale de lutherie de Mirecourt, dans les Vosges, à établir un « kifomètre », « baromètre du plaisir pris à travailler alors qu'ils n'ont pas encore fait sonner l'instrument » (Buob, 2013a, p. 83). Cette « technophilie » des luthiers combine plaisir tactile et plaisir technique (Buob, 2013a et b). L'étude des affects bénéfiques au travail peut aussi provenir du renouveau des réflexions sur l'artisanat et le travail manuel comme antidote à un travail désincarné aliénant (Crawford, 2009) ou inutile – les fameux « bullshit jobs » (Graeber, 2018). Pour de nombreux micro-brasseurs britanniques, « la nature incarnée et affective du travail » est l'un des aspects importants de leur choix de cette activité artisanale qui a connu un large engouement ces vingt-cinq dernières années (Thurnell-Read, 2014, p. 46). Ils mettent en avant une combinaison nécessaire de compétences techniques et de passion subjective sans laquelle il leur semble physiquement impossible de faire de la bonne bière. Une passion qui réside dans des satisfactions de nature diverse : plaisir de manipuler les matières premières (grain, houblon, eau, bois du tonneau) ou en cours de fabrication (odeurs de fermentation), plaisir de connaître et de maîtriser les processus techniques, mais aussi sentiment d'être récompensé par un produit fini tangible qui en outre procure à son tour du plaisir aux consommateurs (Thurnell-Read, 2014). Dans d'autres cas encore, la question des émotions survient au cours d'une recherche visant originellement une thématique différente. Par exemple, c'est au cours d'une étude sur les mobilités transnationales de musiciens qu'a émergé une réflexion sur les paradoxes du « plaisir au travail », car ces musiciens se trouvent pris dans un réseau de contraintes et de possibilités parfois contradictoires qui articulent mobilité, profession et plaisir (Gibert, 2011, 2016). Il apparaît alors que si certaines dimensions du travail apportent effectivement du plaisir aux artistes, leur métier cache d'autres dimensions plus pénibles, ou plus aptes à amener ennui ou angoisse, et pour lesquelles ils sont rarement formés (tâches administratives, logistiques ou commerciales par exemple). Ainsi, pour envisager des émotions telles que la satisfaction, il est nécessaire de se garder d'idéaliser certains métiers sous prétexte que l'agentivité, l'autonomie et la créativité du travailleur y sont particulièrement visibles. Ou plutôt, il importe de regarder ces situations de près, et surtout de bien prendre en considération le fait que la plupart des métiers sont composés de multiples tâches, parfois extrêmement diverses et n'ayant pas une visibilité identique, étant chacune susceptible de procurer à celui ou celle qui les effectue des émotions variées, parfois opposées. Si à l'inverse nous regardons du côté des professions dont la pénibilité est davantage connue, par exemple dans le secteur des déchets, une observation participante des différentes activités qui les composent révèle que ce sont justement certaines tâches ou aspects du travail moins visibles de prime abord qui apportent de la satisfaction professionnelle (Corteel, Le Lay, 2011 ; Gibert, 2016).

Qu'en est-il alors de la gestion de ces émotions ? Ces dernières décennies ont vu l'accroissement – parfois sous l'influence des graves incidents (suicides) liés à une souffrance psychologique en hausse dans de nombreux secteurs professionnels – de la prise en charge par les employeurs des émotions et affects des travailleurs. Cet accompagnement s'articule le plus souvent autour de deux pôles opposés : combattre la souffrance au travail (réduire ou canaliser les émotions négatives) et accroître le bien-être, voire le *care*, au travail (produire et développer des émotions positives). Certaines formations en « Emotional and Spiritual Quotient (ESQ) », en vogue depuis les années 2000 dans le contexte des vastes réformes politiques et spirituelles de l'Indonésie post-Suharto s'ouvrant à la globalisation, sont destinées à apprendre, via des techniques de maîtrise des émotions, à « harmoniser ses intérêts propres à l'intérêt collectif » de l'entreprise (Rudnyckyj, 2011, p. 69). L'ethnographie montre comment cette approche combine spiritualité musulmane et techniques de management néo-libéral euro-américain. Les sessions de formation consistent en rassemblements mis en scène avec de multiples *stimuli* sensoriels (visuels, sonores, thermiques) et encourageant l'expression corporelle d'affects – contrition et joie – dans leur dimension collective. Le but revendiqué de cette formation est celui de devenir un meilleur musulman et un meilleur travailleur – les deux allant de pair – via la manipulation des affects en vue d'une nouvelle subjectivation du travailleur. Les entreprises ou institutions qui font appel à la formation ESQ souhaitent éliminer la corruption, augmenter la productivité et devenir plus compétitives au niveau international (Rudnyckyj, 2011).

Loin des séminaires de formation d'entreprise ou de collectif de travail, d'autres professionnels développent des stratégies de gestion de leurs émotions de manière plus individuelle et autodidacte. Dans le cas du travail du sexe par exemple, certaines femmes se perçoivent comme possédant « deux corps », l'un « professionnel », l'autre « privé », qui correspondent à deux parties parfaitement distinctes et hermétiques de leur vie : « le travail » et « la vie privée » (Day, 2007, p. 34 et suiv.). Ces « deux corps » sont gérés de manière totalement différente, tant somatiquement qu'émotionnellement. La gestion émotionnelle passe par une distinction très stricte des types d'actions effectuées (utilisation différente du corps selon qu'elles sont avec un client ou avec leur partenaire), une séparation radicale des espaces et de la culture matérielle utilisée (linge de maison, vêtements, accessoires), mais aussi un contrôle du mental. Ainsi, certaines racontent rédiger mentalement leur liste de course pendant qu'elles effectuent un acte sexuel tarifé avec un client (Day, 2007). Dans un tout autre contexte, daté des années 1970-1980, des ouvriers hospitaliers (plombiers, électriciens, chauffagistes, etc.) appelés à la rescousse par le personnel médical des urgences d'un hôpital parisien face à des accidentés aux prises avec des objets (main coincée dans un robot de cuisine, bague qui enserre le doigt, etc.) se trouvent confrontés à la souffrance d'autrui de manière exceptionnelle, quoique directement liée au fait qu'ils exercent leur profession au sein d'un hôpital. Pour eux, « l'expérience technique apparaît comme une parade pour contourner le traumatique » (Monjaret, 2011b, p. 66). Ils racontent comment, faisant preuve d'inventivité et avec des gestes d'une extrême précision, ils tentent de s'adapter à des situations inédites et de mettre à distance à la fois leurs propres émotions (stress, empathie) et celles des accidentés (Monjaret, 2011b).

Dans d'autres situations, il s'agit avant tout de travailler avec les émotions de l'autre en agissant sur les siennes. Ce « travail émotionnel » (*emotional labor*) (Hochschild, 2012) a pour but de mieux répondre aux attentes et besoins émotionnels de ses patients ou clients – ce que font notamment les travailleurs et travailleuses des métiers de service ou de soin. Le cas des métiers en lien avec la mort est emblématique des interactions entre émotions des travailleurs et émotions de celles et ceux auprès desquels ils travaillent. Une partie non négligeable du travail des « croque-morts » (Bernard, 2009) consiste à garder à distance les émotions des familles des défunts (tristesse, douleur, colère) et à apprivoiser les siennes (peur, choc). Toutefois, cette mise à distance des émotions par celles et ceux qui travaillent au plus près de la mort, ne peut pas être généralisée. Certains travaux montrent en effet que, au moins dans le cas d'occupations comme l'accompagnement (bénévole) en fin de vie, certaines personnes choisissent au contraire d'accueillir – voire de rechercher – les émotions complexes vécues par et auprès des mourants et de leurs proches (Papadaniel, 2011, 2013).

Gérer, bloquer, travailler avec, voire produire et contrôler, les émotions de ceux avec et pour qui nous travaillons (clients, patients, spectateurs, élèves, etc.) ne prend pas toujours une forme extrême ou contraignante. Cela peut même être une partie importante, voulue et appréciée de l'activité. C'est le cas notamment de certaines techniques de soin ou de pratiques artistiques. Une analyse fine du travail des DJ de musiques électroniques et de leurs discours montre que pour eux, le cœur du travail réside dans la mise en place et le contrôle d'un « scénario à la fois musical et émotionnel » (Jouvenet, 2001, § 25) largement basé sur une forme d'interaction avec les auditeurs-danseurs présents. Le DJ cherche, par un travail technique d'enchaînement des morceaux et de jeu sur la manière de les diffuser (volume, interruptions, etc.), à guider et provoquer une succession d'émotions et d'affects dans le public. Pour ce faire, il doit percevoir ce que ressent le public, à la fois en se laissant lui-même toucher par la musique et en apprenant à voir et à entendre les réactions de ceux qui sont devant lui (cris, sifflets, sourires, bras levés, etc.) afin de créer et d'ajuster son « mix » en direct (Jouvenet, 2001).

Travailler par corps, mobiliser les sens et les émotions, se font rarement sans l'appui technique d'objets, d'outils, ou *a minima*, de vêtements. Voyons donc de plus près comment la culture matérielle traverse les mondes du travail.

2. Une culture matérielle au travail

Focalisons-nous à présent sur le deuxième terme de la relation dynamique sujet – culture matérielle – matière dans laquelle se construit le travail, des outils aux vêtements de, et du, travail. « Dans l'objet [...] est incorporé un rapport au monde et donc un découpage du social » (Chevallier, Chiva, 1991, p. 8). Tâchons donc, en étudiant la mobilisation d'instruments techniques, d'objets, de vêtements, de saisir le rapport au monde de celui ou celle qui travaille : rapport à ses activités, aux autres travailleurs et travailleuses, à son lieu de travail et au-delà.

2.1. Outils et objets

Des petits trombones aux gigantesques avions de chasse, du tournevis au badge nominatif, les artefacts sont partout au travail ; ils offrent une autre fenêtre de compréhension sur celui ou celle qui les utilisent. Il s'agit pour l'anthropologue de prendre en compte à la fois les objets, la manière dont les travailleurs les convoquent, les modifient, les refusent, le cadre social, et les rapports sociaux qui y président ou en découlent.

Ainsi, saisir « les mondes du vin » de l'Arbois requiert de suivre « l'ensemble de la biographie de la marchandise » (Chaudat, 2004, p. 18), des préparatifs effectués en vue des vendanges jusqu'à la mise en scène du vin par les vignerons, les commerçants ou même les musées. Le comprendre revient à envisager le travail du vin comme un processus collectif de production et de diffusion permis par la conjonction de différents acteurs (producteurs, consommateurs, distributeurs). Instruments techniques et opérations de fabrication et de distribution sont analysés en détail, mais sans être dissociés des interactions humaines et des enjeux socio-économiques qui constituent ces mondes du vin (Chaudat, 2004).

L'analyse peut aussi se resserrer sur un seul objet ou dispositif technique et ses usages dans un cadre social spécifique, tel le téléphone portable dans la vie professionnelle d'un intérimaire (Rosini, 2012b). Considérer les modes d'utilisation du portable (en lien avec l'usage d'un « contacteur », logiciel d'envoi groupé de SMS auquel font appel les agences d'intérim) aide à réfléchir aux mécanismes de subjectivation de ces travailleurs intérimaires. Garder son téléphone à portée de main même dans la salle de bains, être prêt à « dégainer » pour répondre à un SMS-offre d'emploi à peine quelques minutes après sa réception, ou au contraire choisir sciemment d'effacer ce SMS sans y répondre, sous-tendent une forme de mobilisation permanente face à un « dispositif managérial » dont l'efficacité « s'appuie largement sur l'insécurité temporelle inhérente à ce régime d'embauche » (Rosini, 2012b).

Prise comme un « étayage essentiel des conduites sensori-motrices d'*Homo sapiens sapiens* » (Julien, Rosselin, Warnier, 2009, p. 91), la culture matérielle est comprise dans sa dimension dynamique, celle d'un corps prolongé par l'outil, d'un objet incorporé dans les opérations cognitives et les conduites sensori-motrices du corps (Nourrit, Rosselin-Bareille, 2017). Il en est ainsi des archéologues pour qui la truelle est un « prolongement de la main [...] la lame agissant comme une paume acérée tandis que la pointe est utilisée telle un index métallique » (Rousseleau, 2015). Pour les scaphandriers des travaux publics, l'incorporation de l'équipement de plongée et des outils de travail est la première étape de la formation, et sa maîtrise parfaite est une condition *sine qua non* pour travailler efficacement. « Dans l'incorporation du matériel se joue l'acquisition d'une habileté, d'une expertise, qui s'accompagne d'un véritable plaisir dans l'action » (Rosselin-Bareille, 2019, § 26). Ici, non seulement le matériel devient partie intégrante du travailleur, mais le plongeur, par le dispositif technique que constitue le réseau de tuyaux d'air et de communication radio permanente entre lui et la surface, devient à son tour l'outil du chef des opérations hyperbares situé hors de l'eau, ce qu'un scaphandrier exprime à sa façon à un journaliste : « On devient l'œil et les mains de l'expert » (Rosselin-Bareille, 2019, § 26).

Certaines recherches débouchent parfois sur le rôle des évolutions techniques et technologiques dans ce couplage sujet-objet. Une étude de longue durée auprès des pilotes de chasse de l'armée de l'air française se penche notamment sur la façon dont les pilotes doivent s'accommoder de l'automatisation toujours grandissante des avions et des techniques de chasse, automatisation qui redéfinit parfois de manière radicale les modes d'engagement du corps. Saisir « la manière dont l'intelligence du corps s'articule à l'intelligence des machines » (Moricot, Dubey, 2016, p. 47) passe par la compréhension des reconfigurations sociales et mentales que de tels changements techniques entraînent.

Ce nécessaire accord corps-outil passe par ailleurs par des ajustements, petites ou grandes adaptations des outils par celle ou celui qui les utilise au quotidien et que les anthropologues croisent au détour de leurs terrains : artisans qui transforment leurs outils pour que ceux-ci deviennent « à leur main », personnalisation de l'organisation de leur chariot par les cantonniers pour faciliter le ramassage des différents déchets, etc. Les chercheurs observent également de véritables « catachrèses », situations dans lesquelles « on se sert d'un instrument en lui conférant un autre usage que celui auquel il est initialement destiné, ou encore lorsqu'un appareillage sert en dehors des limites de son fonctionnement » (Allamel-Raffin, 2005, p. 29). Objet domestique détourné de son usage premier, instrument technique modifié, déchet recyclé, tout est susceptible de (re)devenir un outil, adapté à l'usage exact que souhaite le travailleur : éboueur qui transforme une canette de soda en réceptacle à seringues (Florin, Le Lay, 2014), bricolage de boîtiers de réponse élaborés avec des tubes d'aspirines, observables dans un laboratoire de recherche en neuro-imagerie (Anichini, 2013), détournement d'un microscope dans un laboratoire de physique des matériaux (Allamel-Raffin, 2005). Au-delà de l'ingéniosité technique de celles et ceux qui les ont conçus, l'analyse de ces nouveaux outils nous apprend beaucoup de l'activité de travail telle qu'elle se déroule au quotidien, de ses contraintes et de ses aubaines, mais aussi des rapports sociaux, économiques, parfois déontologiques, qui la traversent.

Un autre aspect de la culture matérielle présent dans toute situation de travail est celui des vêtements et des autres éléments dont se parent les êtres humains au travail.

2.2. Vêtements de travail. Vêtements au travail

Parmi les éléments de culture matérielle omniprésents dans les mondes professionnels, se trouvent ceux que chacun enfile pour travailler. Le vêtement de travail est encore rarement l'objet central d'études anthropologiques au long cours, mais nous trouvons toutefois de plus en plus d'articles s'y intéressant, ainsi que des informations précieuses au détour de textes portant sur différents mondes de travail qui sont autant de pistes à poursuivre et creuser. Pour le chercheur, la première étape consiste à relever l'existence ou non d'un vestiaire (ensemble de vêtements prescrits et prêtés ou donnés au travailleur), qu'il soit total ou qu'il ne concerne que quelques pièces de vêtement, qu'il soit formalisé (uniforme, vêtements au sigle de l'entreprise) ou qu'il réponde à une norme plus englobante (porter un tailleur ou un costume dans le monde des affaires par exemple). Indiquer ou créer une uniformité, marquer des relations de pouvoir et des distinctions hiérarchiques, distinguer les différentes spécialités professionnelles, affirmer ses compétences, souligner sa capacité d'innovation, chaque vêtement de travail, qu'il soit imposé par l'employeur ou choisi par le travailleur, comporte en lui de multiples enjeux.

Les tenues de l'anthropologue en entreprise

Il est intéressant de se pencher sur les tenues adoptées par l'anthropologue sur le terrain et en particulier en entreprise. Doit-il porter l'uniforme pour se fondre dans le groupe étudié (le bleu, la blouse) ou peut-il rester en « en civil » ? Existe-t-il une obligation à endosser un vêtement de travail et faut-il s'y conformer ? Le vêtement de l'anthropologue dit de sa place et de la façon de l'assumer. Chaque contexte, chaque type de posture de l'anthropologue, chaque poste assuré, conduisent à se positionner et à faire les choix de son apparence.

Ainsi, lors du suivi des égoutiers dans leur périple journalier, Agnès Jeanjean (2006) est amenée, par nécessité mais occasionnellement, à porter des vêtements de travail de protection. Christian Ghasarian (2001, 2002) arbore lui quotidiennement le bleu de travail sur les chantiers du bâtiment comme le fait également Ghislaine Gallenga (2007) travaillant dans une usine en Roumanie. Cette différence tient notamment au fait que ces deux derniers chercheurs sont embauchés par les entreprises qu'ils ethnographient, ce qui n'est pas le cas de la première qui pratique des observations flottantes, *in situ*. Porter les vêtements de travail correspond aussi au choix de « travailler avec », c'est-à-dire d'effectuer une partie au moins des activités de travail avec celles et ceux que nous observons.

Dans ces contextes, nous pouvons nous interroger sur la vertu du port du vêtement de travail. Christian Ghasarian, « apprenti électricien et enquêteur », explique que sa position d'ethnologue était le plus souvent oubliée par le fait qu'il portait le bleu et qu'il travaillait avec et comme les électriciens. « Cette tenue, écrit-il, me faisant passer dans leur camp » (Ghasarian, 2001, p. 13). Son bleu de travail signe aussi son appartenance au groupe de travail. Pour autant, enfiler un vêtement ne suffit pas à se défaire de ses habitus de classe. Jouer à être n'est pas être. Christian Ghasarian qui revient sur son expérience démontre que « l'habit ne fait pas le moine ». Il a conscience qu'il se situe à la fois « dehors » et « dedans ». Malgré le port d'un bleu et d'un casque, norme vestimentaire de protection existant sur tous les chantiers du bâtiment, ses attitudes et sa façon de

parler trahissent son appartenance de classe : « un universitaire issu des classes moyennes » (Ghasarian, 2002, p. 129).
De même, le sexe de l'enquêteur ou enquêtrice induit des manières d'être, de se présenter et donc de se vêtir (Monjaret, Pugeault, 2014). Anne Monjaret relate le fait qu'elle a opté, sur son terrain dans les services techniques de trois hôpitaux parisiens, dont les effectifs sont majoritairement masculins, pour une tenue pratique et *a priori* discrète, anticipant les effets de son apparence. Elle dit porter généralement un jean avec un pull et des chaussures plates, une tenue, considère-t-elle, qui évite de provoquer les agents qu'elle suit dans leurs activités tout en ayant conscience que cette attitude est un leurre qui n'efface pas les rapports de sexe. Elle confirme qu'elle est et reste une femme chercheure dans un milieu d'hommes, ouvriers de surcroît (Monjaret, 2020).
Ces jeux de l'apparence ne sont pas propres aux milieux du travail, mais ils sont suffisamment révélateurs de la manière dont les rapports sociaux se mettent en scène – l'anthropologue n'y échappant pas – pour les prendre en considération dès lors que nous menons un terrain ethnographique.

Si un ensemble de vêtements à porter obligatoirement existe, il s'agit d'abord d'en saisir les conditions d'obtention (acheté individuellement, donné le premier jour du travail, « gagné » au fil de jours, semaines ou mois d'apprentissage et de familiarisation), son histoire, sa dimension symbolique, le rôle qu'il joue dans l'appellation donnée à celui qui le porte, etc. Il en va ainsi des « cols rouges », commissionnaires de l'Hôtel Drouot dont l'uniforme noir s'orne d'un liseré rouge numéroté (Arpin, 2010) et dont ce surnom collectif n'est pas sans rappeler les « cols bleus » (bleus de travail) des ouvriers et les « cols blancs » (des chemises) des employés de bureau. Pour les nouvelles recrues de l'armée de carrière, la tonte des cheveux et la remise de l'uniforme marquent la première étape d'entrée dans la profession. Elle ne vient toutefois que plusieurs jours après l'incorporation, période liminale durant laquelle ils ne sont plus vraiment des civils, mais pas encore des soldats (Teboul, 2017).

Le renouvellement du vestiaire (à la demande des travailleurs et/ou de la direction) est également un moment riche d'informations pour l'anthropologue, comme le montre une étude auprès des ouvriers hospitaliers effectuée dans le contexte de fusion de trois sites de l'Assistance publique-Hôpitaux de Paris (AP-HP). Plusieurs moments clefs apparaissent alors, qui articulent déplacement d'une institution et relation entre la direction et les services techniques autour du vêtement de travail. D'abord, dans les préparations de la fusion, la direction a décidé (en concertation avec les intéressés) de moderniser l'image de l'hôpital en modernisant celle de ses personnels via une transformation des uniformes, notamment en remplaçant le bleu de chauffe par un jean. Ce changement répond conjointement à un besoin, de la part de nombreux ouvriers, de revaloriser leur image professionnelle. Ensuite, l'arrivée dans les nouveaux locaux marque la convergence dans un seul lieu d'ouvriers vêtus différemment car ils viennent de sites divers dans lesquels le vestiaire avait parfois déjà été modifié ; mais un temps de latence entre leur arrivée et la livraison des nouveaux vêtements force les ouvriers hospitaliers à travailler dans leurs anciens vêtements de travail, en civil, ou bien vêtus d'une blouse blanche qui leur est fournie en attendant. Lorsque le nouveau vestiaire arrive enfin, son appropriation par les ouvriers est relative. Certains en adoptent tout ou partie, d'autres rien, montrant différentes « formes d'ajustement entre les injonctions institutionnelles et la voie de l'autonomie des salariés » (Monjaret, 2011a, p. 120).

Le choix de vêtements spécifiquement destinés à l'activité de travail peut au contraire répondre à des règles ou normes plus souples et nettement moins explicites, ou simplement à des pratiques développées au fil des mois ou des années, et que l'anthropologue voit apparaître peu à peu au cours de sa recherche. Ramassant elle-même des déchets dans l'une des décharges de Rio de Janeiro, Kathleen M. Millar est conseillée et guidée au fil de ses rencontres sur le terrain par les autres *catadores* afin de revêtir les vêtements et chaussures les plus adaptés, et adopte finalement un assemblage d'habits relativement similaires aux leurs (Millar, 2018). S'ajoute à cela un gilet coloré dont les provenances possibles lui révèlent différents enjeux : ce système de gilets est d'abord destiné à rendre les travailleurs plus visibles sur la décharge, mais aussi à les lier à l'un ou l'autre des acheteurs de déchets recyclables présents sur les lieux, et a été mis en place par l'administration du lieu dans un effort de formalisation et de professionnalisation du travail des *catadores*. Mais il est régulièrement détourné, à la fois par les *catadores* et par les acheteurs, provoquant une ribambelle de situations imprévues par l'administration, et qui permettent à la chercheuse d'interroger diverses dimensions : reconnaissance du travail ; stratégies de contournement ; rapports de pouvoir entre *catadores*, acheteurs et administration (Millar, 2018).

Les rapports physiques, psychologiques et symboliques qu'entretiennent les travailleurs avec leurs vêtements de travail sont en outre questionnés par les anthropologues. Les contraintes matérielles du vêtement sont prises en compte tant au niveau de l'analyse des sensations et des mouvements qu'au niveau supérieur des logiques sociales des pratiques quotidiennes. Une analyse fine des dimensions matérielles et sensorielles du port de l'habit monastique par les moniales du monastère orthodoxe de Solan, dans le Gard, montre par exemple comment les techniques du corps de ces dernières doivent être modifiées afin que vêtement et corps ne fassent bientôt plus qu'un et que l'habit devienne « vêture incarnée » (Sgambaro, 2017, p. 122). Réapprendre à se déplacer, à s'asseoir, à s'agenouiller, à travailler dans les champs est une étape nécessaire afin d'incorporer l'amplitude de la soutane et du manteau, la lourdeur de l'étoffe et la rigidité de certains tissus, pour parvenir ensuite à effectuer ces différentes tâches avec efficacité. Mais la charge symbolique des vêtements de travail dépasse parfois largement leurs contraintes matérielles, et peut être mise en balance dans les tentatives de réforme de ce vêtement. C'est ainsi qu'ayant assisté à un débat passionné de la Chambre des lords (Royaume-Uni) sur la possibilité ou non, pour le lord Chancelier, de « remplacer les collants et les hauts-de-chausses par un pantalon et des chaussures » (Crewe, 2007, p. 243), l'anthropologue comprend qu'une analyse des « règles, rites et symboles » de cette composante du Parlement britannique peut lui permettre d'envisager plus largement les processus politiques à l'œuvre dans cette institution (Crewe, 2007).

Les différentes manières individuelles de s'accommoder des injonctions collectives liées au vêtement de travail, la latitude personnelle dans le port du vêtement, nous en apprennent davantage sur les rapports de celui ou celle qui le porte avec son univers de travail, son éventuelle volonté de s'en distancier, de marquer, ou au contraire de gommer, des différences hiérarchiques, générationnelles, sectorielles, etc. En observant les différentes modalités de se vêtir dans un monde professionnel complexe tel que l'hôpital, il est possible de voir comment les ouvriers hospitaliers s'en saisissent pour construire plusieurs niveaux de différenciation. À un premier niveau, c'est l'opposition « bleus » ouvriers contre « blouses blanches » du personnel médical qui semble primer et que colorent souvent une invisibilité et un manque de reconnaissance des premiers par le second. Mais à y regarder de près, une distinction générationnelle se dessine entre les ouvriers eux-mêmes : « les "jeunes" s'affichent en jean, seuls les "anciens" font toujours du bleu leur emblème » (Monjaret, 2011a, p. 99).

Jouer sur la manière de s'habiller au travail est une chose, porter ces vêtements en dehors du travail en est une autre. Un travail comparatif mené auprès des électriciens du bâtiment dans deux régions françaises (Île-de-France et Grand Est) montre que les ouvriers des chantiers lorrains observés arrivent et repartent du lieu de travail dans leurs vêtements de travail, et les gardent pour aller déjeuner le midi, tandis que les Franciliens évitent tout cela (Erikson, 2002). Mais ne nous y trompons pas, ce qui, à première vue, pourrait être analysé comme une différence régionale semble être davantage une différence de rapport à « l'environnement extérieur – urbain ici, industriel là » tandis que les deux groupes partagent en réalité une « même volonté de se fondre dans le paysage local » (Erikson, 2002, p. 70) qui prend des formes diamétralement opposées de gestion du vêtement de travail. Tandis que certains travailleurs font le choix d'exposer leur tenue de travail dans diverses occasions de leur vie privée, d'autres ne sont même pas autorisés à la faire sortir du lieu de travail, par exemple pour des raisons d'hygiène en milieu hospitalier (Monjaret, 2011a). D'autres encore la conservent dans le secret de leur intérieur domestique, que cela soit lié à une interdiction de porter certains uniformes en dehors des heures de service ou à un rapport plus ambigu avec leur travail, tels ces gardiens de prison choisissant ne pas mettre à sécher leur uniforme dehors pour ne pas informer leurs voisins de la nature de leur profession. Les lieux où nous nous changeons (domicile, vestiaires) apparaissent comme des espaces frontières entre le dedans et le dehors, le travail et le hors-travail (voir chapitre 4).

Au-delà des vêtements proprement dits, des accessoires doivent parfois être portés, peuvent l'être, ou sont au contraire totalement interdits, selon l'activité de travail considérée. Une première catégorie concerne la protection (chaussures de sécurité, gants, casques, masques, charlottes, chaussons, surcombinaisons, etc.), qu'il s'agisse des équipements de protection individuelle (EPI) destinés à la protection des travailleurs eux-mêmes, ou d'éléments recouvrant le corps de celui qui travaille afin de protéger les patients, les clients ou les produits travaillés (secteur alimentaire, santé, recherche scientifique). Un deuxième ensemble correspond aux éléments d'identification : badges, étiquettes collées sur la blouse, etc. Ceux-ci peuvent comporter le nom et le logo de l'entreprise/institution, le service ou la fonction du travailleur, les noms et prénoms de celui-ci. Les choix effectués autour de ces éléments (n'indiquer que le prénom par exemple, ou bien, au sein d'une même entreprise, donner des badges d'identification à certaines catégories de personnel et pas à d'autres) sont à replacer dans les logiques de nomination au travail (voir chapitre 2). Un troisième type de culture matérielle concerne bijoux, maquillage, coiffure, etc. Bannis de certains milieux professionnels, souvent pour des raisons d'hygiène et/ou de sécurité, ils sont encouragés dans d'autres. Pour les femmes, dirigeantes ou employées du tertiaire états-uniennes, sommées implicitement de revêtir un tailleur strict d'une coupe parfois très masculine, « un maquillage et des bijoux discrets garantissent la non-transgression des normes de genre » (Hanifi, 2008, p. 14). Plus encore, dans le travail des danseuses du music-hall, coiffure et maquillage au sens large jouent un rôle central, celui de refaçonner toutes les femmes à la même image, en modifiant leur silhouette et les traits de leur visage. Outils d'une véritable métamorphose, ils répondent à certaines injonctions de la direction (faux cils obligatoires), suivent des normes précises d'esthétique, et sont source d'échanges formels et informels entre les danseuses : transmission des techniques, stratégies d'approvisionnement des produits (Fourmaux, 2009).

À la confluence de la culture matérielle et des corps au travail, se trouvent les matières ou matériaux à travailler. Nous achèverons par là le triptyque que constitue ce chapitre.

3. Matières à travailler

Des premiers jeux d'enfants apprenant à manipuler les chutes de matières laissées par les adultes au travail (argile, bois, tissu, laine, etc.) aux actions expertes des professionnels aguerris, les « matières à former » (Rosselin-Bareille, 2017) traversent l'ensemble du spectre des mondes de travail. Pour les anthropologues, étudier le rapport de celles et ceux qui travaillent avec la matière passe bien entendu par la manière dont ceux-ci s'en saisissent, mais aussi très largement par la compréhension des connaissances et perceptions qu'ont les travailleurs des différents matériaux qu'ils mobilisent dans leur activité quotidienne. Selon certains auteurs, il est nécessaire d'adopter une perspective processuelle (Ingold, 2010, 2017) qui considère qu'« un matériau est connu non pas pour ce qu'il *est* mais par ce qu'il *fait* » (Ingold, 2017, p. 37). Les travaux anthropologiques disponibles montrent bien que travailler la matière et devenir expert, c'est savoir en comprendre les propriétés, les réactions, les transformations et les résistances, et parvenir à travailler *avec* elles – voire *en* elles dira un métallier grec à l'anthropologue : « j'ai l'impression d'être dans le métal. Je comprends comment je dois en user et le traiter » (Syridakis, 2007, p. 118) –, sous peine de « sanction » venant directement du matériau dès qu'il n'est pas manipulé correctement, tel le bois qui casse sous l'outil mal positionné (Marshall, 2017).

3.1. Des matières aux natures multiples

Une première étape de compréhension de la matière au travail passe par la prise en compte de sa multiplicité de nature dans le temps : l'activité professionnelle analysée par l'anthropologue est souvent située à un point d'une chaîne de transformations des matériaux. Étudier le tissage demande par exemple que le regard du chercheur se centre sur le travail du fil manipulé par le tisserand. Cependant, il doit aussi prendre en compte, même brièvement, les étapes effectuées en amont, pour obtenir cette matière. En effet, au cours de la chaîne de fabrication des textiles, une matière va prendre de nombreuses formes et changer drastiquement de matérialité : débutant à la tonte de l'animal ou à la récolte de la plante, elle peut devenir fil, plaque de feutre, bourre de coton, etc., puis la chaîne se poursuit le plus souvent par la fabrication d'un premier *artefact* (tissu) qui est lui-même coupé et assemblé dans le but de créer un deuxième niveau d'*artefact* (vêtement, tapis brodé, etc.). Il arrive parfois que le processus de transformation de la matière se poursuive, que le pull soit détricoté ou le tissu broyé dans un processus de recyclage. À chaque étape, les travailleurs concernés connaissent avec finesse la manière de travailler le matériau auquel ils ont affaire, et le mènent d'une matérialité à l'autre. Pour les spécialistes du textile que sont stylistes ou couturiers qui patronnent, coupent et assemblent les pièces de tissus qui deviendront vêtement, la « matière brute » c'est le textile déjà tissé, tandis qu'à l'étape précédente (le tissage), c'était le fil qui possédait ce statut.

Faire la « biographie culturelle » d'un objet au travail

Comprendre les différentes étapes de la « biographie culturelle » (Kopytoff, 1986) des objets et outils au travail permet au chercheur d'approcher selon un biais original un assemblage complexe d'espaces de travail, d'acteurs, de processus techniques. Il s'agit d'en étudier les dimensions temporelles, géographiques, économiques, symboliques : fabrication et provenance, circulation, transformations physiques, transformations d'usages, rejet, récupération, etc. Les différents changements de statut que l'objet a pu connaître apparaissent alors : marchandisation (*commodification*), détournement par bricolage, déqualification, requalification.

Suivons par exemple l'« itinéraire biographique d'une bouteille de cidre » (Bonnot, 2004), retrouvée dans les murs d'une église dans l'Orne, et qu'un service régional de l'archéologie en Basse-Normandie demande aux spécialistes en industrie céramique de l'écomusée du Creusot-Montceau (Saône-et-Loire) d'identifier. L'anthropologue Thierry Bonnot se lance alors dans l'enquête, et entreprend de découvrir, puis de raconter, l'histoire de vie de cet objet, de sa fabrication dans une petite usine bourguignonne au milieu du XIXe siècle à sa redécouverte par des archéologues un siècle et demi plus tard dans une chapelle normande en rénovation. Nous traversons alors plusieurs mondes de travail en rencontrant divers métiers : tourneurs potiers et entrepreneurs de l'industrie céramique ; embouteilleurs de cidre ; maçons ; archéologues ; conservateurs de musées. La découverte de ces mondes passe par la présentation de leurs modes de fonctionnement (conditionnement alimentaire industriel, protocole de recherche archéologique, etc.), des instruments et des processus techniques avec lesquels est fabriqué, pris en charge ou transformé l'artefact « bouteille ». Suivre les aléas du parcours d'un objet et de ses changements de statut social - ici tour à tour « produit industriel, accessoire banal, [...] humble matériau de construction, [...] indice scientifique » et finalement objet de patrimoine (Bonnot, 2004, p. 150) - offre donc de nombreuses pistes de réflexion anthropologique : mondes de travail, rôles et statuts des objets, production d'un patrimoine, etc.

L'analyse de la biographie sociale d'une bouteille de cidre en grès nous fait découvrir les changements de fonctions, de statuts, de lieux et de mondes de travail d'un produit industriel. En nous focalisant sur la première étape, celle de la fabrication de la bouteille, nous constatons que la matière subit une série de transformations successives qui ont chacune un nom et impliquent outils et techniques spécifiques : la « *terre* », récoltée dans les carrières, devient, une fois préparée en argile molle, la « *pâte* » que le tourneur va travailler et tourner en forme de bouteille. Pâte encore crue et humide mais ayant pris la forme voulue, ce « *vert* » est mis à sécher pour devenir le « *sec* », qui sera ensuite enfourné pour une première cuisson. Le « *biscuit* », pâte sortie du four, est à son tour soumis à un processus de glaçure et recuit une seconde fois. C'est alors seulement que l'artefact peut être qualifié de « bouteille de grès », la matière ayant, d'une certaine manière, changé six fois de nature, chaque nouvelle étape portant un nom (*terre, pâte, vert, sec, biscuit, bouteille*) qui témoigne de ce changement (Bonnot, 2004).

Poursuivons encore ce processus d'agrandissement de la focale : pour les spécialistes des sols, c'est la terre elle-même qui est multiple, dans la mesure où elle est constituée de plusieurs matériaux agrégés. Ceux qui l'étudient (les pédologues - Meulemans, 2018) ou ceux pour qui elle est support de travail (les archéologues - Rousseleau, 2015) apprennent donc à la connaître intimement, et « c'est vers le grain et la texture du sol que l'attention se porte » (Meulemans, 2018, p. 308). Pour l'archéologue, les différentes formes de terre possèdent des qualités distinctes qui font appel aux différents sens : « l'arène granitique (terre granuleuse issue du granit) est "rêche", elle "crisse" contre le métal et écorche facilement la peau » (Rousseleau, 2015). En découlent diverses manières de la travailler et d'outils à solliciter, mais aussi des lectures significatives du sol : pour l'archéologue, l'apparition d'une couche de terre particulière peut offrir un indice précieux sur la piste d'une découverte, et au-delà, mener à la reconstruction des modes de vie passés (Rousseleau, 2015); pour le pédologue, il s'agit de « suivre les matériaux du sol » – passage de l'eau, mobilité du fer, travail des bactéries sur les particules organiques, etc. – pour étudier les processus vivants qui constituent le sol, « les dynamiques et l'activité d'un site » (Meulemans, 2018, p. 315). De cette intime connaissance des sols émergent également des relations plus personnelles et émotionnelles à la terre : plaisir tactile, « impression de refuge » trouvé dans une tranchée fraîchement creusée (Rousseleau, 2015), joie de découvrir le sol en le creusant, « relation physique », voire « vraie affection pour les sols » dira un pédologue (Meulemans, 2018, p. 315).

Percevoir la matière travaillée comme « vivante » se retrouve dans de nombreuses recherches. Dans certains cas, cette perception de vie est avant tout liée aux propriétés physiques de la matière, telle la fermentation de la pâte (à pain, à faïence, etc.) ou de la bière. Dans d'autres situations, les anthropologues montrent une articulation fine entre propriétés physiques et attributions symboliques des matières. Pour les travailleurs des mines de Potosi (Bolivie) et plus largement pour les mineurs andins, le filon de minerai est vivant : il apparaît et disparaît dans les parois (ce qui correspond à cette mobilité des sols décrite par les pédologues), il peut les visiter en rêve sous la forme d'un serpent et, propriété de la « divinité diabolique des minerais » qui peut prendre possession de l'esprit ou du corps des mineurs, sa découverte appelle divers dons, sacrifices animaux et libations d'alcool (Absi, 2003, 2004). Une intense circulation de matières caractérise le travail dans ces mines : circulation libre du filon dans les parois selon le bon vouloir du diable qui le distribue aux mineurs, puis du minerai détaché du filon et remonté vers la surface, mais aussi circulation de matières qui garantissent le bon déroulement du travail d'extraction : alcool et sang des célébrations, coca et alcool comme aide au travail de force quotidien (Absi, 2003). Dans d'autres cas, c'est avant tout l'action du travailleur qui insuffle vie à la matière : selon un maître charpentier des chantiers navals du Pirée (Grèce), le bois travaillé « n'est pas un objet inanimé, il y a de la vie en lui puisqu'il [le charpentier] a investi son temps pour créer quelque chose à partir de rien » (Spyridakis, 2017, p. 118).

Et puis la matière peut être réellement vivante : corps humain, animal ou végétal. Métiers du soin et de l'aide à la personne, professionnels des modifications corporelles, soigneurs animaliers et vétérinaires, ou encore spécialistes des plantes – tels les pépiniéristes appelant « sujets » les plantes dont ils s'occupent – ont comme matière première ou comme support de travail un corps vivant. Dans le cas des corps humains, l'enjeu est double, puisqu'il s'agit de travailler la matière corps (chair, peau, organes) sans pour autant délaisser l'ensemble de l'être social et émotionnel concerné. En fonction des activités de travail et des personnalités individuelles, les stratégies sont diverses, mais elles ont en commun de mettre à distance, en partie au moins, ces dimensions sociales et émotionnelles pour se concentrer sur l'élément à soigner, traiter, opérer, masser, tatouer, percer, etc. Ainsi, de nombreux tatoueurs entreprennent de se détacher du physique global de la personne à tatouer pour se concentrer visuellement et mentalement sur la peau et l'espace à encrer puisque c'est elle leur support de travail. Ils s'entretiennent avec l'anthropologue de leurs préférences ou répugnances pour certaines textures de peau, les justifiant par des raisons techniques : peaux plus ou moins sujettes à saignement, « sensible[s] à la tenue des pigments », « aisé[e]s à pénétrer avec les aiguilles » (Rolle, 2013, p. 81). Pourtant, malgré les techniques de distanciation mises en place par le professionnel de l'encrage « le corps reste toujours présent à la conscience des tatoueurs, confrontés à ses tressaillements et à ses écoulements (transpiration, sang) » (Rolle, 2013, p. 85). Matière tellement vivante que, dans le cas du tatouage au moins, le corps perçoit le traitement qui lui est assigné et peut en ressentir de la douleur. Il s'agit donc, pour le tatoueur, de contrôler aussi la dimension sensible du corps humain, pour des raisons à la fois morales, sanitaires et techniques (Rolle, 2013). Pour les chirurgiens, « travailleurs de la chair » (Pouchelle, 2007, p. 19), la situation est différente, au moins lors des opérations sous anesthésie générale, puisqu'ils effectuent leurs actes techniques sur un corps endormi et que les procédures de stérilisation (produits, champs, etc.) masquent en large partie. Les dispositifs techniques permettent de « transformer le patient en matériau à traiter », faisant du « futur opéré [...] un matériau inerte » (Pouchelle, 2007, p. 22) que le chirurgien et son équipe peuvent travailler à leur aise.

Il reste que nous ne travaillons pas que sur du matériel. Idées, sons, espaces, langages, sont des « matières immatérielles » que les anthropologues croisent également sur leurs terrains, en particulier lors des recherches portant sur le travail artistique ou intellectuel, mais pas seulement. À y regarder de plus près, il s'agit plutôt d'activités qui combinent matériel et immatériel. Travailler avec la parole (voir chapitre 2) comme le font certains, qu'ils soient thérapeutes, enseignants ou chanteurs lyriques, n'exclut pas une mise en jeu du corps somatique, et de nombreuses activités (pas si) annexes qui mobilisent d'autres matérialités : rédaction des fiches patients et des ordonnances éventuelles, préparation des cours et corrections de copies, apprentissage des partitions, etc. Si ce que danseurs, chorégraphes, anthropologues de la danse ou ethnochoréologues nomment « matière dansée » correspond à un agencement spécifique des mouvements du corps humain évoluant dans le temps et dans l'espace, c'est bien le corps humain du danseur que chorégraphe et chorégraphie vont mettre au travail en l'articulant à un ensemble de représentations, idées et idéologies et que le chercheur va étudier (Gibert, 2020). Analyser une danse guerrière rwandaise en resserrant « notre regard sur la matière elle-même, soit l'ensemble des os, articulations, nerfs et objets que contient l'action "poignets" » (Riot, 2017, p. 131) pour réfléchir au combat ludique ; suivre les tribulations de la danse populaire israélienne pour saisir comment une idéologie culturelle et politique entreprend de façonner un corps et un sujet « nouveau » (Gibert, 2014), etc. De même, alors que la musique peut être envisagée comme la sculpture temporaire des vibrations de l'air (Baily, 1995), les ethnographies montrent que cette production de « son humainement organisé » (Blacking, 1973) se fait au moyen de mouvements spécifiques du corps humain, le plus souvent sur, ou avec, des objets ou outils particuliers, les instruments de musique. Toutes ces réflexions sur les diverses natures possibles du matériau ont mis en évidence des différences dans les processus de travail effectués sur et avec la matière.

3.2. Façonner. Transformer. Créer. Recycler

Mise au travail, la matière peut être mobilisée différemment. Cela demande souvent aux travailleurs d'anticiper les diverses étapes à effectuer et les pièges à éviter, et nécessite une connaissance fine des réactions de la matière aux traitements qu'ils lui font subir. Observons trois types de processus particulièrement caractéristiques à travers l'exemple de quelques recherches.

Dans de nombreuses activités artisanales, le travail de la matière consiste principalement en son façonnage, ce qui inclut de la découpe, de l'enlèvement de matière, et bien souvent l'ajout d'autres matériaux ou produits, et mène à la création d'un artefact. Pour les luthiers, ce sont plusieurs pièces de bois, parfois d'essences différentes, qui sont longuement coupées, creusées, poncées, ajustées, mais aussi collées et vernies, qui à terme formeront le violon (Buob, 2013a). Pour fabriquer les tapis brodés qui garniront sols et murs de leurs habitations, les femmes kazakhes de Bayan-Ölgii (Mongolie) découpent des plaques de feutre teintes puis les ajustent et les cousent entre elles pour former des motifs aux couleurs contrastées, et finalement doublent cet assemblage d'une nouvelle épaisseur de feutre pour constituer un tapis-mosaïque résistant (Odland Portish, 2010). Luthiers et brodeuses procèdent par réorganisation de la matière en fonction d'un modèle préexistant, artefact achevé souvent observable au quotidien. Mais si les étapes de fabrication d'un violon sont décrites avec minutie, codifiées, et transmises en école de lutherie, celles du tapis kazakh s'apprennent par imprégnation et imitation. Dans les deux cas toutefois, le travail est très largement guidé par les réactions de la matière, la façon dont elle va ou non se conformer aux tâtonnements du débutant ou aux expérimentations des experts.

D'autres processus de travail consistent en une véritable transformation, passage d'une matière à une autre. La cuisson ou un autre processus de modification chimique sont fréquemment à l'origine de cette création de matière. La fabrication du raisin en vin au fil du processus de fermentation en est un exemple (Chaudat, 2004), de même que celle d'autres boissons fermentées – la bière en particulier (Thurnell-Read, 2014) – ou d'autres fabrications alimentaires (laitages, pain, etc.) qui intéressent régulièrement les anthropologues. Pour les acteurs de ces pratiques, connaître les principes physico-chimiques à l'œuvre, les propriétés des matières premières (raisin, malt, houblon, eau) et les instruments adéquats est nécessaire, mais rarement suffisant. Comme nous l'avons vu précédemment, pour nombre de micro-brasseurs britanniques rencontrés, « la passion » est aussi un ingrédient essentiel, et celle-ci inclut le plaisir et l'envie de créer de nouveaux assemblages de matières qui, une fois passés par les différentes étapes de fabrication et à l'issue de la fermentation finale, se seront transformés en bière (Thurnell-Read, 2014).

Dans d'autres situations de travail, la transformation est davantage symbolique que physico-chimique. Il en va ainsi du travail mené dans les abattoirs, qui permet de transformer « l'animal » en « aliment ». Si « l'alimentation carnée passe par une négation de l'animal » (Vialles, 1988, p. 92), l'abattoir et le travail des abatteurs contribuent à « cacher la mise à mort » (Vialles, 1988, p. 91) et à effectuer une « ellipse entre l'animal et la viande » (Vialles, 1987, p. 4), éliminant les résistances des consommateurs qui souhaitent manger un steak ou un ragoût, mais pas une vache. La métamorphose de l'animal en viande s'effectue par une série de procédés techniques et de changements d'espaces au sein de l'abattoir, qui éloignent peu à peu l'image de l'être vivant pour laisser place à la chair, matière consommable (Vialles, 1987).

Participant tantôt de la réorganisation de la matière, tantôt de sa transformation, le recyclage est une redéfinition des usages d'un élément de culture matérielle : objet réutilisé à l'identique ou changeant de fonction, matière reprise dans un autre assemblage, matériau déjà utilisé et transformé, etc. Parmi les travaux menés par les anthropologues à ce sujet, nous trouvons plusieurs niveaux ou types d'agencements de recyclage de la matière. Au niveau domestique, les femmes kazakhes dont l'expérience de brodeuses informe l'attention au monde regardent fréquemment les formes et matériaux qui les entourent comme des éléments à incorporer dans leur pratique. Elles recyclent régulièrement les anciens vêtements tricotés pour en faire de la laine à broder – au point de demander à l'anthropologue si elle a vraiment besoin du pull en cachemire, légèrement fatigué mais d'un vert magnifique, qu'elle est en train de porter (Odland Portish, 2010). Le travail largement informel des ramasseurs de déchets à Rio se trouve quant à lui au départ d'une longue chaîne de transformations de matière qui va de la bouteille de plastique récupérée dans la décharge aux cordages vendus dans toute l'Amérique du Sud et même au-delà (Millar, 2018, p. 125). Ce parcours s'étend sur des milliers de kilomètres, mobilise des centaines de travailleurs de différentes spécialités, et la matière passe par des conditionnements et/ou des états très variables (sacs des ramasseurs ; ballots de bouteilles compressées chargés sur des semi-remorques ; paillettes de plastique ; « pâte » de paillettes fondues ; nouveaux objets). Entre le niveau individuel de l'artisan ou du bricoleur recyclant ses propres matières et celui des filières de recyclage industriel des matières, se trouve un niveau intermédiaire, celui des organisations à but non lucratif dans lesquelles des valoristes (salariés ou bénévoles) récupèrent matériaux et « objets-déchets » (Corteel, 2016a) dont ne veulent plus leurs propriétaires (particuliers ou entreprises), pour les revendre ou les redistribuer à celles et ceux qui envisagent de leur redonner une deuxième vie (Benelli *et al.*, 2017). Empruntant aux registres de l'écologie, du développement durable, de la lutte contre le gaspillage et/ou de la déconsommation, les structures de travail destinées à la requalification de la matière sont diverses, et les logiques de circulation qui y président le sont aussi : logique marchande, logique de don-contre-don, logique d'autoproduction et d'émancipation par la création (Corteel, 2015). Pour les acteurs de l'association berlinoise *Kunst-Stoffe* (« matériaux pour les arts ») par exemple, tout le monde peut être client, l'important est d'« accepter de s'engager dans un véritable corps à corps avec les matériaux » (Corteel, 2015, p. 515) en fouillant longuement dans des entassements de matières sommairement triées et rangées et en imaginant, plus qu'en voyant, ce qu'elles pourront redevenir entre les mains créatives de ceux qui vont les obtenir en échange d'un « prix-don » à négocier. À l'inverse, l'association parisienne *La Réserve des Arts* se spécialise dans les « belles matières réservées à des happy few » (Corteel, 2016a, p. 15) : choix minutieux et restreint des matières collectées, limitation de l'accès à des clients pouvant prouver qu'ils appartiennent aux mondes de l'art, boutique qui privilégie une « mise en scène très soignée, un peu grunge, beaucoup vintage » (Corteel, 2016a, p. 17).

Après nous être penchées sur la culture matérielle au travail, des artefacts aux matières, voyons à présent comment l'humain est lui-même travaillé, en d'autres termes, ce que techniques et matières au travail font au sujet.

3.3. Produire de l'humain

Si les êtres humains travaillent la matière, ils sont également travaillés par elle, et sont eux-mêmes « matière » transformable et transformée par le travail. Apprentissage, puis répétition des mêmes actions, gestes et mouvements au fil d'une carrière forgent et marquent le corps profondément, et souvent définitivement, de même que les environnements de travail (température, humidité, poussière, etc.), la résistance des matériaux ou la puissance des outils (dé)forment peu à peu celles et ceux qui les vivent au quotidien. Nombreuses sont les recherches anthropologiques qui envisagent les processus de subjectivation au travail, c'est-à-dire le travail comme l'une des activités permettant à l'individu de s'accomplir, de se construire et de se produire comme sujet (Julien, 2005). Cette construction de soi est un processus dynamique et constant. Elle s'effectue de multiples manières, à des moments et à des échelles diverses.

Les débuts du travail, entre tâtonnements de l'apprentissage, bizutage des premiers arrivants et découverte des mondes de travail, marquent le début d'une transformation qui va peu à peu construire un individu en sujet agissant, possesseur d'un métier ou d'une expertise technique, artistique, sportive (voir chapitre 1). Pour la jeune recrue parachutiste, la formation initiale joue un rôle central dans l'élaboration d'un « être soldat » qui s'affine ensuite tout au long de sa vie professionnelle. C'est en se frottant aux aspérités de cette formation, en reconfigurant ses techniques du corps, en incorporant de nouveaux vêtements et objets, et les manières d'en prendre soin, en rampant dans la boue et en apprenant des heures durant à ressentir son corps par rapport à celui des autres pour parvenir à marcher au pas, que le sujet se construit, qu'il se (trans)forme dans la rencontre avec de nouveaux dispositifs cognitifs et sensori-moteurs, un uniforme, de lourdes chaussures, objets ou matières jusque-là inconnues ou extra-quotidiennes (Teboul, 2015, 2017). *Mutatis mutandis*, la situation est analogue pour la novice chrétienne orthodoxe entrée peu de temps auparavant au couvent et qui vient de prendre l'habit. C'est la moniale qui se construit au fur et à mesure que se remodèlent ses pratiques corporelles, qu'elle incorpore ses nouveaux vêtements et qu'elle en assimile les dimensions symboliques soulignées par l'officiant lors de la « cérémonie de l'habit » (Sgambaro, 2017).

Au fil de sa carrière, le sujet s'aguerrit, il est devenu expert dans tel ou tel domaine, mais continue de s'enrichir de nouvelles connaissances, savoirs et savoir-faire. Efficacité technique et efficacité sociale se répondant (Guille-Escuret, 2003), sa subjectivité de travailleur est en continuelle évolution. Il s'investit de différentes manières dans son monde de travail : en s'inscrivant dans des réseaux de sociabilité professionnelle ; en prenant plaisir à bien faire ; en investissant un espace pour le rendre agréable ; etc. Tout cela le façonne en retour en permanence – construction physique, psychique, cognitive, sociale, identitaire. Le cas des Chinois fabricants de « meubles laqués chinois » à Paris est un exemple en ce qu'il montre comment, « par le geste technique, le sujet agissant articule des temporalités, des espaces, des imaginaires… et se construit au contact de la matière » (Julien, Rosselin, 2003, p. 117). Si le « meuble-type exposé chez les laqueurs-vendeurs chinois du Faubourg [Saint-Antoine] n'existe pas en Chine » (Julien, Rosselin, 2003, p. 111), sa fabrication quotidienne aujourd'hui à Paris répond à l'articulation de différentes dimensions (techniques, politiques, sociales, culturelles, historiques), et les processus techniques qui y président jouent un rôle dans la construction et l'identification du sujet agissant qui les effectue. Ainsi, « lorsque Monsieur C. applique son vernis et dessine les motifs chinois sur le meuble TV qu'il fabrique, non seulement il favorise la continuité de la migration familiale [car il a pu faire venir sa famille de Chine pour l'aider à l'atelier], mais il se construit aussi en tant que laqueur et entrepreneur en France, Chinois de France » (Julien, Rosselin, 2003, p. 117). En passant par l'étude de l'histoire du meuble et du fabricant dans leurs multiples dimensions, sans les dissocier mais au contraire en cherchant à saisir leurs articulations à travers le geste technique du laquage, les anthropologues parviennent à analyser les processus de subjectivation à l'œuvre dans le travail de ces artisans.

Ce passage par la technique pour atteindre la construction du sujet produit souvent de beaux résultats de recherche. Lancer un entretien sur l'espace et l'outillage de l'atelier dans lequel un menuisier s'est formé de longues années plus tôt a pu faire émerger l'« appropriation d'une identité de métier à travers un outillage » (Marshall, 2017, p. 64) : plongeant dans ses souvenirs, c'est en parlant avec passion de ses outils que le menuisier aguerri retrace son parcours : ceux qu'il a fabriqués dans l'atelier aux premiers pas de l'apprentissage, ceux dont il guettait l'arrivée dans les magasins et qu'il achetait pièce à pièce avec délectation, etc.

Cette notion de construction identitaire à travers le travail émerge également dans l'étude menée auprès d'une vingtaine de micro-brasseurs au Royaume-Uni, la plupart étant venus à la brasserie après un changement de carrière professionnelle. Ceux-ci formulent très clairement à quel point il est central pour eux de s'investir entièrement dans ce travail, dans la mesure où ils perçoivent les dimensions « tangibles » de leur activité (processus de fabrication et produit fini) comme œuvrant directement à la constitution de leur identité professionnelle et personnelle, la bière fabriquée devenant alors elle-même porteuse de « l'identité » de celui qui l'a fabriquée (Thurnell-Read, 2014).

Nous avons vu dans ce chapitre à quel point la question des corps, de la matière et de la culture matérielle est cruciale pour saisir le travail, à la fois dans leurs spécificités et dans l'articulation de ces trois dimensions. Gestes techniques, *hexis* corporel, sens, émotions et affects marquent, et sont marqués par, les activités de travail au quotidien. Ces conduites sensori-motrices intègrent de nombreux éléments de culture matérielle, des outils aux vêtements, des machines aux post-it de bureau. C'est dans un corps-à-corps avec la matière et les outils que le sujet agissant transforme des matériaux de natures diverses et en retour est lui-même (trans) formé.

Chapitre 4

Où travailler ?

Ce chapitre entend proposer une réflexion sur ce que peut être « une ethnographie spatiale du travail », pour reprendre la formule des deux géographes états-uniens Sharad Chari et Vinay Gidwani (2005), et saisir ses apports dans une compréhension anthropologique des activités professionnelles. Comment les anthropologues ont-ils questionné les lieux du travail ? De quelles façons se sont-ils positionnés sur ce type de terrain d'enquête ? Nous essayerons donc non seulement de cerner les interrogations privilégiées par les anthropologues abordant la thématique de ces lieux, mais aussi de répondre aux questions suivantes : quels sont les espaces de travail ? Fait-on le même travail sur un même lieu ? Comment occupe-t-on et plus encore s'approprie-t-on les locaux professionnels ? Quels sont les déplacements petits ou grands que nous faisons au travail et/ou pour travailler ?

Nous commencerons par appréhender la pluralité de situations, de formes et d'usages des espaces de travail. Puis, nous étudierons les modalités et les conséquences sociales des circulations induites, d'une part par la recherche d'un emploi, et d'autre part, par l'emploi lui-même.

1. Espace(s) de travail

Avant d'entrer pleinement dans le vif du sujet, il importe d'examiner les échelles d'observations (Bromberger, 1987) adoptées par les anthropologues qui se sont intéressés, de près ou de loin, à ces lieux du travail. En effet, ils ont porté et portent encore souvent leur attention sur de petites unités – un atelier d'artisan ou un atelier d'usine – parce que le « micro » est plus facilement observable. Mais ils se sont également progressivement intéressés à des unités dont la taille oblige à une fragmentation des observations – une usine, un hôpital – ou encore à des unités multi-situées (Marcus, 1995; Meyer, Perrot, Zinn, 2017) – une entreprise comptant plusieurs usines implantées dans des régions différentes, un réseau d'artisans dans une ville ou des usines relevant d'un même secteur d'activité implantées dans une région.

Et plus encore, prenant en compte les nouvelles configurations de l'économie mondiale, ils se sont attachés à suivre les travailleurs dans leurs mouvements migratoires. L'extension de leur terrain d'enquête a pour conséquence de changer leur manière de pratiquer leur métier, dans le sens où ils sont amenés à circuler et à ne plus être attachés à un unique lieu, comme cela a souvent été le cas. Mais quels sont précisément les lieux de travail investis par ces chercheurs ? Avant même de nous préoccuper de la hiérarchisation et de l'appropriation des lieux par ceux et par celles qui les occupent pour y travailler, penchons-nous sur la multiplicité de leur morphologie.

1.1. Pluralité

La variété des terrains anthropologiques tient à la variété des contextes existants. Sans succomber à l'exhaustivité, il nous semble nécessaire de revenir sur les domaines d'activité étudiés par les anthropologues car ils sont intrinsèquement liés aux territoires du travail.

Dans la lignée des approches classiques de la discipline, les chercheurs se sont d'abord attachés à étudier des groupes – paysans, mineurs, pêcheurs, etc. – dont l'activité économique s'inscrit dans le secteur primaire (agricole) ; puis ils se sont progressivement ouverts à d'autres groupes professionnels relevant du secteur secondaire (industriel) et enfin du secteur tertiaire (administratif, marchand), public comme privé. Pour aller vite, nous pouvons dire que les anthropologues passent des fermes paysannes et des ateliers artisanaux aux entreprises industrielles et aux organisations institutionnelles, des métiers sédentaires à ceux de la mobilité (volontaire – des hommes d'affaires, ou forcée – des immigrés), du local au global. Plus exactement, suivant les changements sociétaux, ils vont démultiplier l'éventail des espaces du travail à observer. De même, suivant les nouvelles approches disciplinaires, ils vont parfois reconsidérer leur place sur le terrain.

Certains anthropologues s'affichent, d'emblée, comme acteur du terrain ; sans doute le développement de la démarche réflexive n'y est pas pour rien. Dans les restitutions d'enquête, le « Je » vient remplacer le « Nous » académique et l'ethnologie plus que l'anthropologie semble avoir la cote. Soulignons ainsi la parution d'une série d'ouvrages, signés par des ethnologues français, hommes et femmes, aux titres évocateurs, à croire que les éditeurs se sont donné le mot dans les années 2000 : *Un ethnologue à l'Assemblée* (Abélès, 2000) ; *Prison. Une ethnologue en centrale* (Le Caisne, 2000) ; *Une ethnologue à l'hôpital* (Vega, 2000) ; *Une ethnologue en maison de retraite. Le guide de la qualité de vie* (Dupré-Lévêque, 2001) ; *Les Nouveaux riches. Un ethnologue dans la Silicon Valley* (Abélès, 2002) et plus récemment *Une ethnologue au jardin des plantes* (Lizet, 2015). Le titre d'autres ouvrages affiche cette fois plus volontiers la démarche ethnographique, la figure de l'ethnologue semblant s'effacer, tel *Tensions et résistances. Une ethnographie des chantiers en France* (Ghasarian, 2001), quand ce n'est pas la discipline qui est valorisée : *Basses œuvres. Une ethnologie du travail dans les égouts* (Jeanjean, 2006) ; *Belles de Paris. Une ethnologie du music-hall* (Fourmaux, 2009). L'ouvrage *Ethnologie des hommes des usines et des bureaux* de Denis Guigo (1994) annonçait cette tendance d'appuyer sur la démarche et non pas seulement sur le sujet étudié. Il semble que les années 2000 aient plus que jamais été celles des études ethnographiques sur les organisations et les institutions ; à celles déjà évoquées, peuvent être ajoutés, notamment les musées (Eidelman *et al.*, 2003), la Bourse (Hassoun, 2000), etc. Dans tous les cas, ces publications confirment le foisonnement des recherches anthropologiques sur les mondes du travail et les espaces pluriels qui leur échoient. Quand bien même nous considérons tous les espaces de travail comme définis spatialement, contrairement à ce que laisseraient croire les exemples ci-dessus, ces espaces ne se réduisent pas tous à des lieux bâtis et fermés ; la pratique de certains métiers conduit à exercer en extérieur. Ce constat oblige à être attentif à l'organisation spatiale du travail et, par-là, à la localisation des activités professionnelles, aux métiers sédentaires et à ceux de la mobilité.

1.2. Localisation

Il n'est pas question ici de lister toutes les configurations spatiales traitées par les anthropologues tant l'inventaire serait fastidieux. Il s'agit plutôt, à travers leurs travaux, de repérer les problématiques auxquelles ils invitent et les pistes de réflexion qu'elles ouvrent.

Ainsi, la délimitation et la présentation plus détaillée d'un territoire ne servent pas uniquement aux chercheurs à circonscrire leur terrain d'enquête, à énoncer les différentes échelles d'observations adoptées, mais aussi et surtout, elles leur servent à camper un décor, un environnement social de travail pour mieux en souligner les spécificités.

L'implantation d'une mono-industrie dans une commune, comme l'usine de cosmétique Yves Rocher à La Gacilly en Bretagne (Le Chêne, Monjaret, 1994) ou encore la centrale nucléaire de La Hague en Normandie (Zonabend, 2014), ne dessine pas seulement les contours d'un bassin d'emploi, elle façonne les discours, les représentations, les usages des habitants ou des salariés autant que des élus ou des patrons, l'expression d'une cohésion parfois remise en cause par les regards extérieurs (journalistes, chercheurs, etc.). Il existe donc « des cultures locales des usines » (Gérôme, 1999).

En outre, ce peut être une production particulière qui marque toute une région – comme celle des viticulteurs du Languedoc (Lem, 1991) ou celle plus technologique développée dans les entreprises de la Silicon Valley aux États-Unis (Abélès, 2002) –, toute une ville, ou tout un quartier – comme les créations d'artistes de Belleville à Paris (Gravereau, 2012). Ces exemples montrent bien l'intrication entre territoire et production, une relation qui est souvent utilisée comme faire-valoir d'un label ou d'une image dont le but est de soutenir l'économie locale dans un système d'échange marchand géographiquement plus étendu. Ainsi, les approches localistes ne doivent pas faire oublier les trames de l'international, cette dimension croisée entre local et global est, d'ailleurs, de moins en moins négligée par les anthropologues. Le cas des exploitations forestières au Gabon est en cela intéressant : au-delà des choix politiques du gouvernement gabonais, ce sont les décisions des entrepreneurs d'une multinationale basée à Singapour et exploitant un domaine forestier situé dans une région du Gabon, qui ont des effets sur la population gabonaise locale – ouvriers et villageois (Bourel, 2015). Ce cas montre la complexité d'une analyse territoriale du travail, qui demande à être à la fois ici et ailleurs.

Le travail dit « à distance » ou « télétravail », désormais permis par les gigantesques développements technologiques des dernières décennies, ne spécifie plus le lieu dans lequel l'activité doit être effectuée (domicile, espace de co-working, café, etc.). Il décale et brouille les frontières entre lieu de travail et domicile ; travail et loisir, au risque de créer une illusion de liberté (*freedom trap*) (Cook, 2020) qui rend souvent nécessaire une forte discipline personnelle pour parvenir à ne pas être englouti par un temps et un espace de travail extensibles et flous. La situation récente du confinement sanitaire imposé par la pandémie du Covid-19 au printemps 2020 donne actuellement lieu à de nombreux travaux anthropologiques et ethnographiques sur les conditions et les conséquences de cette expérience particulièrement intense de condensation des temps et des espaces de travail et de vie domestique.

Revenons à la question de la localisation des activités professionnelles en réorientant quelque peu notre focale. Il s'agit à présent de saisir dans quels environnements celles-ci sont exercées, à la campagne comme à la ville. Il ressort de la lecture des travaux anthropologiques deux environnements phares : l'un « naturel » et l'autre bâti ; l'un suppose de travailler en extérieur, l'autre, en intérieur. Travailler en forêt, en montagne, en plaine, en mer, sur l'eau ou encore dans la rue, sur un chantier, sur une décharge, etc., n'implique pas les mêmes contraintes que travailler dans un atelier, un bureau, une boutique, un show-room, etc. Être dehors n'est pas être dedans. Les professionnels sont soumis différemment aux aléas météorologiques, intègrent différemment les rythmes saisonniers. Autrement dit, l'analyse de l'espace n'est pas dissociable de celle du temps.

La diversité des environnements et des lieux de travail n'est plus à démontrer. Elle n'est autre que le reflet de la multiplicité des secteurs économiques et des activités qui leur échoient. Il arrive que ce soit une multitude de professionnels qui participe au bon fonctionnement d'un établissement. Par exemple, dans une salle de music-hall, toute une série de corps de métiers, travaillant sur place ou à l'extérieur, interviennent, d'une manière ou d'une autre, dans l'élaboration et le déroulement des spectacles : danseuses, metteur en scène, régisseurs et techniciens son ou lumière, menuisiers, tapissiers, électriciens, cintriers (décors), habilleurs, couturiers, accessoiristes, musiciens, personnel administratif, d'accueil, de restauration ou d'entretien, etc., ainsi que plumassiers, bottiers, brodeurs (Fourmaux, 2012).

Il arrive également que les espaces de travail, bien que distincts, œuvrent à une même dynamique de marché ou de service. Il en est ainsi des « croque-morts » (Bernard, 2009) : s'ils connaissent un ancrage territorial – les pompes funèbres –, leur activité leur demande de fréquenter différents lieux : logements, hôpitaux, lieux de culte, cimetière, etc. Il existe, par ailleurs, des collaborations de métiers qui permettent de former, en réseau, une chaîne technique de production. Si nous cherchons à comprendre qui sont les acteurs locaux de l'économie du livre dans deux villes du Maroc (Rabat et Casablanca), il convient d'observer les pratiques et les différents espaces de vente, des plus fermés aux plus ouverts (boutiques du libraire et du buraliste dotées d'une porte, édicule du kiosquier ouvert sur la rue, étal du « terrassier » installé à même le trottoir ou encore boutique du bouquiniste dans les souks refermée parfois par un comptoir en bois), tous contribuant à la commercialisation des imprimés et à la circulation du savoir (Cohen, 2017).

Il reste que chaque espace de travail possède sa propre fonctionnalité et ses contraintes de taille, d'insonorité, de luminosité, etc. Il suffit de prêter attention à tous les locaux – du grenier au sous-sol – que nous pouvons trouver dans un même établissement, que cela soit une entreprise, un musée, un hôpital : hall d'entrée, bureaux, ateliers, dépôts, magasins, restaurant d'entreprise, salle de repos, garage ou encore logement de fonction, etc., sans compter les espaces de circulation (couloirs, allées), les espaces verts. Ainsi se dessine une topographie des lieux qui nécessite l'application d'une signalétique pour se repérer, la dénomination des bâtiments par un nom, par une lettre ou encore par une couleur. Les usagers possèdent parfois leurs propres qualificatifs. Ces pratiques de dénomination, officielles et officieuses, en disent long sur les expressions hiérarchiques et les manières de les détourner.

1.3. Expressions hiérarchiques

Si les anthropologues s'attachent autant aux lieux de travail, c'est qu'à travers l'étude de leur édification, de leur architecture et de leur organisation spatiale, ils peuvent saisir la formalisation concrète des relations sociales et plus encore hiérarchiques. Nous pouvons dire que cette démarche s'inscrit dans une anthropologie des institutions, qui place la dimension politique au cœur de la réflexion. Même si elle n'embrasse qu'une part des interrogations qui traversent ce champ disciplinaire, comme l'explique Marc Abélès, « ce qui intéresse au premier chef l'anthropologue, ce sont d'une part la matérialité de l'institution, de l'autre les rapports quotidiens en son sein. L'expérience de terrain est indispensable, car elle permet d'accéder directement à cette quotidienneté » (Abélès, 1995, p. 76). Les approches ethnographiques apportent ainsi des indices analytiques précieux sur les expressions tangibles du pouvoir et par là sur les rapports de domination, autant que sur ce qui est donné à voir et sur ce qui ne l'est pas, sur les jeux des acteurs entre les « mondes » opposés, ou du moins différents.

Le choix de l'architecture d'un bâtiment, modeste ou monumental, comme de son style et de son ornementation, discrète ou fastueuse, appartient aux outils de la communication de l'entreprise, qu'elle relève du secteur privé comme public. Ces attributs sont en quelque sorte des signes distinctifs qui contribuent à la reconnaissance visuelle de la fonction du lieu. Les salles de spectacle, en particulier de music-hall, se présentent comme des édifices typés qui renvoient à des imaginaires champêtres ou exotiques incarnés également par les noms donnés à ces lieux (Eldorado, Moulin Rouge, Paradis Latin...) (Fourmaux, 2009). Il en est de même des palais de la République, qui s'imposent comme des marques du pouvoir et servent à exposer « au regard public leur position dans l'appareil de l'État » (Bellier, 2009, p. 292). Ces palais sont ancrés dans une histoire politique, dont les noms des halls, des salles de réunion, des amphithéâtres renvoient à cet héritage. Ils s'emparent des références historiques pour asseoir leur prestige. Mais il arrive que les monuments finissent par être trop pesants au point d'envisager leur « renversement symbolique ». C'est le cas du palais de la Porte Dorée situé à Paris qui a d'abord abrité à partir de 1931 le musée des Colonies, puis le musée national des Arts d'Afrique et d'Océanie (MAAO) pour enfin accueillir l'actuel musée national de l'Histoire de l'immigration. Marqué par les traces de son passé, il passe progressivement du monument colonial, symbole prestigieux d'une France impérialiste, à un bâtiment-témoin, symbole d'une histoire contestée. Il a longtemps porté les stigmates de cette relégation, dont les appellations officieuses – le « Cayenne des musées de France », la « verrue », le « Bat'd'Af » – ne sont que l'illustration (Monjaret, Roustan, 2017). Au début des années 2000, la création d'un musée national de l'Histoire de l'immigration en son sein participe de son tournant symbolique.

Si les extérieurs des bâtiments font l'objet d'une théâtralisation du pouvoir, leurs intérieurs le sont également : la taille et les aménagements – le revêtement, le décor, les couleurs, le mobilier et l'équipement – des lieux, privés ou ouverts au public, apparaissent comme des scènes sur lesquelles se joue l'image des institutions. C'est le cas dans certains établissements administratifs, scolaires ou hospitaliers en Suisse qui se caractérisent par l'usage d'un mobilier uniformisé se reconnaissant facilement (Ossipow, Csupor, Lambelet, 2006). Ce sont les codes de la hiérarchie qui s'expriment par là, les jeux de pouvoir pouvant s'exercer par le jeu des symboles. Ces scènes renvoient aussi et surtout aux coulisses. C'est sans doute le contraste entre ces deux espaces qui a attiré l'attention des anthropologues autant que leur rôle au sein des établissements, quel qu'en soit le secteur d'activités. Les coulisses appartiennent à ces lieux dans lesquels sont tenues secrètes les activités qui s'y déroulent, par exemple la fabrication d'un cahier de tendances dans un bureau de style parisien (Laghmari, 2018) ou encore, toujours dans le milieu de la mode, les réajustements des vêtements entre designers et marchands, avant leur commercialisation, dans un show-room new-yorkais (Belkaïd Neri, 2018). Nous pourrions poursuivre les exemples dans d'autres milieux – ateliers d'artisan, laboratoires de recherche – qui prennent soin de préserver leur secret de fabrication. Ces salariés semblent travailler dans l'ombre. Tous s'activent pourtant pour le bon fonctionnement de l'institution qui les emploie. Il reste parfois le sentiment amer pour ces personnels d'être dans l'arrière-cour, tels ces membres des cuisines ministérielles qui s'affairent dans les sous-sols des cabinets, à proximité des bureaux ou des appartements privés et regrettent de « rester dans l'ombre des grands » (Vega, 2003, p. 37). Cette relégation spatiale et sociale conforte les oppositions entre la scène et les coulisses.

D'autres configurations bicéphales apportent des précisions sur les formes de ces antagonismes spatiaux, relatant de même les divisions du travail en pratique : dessus/dessous, haut/bas ou encore chaud/froid. Une analyse fine fait souvent apparaître des rivalités qui peuvent se manifester au sein d'un même établissement entre des secteurs distincts – les ateliers et les bureaux –, ou entre les ateliers eux-mêmes, selon leur activité et leur réputation, comme dans cette usine de parqueterie du Sud-Ouest où s'opposent plus ou moins amicalement ceux de la « scie » et ceux du « vernis ». Pour Véronique Moulinié, il s'agit là de l'expression des « structures élémentaires » de l'autorité, qu'elle qualifie de « passion hiérarchique » (Moulinié, 1993). Un constat similaire existe dans le milieu hospitalier, où le monde des médecins, du dessus, du propre, côtoie le monde des ouvriers, du dessous, du sale (Monjaret, 2019b). Dans les maisons de haute-couture en revanche, la situation est inversée : les ateliers sont le plus souvent sous les toits quand les bureaux, les studios, le salon et la boutique se trouvent dans les étages inférieurs (Monjaret, 1997a).

Les espaces au travail apparaissent comme des terrains de jeu à partir desquels s'expriment les hiérarchies, s'affichent des règles et se jouent des rapports sociaux. Avant de pénétrer ces espaces, il existe des « droits de passage » qui se marquent matériellement : barrière de sécurité, sonnerie, etc. S'occuper de l'accès de ce seuil n'est pas sans responsabilité, ce qui confère aux personnels qui en ont la charge un certain prestige et plus encore du pouvoir. C'est le cas des sœurs, puis des « économes » dans les hôpitaux (Pouchelle, 2005), qui détiennent les trousseaux de clés de l'établissement pour lequel ils travaillent, ou encore de certains agents de surveillance qui ont longtemps eu la prérogative d'ouvrir et de fermer les portes du musée dans lequel ils exerçaient, comme au palais de la Porte Dorée à Paris (Monjaret, 2016). La possession des clés conforte le rôle de gardien et renforce le sentiment d'appartenance que ces agents ont de leur lieu de travail. Prenant à cœur cette responsabilité, il arrive que des tensions émergent entre les conservateurs arguant un droit de passage pour accéder à « leurs » collections ou à « leurs » réserves, et les agents de surveillance évoquant la nécessité de se conformer aux consignes garantissant la sécurité des collections que les collègues ne respectent pas (Roustan, 2016). Nous pouvons y lire l'exemple d'un renversement social des hiérarchies, le contrôle étant exercé par les agents de surveillance, qui relèvent dans la fonction publique de la catégorie C.

1.4. Appropriation. Appartenance. Attachement

C'est donc bien la façon dont ces espaces de travail, « naturels » ou bâtis, sont vécus, occupés, et appropriés qui intéresse l'anthropologie car elle permet de comprendre comment les individus entrent en relation avec un lieu, l'apprivoisent pour le faire leur, au point d'y être attachés alors même que, le plus souvent, ce n'est pas leur domicile.

Dans ces lieux, il se dégage parfois une certaine atmosphère, quand ils ne sont pas littéralement habités par des esprits, ces êtres surnaturels qui peuvent venir troubler l'ordre des choses. Les gardiens de nuit sont particulièrement exposés à ce genre d'expérience du sensible lors de leur ronde nocturne dans les galeries et réserves muséales (Robinson, Vandenberghe, 2017). Les objets de collection possèdent des forces qui dépassent l'entendement. Il en est ainsi de certaines poupées votives exposées dans les galeries du feu musée national des Arts et Traditions populaires qui, étant redevenues actives, furent enfermées dans une armoire blindée après avoir été neutralisées par un désenvoûteur pour apaiser le personnel (Pizzorni Itié, 2014). Ces phénomènes se retrouvent dans d'autres endroits et sous d'autres formes. Dans les montagnes du Pérou (Salas Carreño, 2017) ou de Bolivie (Absi, 2003), les mineurs se confrontent pour leur part aux forces souterraines et doivent en appeler à la protection des divinités ou des saints pour sortir de l'emprise maléfique de ces êtres de la terre dérangés par l'exploitation des sous-sols. Le religieux a en effet sa place au travail. Dans un tout autre contexte professionnel, celui des commerces asiatiques à Paris, les autels dressés dans les boutiques en l'honneur des divinités, et les rituels qui les entourent, sont des marqueurs sociaux et ethniques tout autant que religieux (Hassoun, 1992). L'étude du religieux donne accès à d'autres dimensions du travail. Elle montre l'une des manières, parmi d'autres, de s'approprier les espaces professionnels, de prendre progressivement ses marques, symboliquement et matériellement, de s'imprégner des lieux.

La relation sensible aux lieux de travail peut se faire de façons variées, et selon que les activités s'effectuent en intérieur ou en extérieur (voir chapitre 3). Terrassiers, géotechniciens, pédologues entretiennent un lien tout particulier avec les sols qu'ils expertisent. Ces professionnels n'ont de cesse de creuser, d'observer, de manipuler, voire d'écouter les sols, étudiant leur granularité pour mieux comprendre leurs qualités (Meulemans, 2018, 2019). En ce sens, le pédologue « apprend à être *activement affecté* par le sol qu'il explore » (Meulemans, 2018, p. 301), à faire corps avec le sol – et cela vaut pour les autres corps de métiers qui explorent les sols. Quant aux pêcheurs, c'est l'espace maritime qu'ils apprivoisent par des repérages visuels et imaginaires, cartes mentales qui leur permettent de localiser les fonds où ils pourront pêcher certaines espèces, mais aussi les zones dangereuses à éviter (Jorion, 2012). Grâce à une familiarisation topographique, ils apprennent à contourner les contraintes du milieu.

Être confronté aux contraintes de l'espace n'est pas propre aux métiers qui s'exercent en extérieur. Lorsque, à Paris, des artistes investissent le quartier de Belleville, ils ont eu d'abord à transformer les échoppes du quartier en ateliers-boutiques pour travailler sur leurs créations tout en les exposant. Malgré ces réaménagements, les échoppes reconverties demandent une certaine adaptation de l'artiste à l'espace physique du lieu. Son volume architectural, sa superficie, la surface des murs disponibles, la hauteur du plafond, la disposition des fenêtres, sont autant d'éléments à prendre en compte pour penser et réaliser les productions artistiques (Gravereau, 2012).

Dans le secteur tertiaire, le choix d'un réaménagement répond à une recherche de bien-être au travail et de contournement de l'organisation préexistante, instituée ou non, tous les salariés ne se prêtant pas à une telle personnalisation de l'espace de travail. Les stratégies déployées sont nombreuses, et adaptées aux besoins de l'activité ou aux envies personnelles. Organisation et personnalisation du mobilier fourni par l'entreprise, choix de décorer avec des éléments issus du travail (cartes offertes par des collègues par exemple) ou des objets, photos ou posters apportés de la maison, sont autant de manières d'aménager son espace de travail. Les bureaux, dont ceux en *open space*, sont recloisonnés à l'aide de piles de dossiers, d'affiches, etc., parfois pour échapper à la surveillance (Monjaret, 1996a). Dans les ateliers, les affiches de pin-up dénudées instaurent une barrière qui délimite l'accès à un territoire largement masculin (Monjaret, 2020). Ailleurs, ce sont les plantes décoratives qui jouent ce rôle, et pour certains, si elles embellissent les locaux, elles servent parfois à « capter des énergies négatives » ou positives (Ossipow, Csupor, Lambelet, 2006). Les décorations pour soi ou pour le groupe de proximité contribuent à affirmer les liens entre collègues ou avec les clients, autant qu'avec la famille. Les cadeaux offerts dans le cadre des échanges de travail sont parfois exposés. Les cartes postales reçues, telles celles affichées dans les bistrots (Duflos-Priot, 1978), le sont aussi. Ces objets sont de bons indices pour apprécier les relations au travail. Et nous ne nous étonnons pas non plus d'observer parfois des distinctions entre les groupes professionnels en co-présence. Par exemple, à l'hôpital les administratifs décorent souvent leur bureau en le personnalisant, tandis que les ouvriers singularisent leurs locaux à l'image du groupe (Monjaret, 2006).

Quoi qu'il en soit, les modes d'appropriation dénotent des manières de se positionner dans l'organisation, de notifier son appartenance à un groupe, voire à une institution. Ils signifient en outre le degré d'attachement aux lieux de travail, jusqu'à s'y fondre parfois, comme peut l'être la figure du gardien de musée (Mairesse, Monjaret, 2017). Les enquêtes disponibles sur les métiers du patrimoine sont particulièrement éloquentes à ce sujet. Ainsi, certains agents de surveillance soucieux de la valorisation de « leur » musée se prennent à faire le ménage des salles et des vitrines (Monjaret, 2016), tandis que des guides de lieux patrimoniaux – cité de Carcassonne dans le sud de la France (Sagnes, 2016a et b), cathédrale Notre-Dame de Paris (Sagnes, 2019) – s'investissent entièrement dans leur tâche. L'exemple de la guide bénévole de l'église de Rieu dans le Minervois est en cela exemplaire : en effet, la connaissance qu'elle a du lieu est si pointue, son implication est si forte, son attachement en cette église si prononcé, qu'elle a fini par devenir elle-même le « monument », personnalité courue, de la commune (Sagnes, 2010). L'identification au lieu peut donc être extrême.

2. Petites circulations : déplacement

Après une analyse principalement centrée sur les usages sédentaires des espaces de travail, nous poursuivons la réflexion en nous attachant cette fois à la question des mobilités géographiques liées à l'exercice des activités professionnelles. En effet, travailler suppose le plus souvent de se déplacer. Les modalités de ces déplacements sont diverses : petites circulations – se rendre à son travail quotidiennement ou circuler dans un périmètre restreint dans le cadre de son activité –, et grands déplacements – chercher du travail, suivre son entreprise qui déménage ou encore être muté. La thématique des mobilités n'est pas étrangère aux analyses anthropologiques. De quelles manières les ont-elles abordées ? Quelles sont les formes de ces mobilités induites par la nécessité de travailler ?

2.1. Se rendre au travail

La nécessité de se déplacer quotidiennement pour se rendre au travail appartient aux habitudes bien intégrées de nos contemporains. Elle est due à la séparation des lieux professionnels et résidentiels. Cette séparation a eu quelques conséquences sur les approches des chercheurs, cloisonnant les deux entités, et ce avant même que des anthropologues, aguerris à la démarche monographique, viennent reconsidérer certains principes disciplinaires, permettant de comprendre ce qui se passe dans l'espace-temps qui distingue ou relie la maison et le travail. Ainsi, Gérard Althabe s'est très vite posé la question de la mise en relation de ces deux « champs micro-sociaux séparés » et s'est demandé comment, dans le cas des professions salariées, les individus qui subissent cette séparation quotidienne, spatiale et temporelle, réagissent (mentionné par Weber, 2001, p. 45). Il n'y a pas complète opposition entre ces champs : les déplacements journaliers dans le sens du départ au travail et du retour chez soi laissent percevoir les continuités et les discontinuités entre les lieux, quels que soient la profession et le statut des individus.

Nous pouvons prolonger la réflexion en interrogeant plus particulièrement les pratiques induites par le passage d'un lieu à un autre, et en explorant cet entre-deux. À regarder de près les travaux des anthropologues, peu se sont penchés sur cette mobilité pendulaire, immortalisée par l'expression « métro-boulot-dodo », peu ont enquêté sur les « passagers » lors de leurs trajets ordinaires, jusqu'à ce que Pierre Bouvier souligne l'intérêt méthodologique de cet objet. Ne pouvant pas toujours pénétrer dans les entreprises pour ses enquêtes, il décide de mettre en place une méthode de suivi des travailleurs immigrés sur leurs trajets (travail/domicile), les accompagnant afin d'obtenir des informations sur leur vie de travail (Bouvier, 1989). L'une des premières ethnographies des parcours des usagers en transport en commun entre la capitale et la province est menée une dizaine d'années plus tard (Meissonnier, 2001, 2002). L'enquête est centrée sur les voyages en train entre Paris et Rouen et met en évidence la façon dont les habitués de cette ligne occupent le temps du transport, les manières de faire ou de ne rien faire pendant cet entre-deux. Les stratégies d'optimisation du temps déployées par les « provinciliens », en raison des distances qu'ils ont à parcourir chaque jour, ont été interrogées. Par exemple, certains ne prennent pas de pause déjeuner pour pouvoir partir plus tôt le soir et retrouver leur famille. D'autres déjeunent dans le train ou à proximité de leur lieu de travail pour compenser le temps perdu par le transport et en regagner pour le travail et la famille (Meissonnier, 2002).

Nous pouvons également chercher à comprendre en quoi le déplacement quotidien des citadins actifs emprunte aux caractéristiques du voyage. Cette phase de transition est analysable sous l'angle de la culture matérielle, en traitant autant des objets transportés (personnels, professionnels) et de leur contenant (cartable, sac à dos, emballage en plastique, etc.) que des objets aidant au mouvement (train, bus, voiture), qui contribuent à pallier les différentes tensions inhérentes au trajet. L'étude des effets de la circulation des choses et des hommes met au jour le changement de statut des objets, selon le lieu où ils échouent : les objets « du domicile » se bureaucratiseraient à leur arrivée au travail quand, faisant le chemin inverse, les objets « du bureau » seraient domestiqués (Guillard, Monjaret, 2014a et b ; Monjaret, Guillard, 2014). Ces travaux ont posé d'intéressants jalons qui mériteraient d'être creusés, car trop peu explorés encore.

2.2. Se déplacer au quotidien pour le travail

Les déplacements professionnels ne se réduisent pas forcément à cette mobilité pendulaire, ils peuvent être d'une autre nature. Certains métiers conduisent à se déplacer durant les heures de travail sur un territoire plus ou moins étendu. Nous pourrions alors parler d'une mobilité professionnelle ordinaire, qui prend des formes différentes, selon les contextes d'exercice de l'activité.

Penchons-nous sur ce que nous pouvons nommer les petites mobilités, qui se font à pied, dans l'établissement dans lequel les employés travaillent. La circulation des ouvriers hospitaliers qui suivent les conduits techniques dans les moindres recoins de l'établissement les ayant embauchés appartient à ce registre (Monjaret, 2019b). La déambulation des agents de surveillance dans les musées en est une autre bonne illustration. Que cela soit les « gardiens de salle » semblant flâner ou les « gardiens de nuit » lors de leur tournée, il s'agit pour eux d'arpenter les lieux pour les surveiller, d'exercer leur regard vigilant pour sécuriser les objets et maîtriser le visiteur indiscipliné. Ils sont en quelque sorte les gardiens des lieux (Mairesse, Monjaret, 2017). Toujours dans ce contexte patrimonial, il en est différemment des conférencières et des conférenciers ou des guides qui sillonnent les lieux pour les faire découvrir à d'autres, et développent ainsi un art de la visite (Sagnes, 2010).

Parfois le territoire se fait bien plus étendu et ouvert que le périmètre d'un lieu fermé (monument, musée, usine). Apprendre à connaître cet espace peut alors être l'une des étapes du processus d'entrée dans le monde professionnel concerné. Pour les guides de montagne par exemple, avant de s'approprier la haute montagne et d'être intronisé guide, il faut apprendre à l'explorer, et cela commence en devenant un « porteur » ou encore « un bon mulet », cette formule faisant référence aux mules qui transportent sur leur dos les paquetages des randonneurs (Loux, 1988). Les distances à parcourir, sur terre et sur mer, tout autant que les types d'activités effectuées, obligent parfois à recourir à des moyens de transport adaptés. Les ethnographies de métier les évoquent souvent seulement « en passant ». Pourtant, pour les pêcheurs qui possèdent des bateaux dans la flottille de l'île d'Houat (Bretagne), leurs navires ne sont pas uniquement des dispositifs de transport servant à naviguer, mais surtout des outils de travail pour les équipages, dont les membres sont parfois liés par des relations familiales. L'obsolescence d'un bateau trop ancien a des répercussions sur l'organisation de l'équipage puisque ses membres, à terme, devront se répartir sur d'autres embarcations (Jorion, 2012).

Parmi les activités qui impliquent une circulation des hommes et des choses, avec ou sans moyen de transport, celles associées aux déchets et aux « travailleurs des déchets » (Corteel, Le Lay, 2011) – égoutiers, éboueurs, cantonniers, chiffonniers ou biffins, « récupérateurs », etc. – ont particulièrement retenu l'attention des chercheurs. En France, pionniers en ce domaine, les travaux d'Agnès Jeanjean sur les égoutiers ont déjà été évoqués plusieurs fois dans ce manuel. Afin de vérifier l'état des réseaux et de les entretenir, ces égoutiers prospectent quotidiennement le territoire montpelliérain, à la fois en camion en surface, et à pied dans les souterrains. Le tracé de leurs tournées fait apparaître une cartographie spécifique de la ville, davantage basée sur l'expérience vécue (souvenir d'une intervention passée par exemple) que sur les repères géographiques classiques (Jeanjean, 2004, 2006). Éboueurs et cantonniers passent également le plus clair de leur temps à sillonner l'espace urbain et périurbain, à pied ou en camion, seuls ou en équipe, pour en retirer les déchets. Pour certains des cantonniers lyonnais, ces déplacements dans l'espace public procurent à la fois une forme de satisfaction au travail (sensation de relative liberté, travail à l'air libre, plaisir de rendre propre l'espace urbain, découverte d'objets abandonnés, etc.) et une potentielle source de conflit avec les autres usagers de cet espace (Gibert,

2016). Une géographie des éboueurs et des récupérateurs de déchets à Casablanca montre que quand les premiers sillonnent la ville en camion-benne, les deuxièmes évoluent à pied, en charrette ou pick-up à la recherche des déchets recyclables, et tous se retrouvent sur la décharge où s'observe un incessant ballet des véhicules de tous les acteurs impliqués dans cette économie : camions-bennes des sociétés de collecte, camions et pick-up des intermédiaires et grossistes plus aisés, charrettes à âne des récupérateurs de déchets organiques, etc. (Florin, 2015). L'observation des modèles de véhicules peut aussi contribuer à une mise en lumière des hiérarchies sociales.

Parmi les autres activités de service basées sur une circulation des hommes et des objets dans un espace donné, nous pouvons citer les livraisons qui supposent également de parcourir les routes ou les rues d'un territoire, mais, dans ce cas, il s'agit de remettre une marchandise à son acheteur et non de le débarrasser de ses déchets. C'est même la nécessité d'un déplacement qui en indique la spécificité. Ce sont alors des flottes de véhicules qui traversent la ville, finissant par appartenir au paysage urbain. À Buenos Aires, les *fleteros* – terme qui désigne initialement les transporteurs de marchandise en bateau et qui a été repris pour nommer les coursiers à moto – circulent dans les ruelles de la ville et d'autres grandes villes d'Argentine pour livrer toutes sortes de menus objets. Ce petit boulot est progressivement passé d'une économie informelle vers une forme plus formelle (De Gracia, 2011). Il en est différemment des vélos-taxis, quadrillant la ville de Kaolack (Sénégal) en maraude à la recherche de clients, et qui n'ont pas pu résister à la force concurrentielle des taxis automobiles malgré une organisation, certes informelle, en « garage » – regroupement en plein air de vélos-taxis –, sous la responsabilité d'un ancien (Morice, 1981).

Les questions de la mobilité renvoient instamment à celles de l'ancrage territorial. Chez les mariniers berrichons, itinérants qui naviguent tout au long de l'année et surtout qui sont éparpillés sur le territoire national, le groupe professionnel s'affirme grâce à des points d'attache communs, des lieux de débarquement qui sont au fondement de l'expression d'une forte identité régionale. C'est ainsi que s'élabore un « être entre soi » malgré les vastes espaces parcourus (Manceron, 1996). À l'inverse, des professionnels plutôt considérés comme sédentaires sont contraints de se déplacer. C'est le cas des archivistes qui dépendent d'un centre de gestion de la fonction publique territoriale, mais qui doivent répondre aux demandes des communes désireuses de trier et classer leurs archives en s'y rendant pour quelque temps lorsque l'une d'elles a eu recours à ce service payant (Lauraire, 2016). C'est le cas également des électriciens (Ghasarian, 2001) ou des scaphandriers travaux publics (Rosselin-Bareille, 2019) que nous avons évoqués dans les chapitres précédents qui doivent se rendre sur des chantiers éloignés de leur domicile pendant plusieurs jours. Séparés spatialement de leur famille pour un temps, ils développent une sociabilité de chantier, une vie collective avec ses avantages et ses inconvénients.

Entre ces petits déplacements et les grandes circulations, se trouvent les migrations saisonnières, petites mobilités de quelques semaines ou quelques mois, se renouvelant tous les ans, souvent au rythme des saisons de l'élevage, de l'agriculture, mais aussi du tourisme. Les saisons sont en effet propices aux déplacements de ce type. Nous connaissons les transhumances estivales qui conduisent les bergers à monter leur troupeau dans les alpages en montage, ou les travailleurs agricoles arrivant le temps d'une saison de cueillette (Athanassopoulou, 2005). En montagne, au bord de la mer, à la campagne, en été ou en hiver, au printemps ou à l'automne, nous retrouvons ceux nommés les « saisonniers » dans différents contextes professionnels. Étudier les travailleurs aux services des vacanciers dans les stations de montagne en France et leurs modes d'habitat invite à interroger les frontières spatiales et temporelles entre travail et hors travail pour ces « nourris-logés », embauchés dans les centres de vacances, chez qui s'inversent les rythmes vacances/travail. Travail soumis à un fort contrôle hiérarchique, cette forme d'intermittence professionnelle est peu visible et souvent assez précaire, précarisation de l'emploi souvent confortée au moment de l'intersaison et du retour chez soi (Baghioni, 2012). Cette précarisation professionnelle doublée d'une hyper-mobilité géographique pourrait être rapprochée, tout en s'en distinguant, de celle des intérimaires, « temporaires en permanence » toujours en attente d'un appel de l'agence d'intérim pour travailler, toujours contraints à changer d'entreprise, ce qui nécessite des compétences d'adaptation professionnelles, sociales et spatiales particulièrement développées (Rosini, 2012b, 2014).

Pour chacun des métiers ou des activités professionnelles ici présentés, une cartographie des circulations pourrait être dessinée. Cela pourrait aussi se faire pour d'autres types de déplacements, plus lointains et d'une durée plus longue, que nous allons maintenant aborder.

2.3. Changer de lieux

Certaines mobilités des travailleurs sont conjoncturelles, advenant à la suite d'une fermeture ou une restructuration d'entreprise, une mutation, un nouvel emploi, une situation de chômage, etc. (voir chapitre 6). Les circonstances peuvent conduire à des déménagements résidentiels et professionnels, à un déplacement plus ou moins lointain. Les anthropologues travaillant dans leur propre société ont étudié les motifs et les conséquences matérielles et sociales de ce passage d'un lieu à un autre, et ce tant du côté des « travailleurs mobiles » (Ortar, 2015) que du côté des établissements professionnels.

Ainsi, la mobilité résidentielle peut résulter de la restructuration d'un établissement. Lorsqu'une entreprise ferme et qui plus est, lorsque celle-ci est localement l'unique source d'emplois, qu'elle relève du secteur privé ou du secteur public, les employés seront le plus souvent obligés de déménager, dans une autre commune ou une autre région, voire un autre pays, pour trouver un nouvel emploi et être embauchés. Ce n'est pas le déménagement résidentiel en soi qui nous intéresse ici, mais la manière dont les ressources professionnelles sont mobilisées dans ce cadre. En effet, la sphère du professionnel peut être présente à chaque étape d'un déménagement, et ce sous différents registres : ses motifs (mutation, chômage, logement de fonction, loyer avantageux grâce aux pourcentages patronaux, etc.), sa préparation (récupération de cartons sur son lieu de travail, utilisation de ses compétences pour le tri, mise en caisse des affaires et archives professionnelles, etc.), sa réalisation le jour J (aide des collègues, prêt d'un véhicule professionnel, etc.) et sa célébration (invitation des collègues à l'occasion de la crémaillère). Les salariés ont recours aux aides proposées par les entreprises : aide à la recherche de logement, dédommagement pour mutation, prise en charge des frais de déménagement, 1 % patronal, prêts, logement de fonction. Ces avantages sociaux viennent s'ajouter aux réseaux et capital professionnels, et sont autant d'apports qui participent au bon déroulement de la nouvelle installation personnelle (Desjeux, Monjaret, Taponier, 1998).

Situons-nous à présent du côté des établissements professionnels conduits, pour toutes sortes de raisons, à déménager, ce qui n'implique pas forcément et conjointement d'ailleurs un changement de domicile pour les employés. Et interrogeons-nous sur les effets de ces transferts sur les personnels. Plusieurs ethnographies ont été effectuées sur des terrains français, le plus souvent dans des institutions publiques plutôt que dans des entreprises industrielles, parfois à la suite d'une commande de l'établissement concerné. Les chercheurs ont pu enquêter alors même que les établissements se préparaient à fermer les portes de leurs anciens locaux et suivre le déroulement de leur passage dans les nouveaux lieux de travail, telle la fusion de trois hôpitaux parisiens dans une structure monobloc, ce transfert apparaissant comme la métaphore médicale de la transplantation. La difficulté de passer de l'ancien au neuf est bien là et nourrit les regrets. L'attachement aux lieux quittés provoque un sentiment de dépossession, surtout parmi les travailleurs arrivés depuis longtemps. Il les conduit parfois à la captation d'objets ou peut rendre douloureux les tris ou les classements pour ceux qui ont à les effectuer. Le désordre matériel ambiant alimente le tourment d'un changement de style de vie professionnelle des personnels qui appréhendent les effets à venir. Certains d'entre eux, parfois arrivés plus récemment, ont la mission d'accompagner le passage, de faciliter le transfert des hommes et des choses, de préparer la reconfiguration des espaces du travail et des activités dans le nouvel établissement (Monjaret, 2001a; Pouchelle, 2005). Cette configuration n'est pas propre au cas des hôpitaux. Tout transfert repose sur un passage, un avant et un après. Prenons l'exemple du transfert de services de la direction départementale de l'équipement (DDE) qui s'est effectué d'un site historique lyonnais à une cité administrative et a été observé par un trio composé d'un ethnologue, un géographe et un photographe. Il a cela d'intéressant que c'est en posant un regard sur les espaces de travail (bureaux, salles de réunion, etc.) et leur culture matérielle avant le déménagement et au moment de celui-ci que le photographe a réussi, en jouant sur le contraste plein-vide, à saisir le changement dans son immédiateté. Dans ce cas, il s'agissait en particulier de comprendre ce que les réformes d'État provoquent localement et d'approcher au plus près le vécu des fonctionnaires, le bouleversement de leur service et de leurs activités (Desaleux, Langumier, Martinais, 2011; Langumier, Martinais, Desaleux, 2012). Tous ces mouvements spatiaux sont souvent à l'image des ambitions politiques du moment, comme a pu l'être le projet de délocalisation de l'École nationale d'administration (ENA) à Strasbourg qui est à ce sujet instructif. C'est l'éloignement du pouvoir central que symbolise la capitale qui a provoqué un tollé. Le siège de l'ENA a finalement été conservé à Paris (Bellier, 2009).

À ces déplacements professionnels localisés, s'en ajoutent donc d'autres dont les mouvements géographiques sont plus amples, les conséquences humaines différentes.

3. Grandes circulations : migration

Migrations, mouvements nationaux et circulations transnationales intéressent l'anthropologie depuis longtemps, les chercheurs interrogeant les acteurs, formes et raisons de ces déplacements. Comparées aux petites mobilités quotidiennes ou saisonnières, de telles circulations modifient l'appréhension du phénomène et nécessitent un changement d'échelle d'analyse. Comment les migrations intranationales et internationales liées au travail ont-elles été abordées en anthropologie? Les travaux étant extrêmement abondants, nous chercherons ici surtout à saisir la question sous l'angle des territoires de travail.

3.1. Venir travailler en ville

Après s'être intéressés aux communautés rurales, les anthropologues ont fait de l'exode rural leur sujet. Nombreuses sont les recherches, de par le monde, qui mentionnent des déplacements campagne-ville mais aussi petite commune-grande ville, plus ou moins durables, motivés par des raisons professionnelles.

Pour les artistes par exemple, il devient nécessaire, à un moment de leur carrière, de s'installer momentanément au moins dans une grande ville – voire dans la capitale pour les pays les plus centralisés – afin d'avoir accès à un plus grand nombre d'équipements, lieux de spectacles, réseaux professionnels et institutionnels, autres artistes avec qui collaborer, etc. (Kiwan, Meinhof, 2011 ; Le Menestrel, 2012). À plus long terme, un déplacement à l'étranger devient souvent un « passage obligé » (Kiwan, Meinhof, 2011, p. 88) comme nous le verrons dans la prochaine partie. Pour certains musiciens malgaches, ce n'est pas tant une installation définitive à la ville qu'une circulation intense entre la grosse ville de la région, les petits villages et la campagne alentour pour animer les nombreuses cérémonies ayant lieu en brousse, ainsi que quelques déplacements vers Antananarivo, la capitale du pays, pour enregistrer un album et réactiver ainsi formellement sa place dans le monde de la musique (Mallet, 2002). Plus classiques peut-être sont les mobilités, géographique et sociale, des paysans indiens devenus ouvriers métallurgistes (Parry, 1999) ou celles des mineurs boliviens qui souhaitent « sortir de la mine » et ouvrir un petit commerce, tandis que les réformes agraires qui touchent le pays dans les années 1950 favorisent également la poussée migratoire de paysans vers les villes pourvoyeuses d'emplois (Absi, 2003).

Nous pourrions démultiplier les exemples, mais nous avons choisi de centrer notre regard sur la France, notamment à travers le numéro d'*Ethnologie française* consacré aux « Provinciaux et provinces à Paris » (Barbichon, 1980) au sein duquel nombre d'auteurs, sur lesquels nous allons revenir, articulent perspective historique et observation contemporaine, rappelant avec insistance les liens aux régions d'origine. Les transformations profondes que connaît la campagne française dans les années 1970 ont sans doute contribué à cet attrait de l'anthropologie pour les déplacements vers la ville liés au travail, attrait renforcé par le développement d'une anthropologie de la ville dans la décade suivante. Cette focale nous permet d'aborder plus finement les différentes questions posées par les anthropologues : Y a-t-il des métiers exercés plus particulièrement par les « provinciaux » ? Comment ont-ils pu accéder à une intégration économique et culturelle à Paris ? Quelle est la place des communautés de travail qui se sont constituées en région parisienne dans ce processus intégratif ? Comment ces nouveaux arrivants ont-ils, parfois, réussi à créer des monopoles de métier ? En dehors des raisons économiques, ces populations venues pour trouver du travail en ville sont à la recherche d'une qualité de vie qu'elles ne trouvent pas, ou plus, dans leur terroir, voire d'une ascension sociale. Au tournant des années 1980, il existe à Paris des métiers exercés quasi exclusivement par des personnes originaires de certaines provinces, parfois de certains villages (Lemonnier, 1980). « En même temps que s'affirme la perception de l'évolution des conditions techniques et économiques globales de l'activité professionnelle, se précise le relevé des emplois dans lesquels se sont spécialisés respectivement, selon les époques, les migrants de différentes origines : maçons de la Creuse, nourrices du Morvan, conducteurs de taxi savoyards, limonadiers auvergnats, terrassiers bretons » (Barbichon, 1980, p. 119). La liste pourrait être poursuivie : la domestique venue de Bretagne, incarnée par la fameuse figure de Bécassine ou encore le petit ramoneur surnommé le « Savoyard », autant d'images d'Épinal qui participent à une représentation stéréotypale des métiers, dont nous trouvons traces sur bien des cartes postales 1900. Deux corps professionnels ont particulièrement retenu l'attention des chercheurs, et ont notamment donné lieu à plusieurs études à trente ans d'intervalle : les « cols rouges », venus de Savoie, – commissaires, brigadiers, porteurs, magasiniers – de l'hôtel de ventes aux enchères de Drouot (Lemonnier, 1980; Arpun, 2010) et les bistrotiers aveyronnais (Abélès, 1980; Steiner, Conord, 2012). Nous ne rentrerons pas dans leurs spécificités professionnelles respectives, mais nous nous attacherons plutôt à mettre en évidence les caractéristiques communes qui œuvrent à la définition de ce que Guy Barbichon nomme « les colonies professionnelles » (1980). La constitution de ces colonies, voire de leur monopole basé sur une solidarité de groupe qui se traduit par la création d'Amicales, est rendue possible grâce aux réseaux familiaux. Dans le cas des « cols rouges », les recrutements se font par cooptation, de père en fils ou d'oncle en neveu. Dans celui des bistrotiers, le fonds de commerce est transmis de génération en génération. Même s'ils n'ont jamais vécu dans le pays d'origine de leurs parents, tous revendiquent un héritage régional au travers duquel s'affirment les appartenances identitaires. Et pour les familles aveyronnaises de Paris qui tiennent un café, le rappel des racines devient un leitmotiv qui fonctionne comme un signe de reconnaissance entre Aveyronnais et qui apparaît d'autant plus fort que ces familles se sont progressivement éloignées de leur territoire d'origine. Il reste que ces métiers n'ont pas toujours résisté aux transformations urbaines et sociales. La plupart des « bougnats » (surnom des Auvergnats) ont par exemple, à Belleville, été remplacés dans les années 1980 par des patrons kabyles, et dans certains cas, plus récemment, par des entrepreneurs chinois. Quant aux « cols rouges », ils ont été frappés en 2009 par une affaire de vols et trafic d'œuvres d'art qui a eu pour conséquence de mettre fin à leur monopole et de fragiliser leurs traditions corporatistes (Arpun, 2010).

Ces exemples confirment combien, dans ces contextes migratoires nationaux, la préservation des liens familiaux ou amicaux est importante pour trouver une place dans un réseau professionnel urbain et asseoir sa position dans ce réseau (voir chapitre 1). Il en est de même lorsque la recherche de travail ou l'exercice d'une activité obligent à partir hors des frontières de son propre pays d'origine.

3.2. Changer de pays pour travailler

Les mouvements de populations ne sont pas des phénomènes nouveaux, et leurs raisons sont nombreuses et souvent multifactorielles. La combinaison de nécessités économiques, raisons politiques, éducatives, familiales, amoureuses, amicales, aventurières, etc., expliquent ces déplacements. Nous avons vu précédemment qu'il existait dans un même pays des flux migratoires régionaux liés au travail, mais il existe également, pour des raisons similaires, des flux internationaux, conduisant les individus à sortir de leur territoire national. Que veut dire changer de pays pour travailler ? S'agit-il uniquement de trouver un emploi ? C'est ce à quoi nous tenterons de répondre ici.

Jusqu'au début des années 1990, les chercheurs rendent avant tout visibles les « travailleurs immigrés », hommes, plutôt ouvriers issus de milieux défavorisés, alors que la réalité est beaucoup plus diverse, et que les femmes sont tout aussi présentes. Progressivement, les questions de recherche se renouvellent au rythme des changements sociaux, des transformations du marché de l'emploi et des entreprises autant que des nouveaux flux migratoires. Les travailleuses immigrées, les expatriés, les cadres supérieurs ou les diasporas de professionnels (sportifs par exemple) appartiennent désormais aux objets qu'interrogent les anthropologues, abordant autrement la relation entre travail et migrations.

De tels sujets contribuent, chacun à leur manière, à approfondir la question centrale de l'altérité. Aller travailler *chez* les autres offre une première porte d'entrée dans l'appréhension du lien entre « eux » et « nous ». Travailler *pour* les autres conduit à un autre niveau de lecture qui permet de s'attacher à l'étude de la relation de services, et notamment de soin et/ou de *care*. Une attention particulière a été portée aux domestiques, infirmières, aides-soignantes et gardes à domicile, et à leurs conditions de travail. À Taïwan, les travailleuses venues de quatre pays d'Asie du Sud-Est, recrutées par des agences de placement pour exercer dans des maisons de retraite, sont souvent écartelées entre logiques institutionnelles (discrimination statutaire des étrangères, privation de libertés personnelles) et contraintes organisationnelles (manque de personnel, absence de formation pour les non-Taïwanaises, difficulté pour communiquer avec les patients, etc.) qui les placent dans des situations professionnelles et personnelles douloureuses, et limitent d'autant leur travail du *care* (Lee, 2017). Cette fragilisation se rencontre dans diverses formes ou situations migratoires. Ainsi, pour les jeunes filles au pair slovaques en Allemagne ou européennes aux États-Unis, le décalage est grand entre l'affichage d'une économie morale d'échange culturel et de complicité familiale mis en avant par les agences de recrutement autour de l'imaginaire de la « *big sister* », et la réalité d'un business en pleine expansion qui s'apparente davantage à un emploi de domestique aux contours flous (Hess, Puckhaber, 2004). Bien que différentes, ces situations renvoient aux expériences que connaissent les travailleuses du sexe balkaniques et caucasiennes, saisonnières ou occasionnelles, qui parcourent les routes italiennes, espagnoles, françaises pour accéder à des établissements légaux, notamment en Allemagne ou en Belgique, et qui guident dans la recherche d'un emploi les parentes ou amies qui les accompagnent, ces dernières maintenant les liens avec les familles et préparant au retour (Tarrius, 2014). Cette migration prostitutionnelle s'ancre dans un monde où trafics licites et illicites se côtoient. Les questions qui traversent tous ces travaux renvoient à celle de l'exploitation de ces femmes migrantes, qui cherchent en partant de chez elles à sortir de leur condition, la migration s'apparentant à un tremplin professionnel et social.

Dans un tout autre contexte, ce sont les pays du Sud ou les pays émergents qui peuvent devenir le moyen de développer une carrière professionnelle, par exemple dans le cadre des délocalisations d'usines. Ainsi, pour certaines entreprises italiennes impliquées dans la fabrication et la distribution de textiles et de vêtements en Chine, si les activités industrielles se sont déplacées, en revanche, seuls les managers ont pu suivre leur entreprise, le reste des travailleurs étant embauchés sur place. Le prestige du « made in Italy » sert à valoriser une marchandise fabriquée en Chine, par une main-d'œuvre chinoise, au détriment des régions industrielles italiennes. Ces managers italiens profitent alors d'un mode de vie cosmopolite et bénéficient d'avantages et de revenus nettement plus élevés que ceux auxquels ils pourraient prétendre en Italie (Yanagisako, 2018b). Dans certains cas en effet, les « managers transnationaux » utilisent les « cultures locales » pour asseoir leurs propres ambitions et développer leurs entreprises (Moore, 2005). La relation avec les populations locales, entre autochtones et étrangers, n'a rien d'une évidence et c'est sans doute pourquoi cette thématique fait partie des réflexions proposées par les chercheurs étudiant les expatriés, objet qui semble actuellement connaître un regain d'intérêt. La façon dont ces derniers composent avec leurs territoires de vie et de travail apparaît centrale dans les analyses. Par exemple, si certains jeunes expatriés, volontaires français au statut à mi-chemin entre le salariat et le bénévolat dans des structures d'aide internationale et de coopération au Sénégal et à Madagascar, trouvent dans leurs missions une opportunité pour commencer une carrière professionnelle, ils ont souvent du mal à s'insérer localement parce qu'ils sont vus par les habitants comme une élite économique et socioprofessionnelle (Quashie, 2016). À l'inverse, l'étude des trajectoires de plusieurs cadres supérieurs français travaillant en tant que forestiers pour une multinationale indienne de l'agroalimentaire implantée au Gabon, montre une grande complexité dans les relations que ces expatriés ayant travaillé dans différents pays africains depuis plusieurs décennies entretiennent à la fois avec la France et le Gabon, l'Europe et l'Afrique (Bourel, 2016). Loin de l'image de l'expatrié « hors-sol », tous se considèrent pleinement ancrés dans leur vie quotidienne au camp forestier et dans la ville proche, quoique selon des modes de sociabilité différents. En fonction de leurs parcours personnel et professionnel d'une part, de la manière dont ils investissent les jeux politiques locaux d'autre part, certains s'appuient sur leur position sociale pour profiter de nombreux privilèges dans la région tandis que d'autres jouent davantage la carte du multinational. En même temps, un lien avec l'Europe est maintenu, dessinant une forme de « bi-territorialité » assez courante chez les migrants, même si dans ces parcours de vie la France est davantage évoquée comme pourvoyeuse de ressources (possibilité d'y suivre des formations ; lieu d'éducation des enfants ; lieu de vacances) que comme foyer (Bourel, 2016).

Au-delà du cas particulier des expatriés, il s'agit de comprendre les relations territoriales tissées au travers de l'activité de travail dans un contexte de migration. Le contexte sociopolitique local, le type d'activité professionnelle, la durée des séjours, de même que les facilités de déplacement et de communication actuelles, ont des répercussions sur les sentiments d'appartenance de celles et ceux qui ont franchi des frontières pour aller travailler ailleurs. Changer de pays pour travailler ne détache pas forcément de son pays d'origine. Même quand les perspectives d'un retour sont abandonnées, les liens perdurent et d'autres processus se mettent en place. Ainsi, les designers de la diaspora chinoise à New York ne manquent pas de faire de leur héritage un atout professionnel, s'inspirant, se nourrissant des références esthétiques culturelles liées à la Chine tout en les réinterprétant (Belkaïd, 2015).

Nous avons pu voir combien les circulations qui conduisent à vivre dans un autre pays pour travailler ont des raisons multiples. Notons que toutes ces analyses sur les transmigrations professionnelles permettent de revisiter les articulations entre pays d'origine et pays dits « d'accueil », mais aussi de voir comment se jouent ou se rejouent les rapports dominants/dominés.

3.3. Circuler dans le monde pour le travail

La circulation est parfois intrinsèque à l'activité professionnelle même, et l'internationalisation à laquelle n'échappe pas le travail a été renforcée par les mouvements toujours plus prégnants de globalisation des marchés. Les anthropologues ont été particulièrement attentifs à cette dynamique qui participe au développement d'un cosmopolitisme, du transnationalisme, et aux enjeux locaux et sociaux qui en découlent (Inda, Rosaldo, 2008).

Situons d'abord notre regard sur les pratiques effectuées par des individus se déplaçant dans le monde pour leur travail et non pas pour chercher du travail, cette échelle ethnographique permettant de saisir les formes plurielles de l'économie mondiale et de renouveler le regard porté sur les migrations économiques, en montrant qu'elles concernent un très vaste panorama de travailleurs, des ouvriers « travailleurs invités » (*gastarbeiter*) aux élites cosmopolites.

En anthropologie, la thématique des circulations dans le cadre des activités de travail a été appréhendée sous l'angle des activités du commerce, activités qui conditionnent souvent des va-et-vient entre pays aux frontières plus ou moins proches. Observant les élites qui parcourent l'Europe, et plus spécifiquement celles et ceux qui se rendent à Londres, Bruxelles et Paris, une nette distinction apparaît entre les entrepreneurs ou professionnels libéraux, issus de diasporas, qui savent réactiver leurs réseaux « communautaires » au bénéfice de leur activité, et les cadres d'entreprise, des secteurs privés comme publics, qui semblent parfois avoir du mal à supporter la situation d'éloignement, souffrant d'une chronicisation de la mobilité et d'une difficile insertion locale, et aspirant à une sédentarité (Tarrius, 1992). Ces nouvelles conditions de travail affectent aussi l'entreprise elle-même, qui est obligée de s'adapter à ces voyages « sauts de puce » désorganisant ses services. Les dirigeants se déplacent peu ou brièvement pour conclure un contrat, les cadres leur préparant le terrain. Des espaces leur sont réservés dans les aéroports, ceux-ci devenant, dans ces conditions, le nœud de rencontres professionnelles très peu territorialisées (Tarrius, 1992). Faire des affaires nécessite donc une circulation, des hommes, des femmes et des marchandises. Il est alors intéressant de mieux connaître ces territoires de la circulation marchande, à partir de leurs interstices spatiaux et sociaux et de la manière dont ils sont mis en relation. Les femmes ne sont pas absentes de ces économies de marché, comme le montrent les travaux couplant genre et migration. Les zones frontières, parfois de libre-échange, qui sont particulièrement propices aux négoces, se présentent comme de véritables plaques tournantes aux acteurs multiples. Dans une ville transfrontalière entre Mongolie et Chine transformée en « caravansérail », les conteneurs regroupés par type de produits semblent redessiner le paysage. Parmi les négociants mongols présents, la distinction de sexe est observable dans le type de pratique marchande privilégiée : aux hommes, le commerce en gros rentable, et aux femmes, un négoce à la valise moins lucratif (Lacaze, 2017). De leur côté, les femmes d'affaires camerounaises vivant en France ont développé un positionnement très différent : participant à la fois à un marché hyper localisé et à un commerce international spécialisé dans l'alimentation exotique, elles effectuent de nombreux va-et-vient entre la France et l'Afrique, maintenant ainsi des liens avec le groupe d'origine. De cette activité et de l'indépendance économique qui en découle, elles retirent prestige et pouvoir, et développent les instruments de leur autonomie en détournant ou adaptant les systèmes normatifs du pays d'origine et du pays d'accueil (Bouly de Lesdain, 1999).

Le marché aux puces de Marseille apparaît quant à lui comme un terrain exemplaire de la façon dont les réseaux de migrants transfrontaliers se déploient dans la ville, tant ce marché est marqué par un statut d'extraterritorialité qui permet à des populations différentes de se retrouver – commerçants sédentaires et non sédentaires, notamment originaires d'Afrique du Nord ou d'Afrique subsaharienne – et de trouver en ce lieu les opportunités commerciales attendues (Peraldi, 1999 ; Manry, Peraldi, 2004). Toujours à Marseille, véritable laboratoire urbain, l'exploration des migrations s'est poursuivie en s'attachant cette fois aux réseaux mondiaux de l'économie souterraine qui se sédimentent dans un quartier historique du centre-ville, « comptoir colonial » maghrébin, en perpétuelle transformation, passant d'un comptoir territorialisé en un « carrefour informationnel des réseaux commerciaux souterrains européens » (Tarrius, 2014, p. 26). Les « petits migrants » nomades, dénommés également transmigrants (Missaoui, Tarrius, 2004), sont au cœur de cette mondialisation des économies. Ils sont identifiables par la diversité de leurs transactions et de leurs déplacements, et ils font de ces « territoires circulatoires » un atout pour passer des produits illégaux en contournant les obligations des États traversés. « Fourmis » du commerce international, leur carrière n'est pas sans difficulté, certains se perdant dans ce monde où gravitent de nombreux acteurs : producteurs intermédiaires, diffuseurs, etc., qui, tous, participent à ce marché de l'illicite (Missaoui, Tarrius, 2004).

Voyons enfin comment la mobilité géographique circulatoire devient souvent un tremplin professionnel et/ou social dans la mise en place d'une carrière professionnelle. Directement ou indirectement abordée par certains anthropologues dans leurs travaux, la nécessité de circuler à l'échelle nationale d'abord, internationale ensuite, est très courante dans les milieux artistiques pour lancer, développer et poursuivre sa carrière (Gibert, 2017). Parmi les musiciens venus d'Afrique du Nord installés au Royaume-Uni ou en France, certains sont venus sciemment pour se former ou développer des contacts artistiques, d'autres, arrivés avant tout pour des raisons politiques ou familiales, ont décidé d'entamer un parcours professionnel au fil des rencontres, mais tous témoignent de l'importance d'articuler ancrage local en Europe et réseaux transnationaux professionnels et personnels, ce qui n'est pas sans créer certaines tensions entre aspirations artistiques, contraintes professionnelles et conditions particulières de la vie en migration (Gibert, 2011 ; Gibert, Kiwan, 2016). Dans des milieux comme celui de la mode, c'est aussi une volonté d'ascension sociale qui nourrit les mobilités transnationales. C'est le désir d'accéder au prestige social de la mode qui conduit de jeunes travailleurs créatifs à parcourir le monde pour organiser et suivre des défilés, participer à des « shooting » sans toujours bénéficier de la rémunération à hauteur de leur travail. Chaque ville fréquentée a sa réputation de prestige ou de manne financière. Cette circulation d'une ville à l'autre demande une certaine disposition, un « savoir-vivre international », et par là une capacité d'adaptation, quitte à s'épuiser et à se soumettre à une forme d'exploitation (voir chapitre 6). Ces travailleurs acceptent leur situation de précarité pour atteindre leur rêve du luxe. Ce paradoxe n'est que l'expression des nouvelles formes de l'aliénation aujourd'hui (Mensitieri, 2018).

Au terme de ce chapitre quatre, nous retenons combien l'analyse des activités de travail, qu'elles soient licites ou illicites, formelles ou informelles, est intrinsèquement liée à celle des territoires. Petite et grande échelle, localisation et délocalisation, sédentarité et mobilité, frontière et circulation sont autant de mots clés à prendre en considération pour appréhender le travail et répondre à notre question de départ : où travailler ? L'étude des déplacements quels qu'ils soient a cela d'intéressant qu'elle oblige à questionner leurs enjeux pluriels : économiques, politiques, sociaux, etc.

*

L'entreprise comme terrain, une question méthodologique

Les années 1980 et plus encore 1990 ont vu l'intérêt grandissant en anthropologie pour un domaine qui n'avait jusqu'alors pas suscité d'enthousiasme en dehors des travaux sur l'artisanat (Monjaret, 2012a). L'entreprise est devenue un objet de recherche à part entière en anthropologie, sans doute aussi sous l'impulsion de la demande sociale. Elle n'incarne plus la forteresse inaccessible (Bazin, Selim, 1996b). Il s'agit de la « désacraliser » (Althabe, Selim, 1991). Travailler sur les entreprises ou toutes organisations professionnelles suppose de s'interroger sur la posture à adopter sur ces terrains particuliers. Il est intéressant de se reporter aux différentes expériences d'enquêtes relatées par les anthropologues à ce sujet, pour se rendre compte que certains ou certaines ont préféré rester en dehors des établissements concernés par leur enquête, quand d'autres ont choisi une étude de l'intérieur.

Qu'en est-il exactement de l'influence de ces postures respectives sur les conditions de réalisation de l'ethnographie ? Autrement dit, quels sont les avantages et les inconvénients à être hors/dans l'entreprise pour étudier les activités de travail ? Le choix de se tenir en dehors ou non d'une entreprise dépend de l'approche envisagée pour traiter son objet de recherche, et dépend plus encore de l'objet de recherche lui-même. Ainsi, Florence Weber qui s'intéresse au « travail à-côté » (Weber, 2001) d'une usine métallurgique ne la connaît véritablement qu'à travers les discours des habitants qu'elle recueille hors de l'usine, bien qu'elle ait effectué une visite accompagnée des locaux. Elle n'enquête pas à proprement parler dans l'usine. Elle reste à l'extérieur. Pour autant, elle ne bannit pas son entité comme espace vécu et raconté, car la compréhension des mondes ouvriers auxquels elle s'attache passe par celle de tous leurs espaces sociaux : l'usine, la résidence, etc. Olivier Schwartz fait de même, en étudiant le monde privé des ouvriers dans le nord de la France (Schwartz, 2002). Il reste que, pour ces deux auteurs, enquêter hors usine relève d'un choix méthodologique, alors même que leur réflexion inclut la thématique du travail. De son côté, Françoise Zonabend qui, dans les années 1980, a elle aussi étudié la vie des habitants aux abords de l'usine nucléaire de La Hague dans le Cotentin, a quant à elle fait le choix d'entrer dans l'usine : il lui semblait que les visites de site ou le suivi de stage de formation et de recyclage avec autorisation de la direction l'aideraient à cerner au plus près les situations des travailleurs et plus largement des habitants qui restaient silencieux sur la question du nucléaire, ignorant les potentiels dangers (Zonabend, 2014). Cette position rejoint celle d'une partie des anthropologues qui considèrent que l'usine ne peut se comprendre qu'à travers ce que les ouvriers font (et, nous ajoutons, tout le personnel, pas uniquement les ouvriers), à l'intérieur comme à l'extérieur de ses murs (Flamant, Jeudy-Ballini, 2002).

La façon d'aborder l'entreprise comme terrain apparaît multiple. Les modalités d'intégration apparaissent variées et ont à avoir avec les postures adoptées par les chercheurs. Elles sont différentes si l'anthropologue dispose d'une bourse (telles les Conventions Industrielles de Formation par la REcherche - CIFRE), s'il répond à une commande ou s'il mène une recherche autonome, s'il s'agit d'un individu ou d'une équipe, s'il y a embauche (donc prise de poste), s'il y a énonciation de ses intentions ou non (avec les problèmes éthiques qu'une telle position « cachée » entraîne), etc. Selon la situation, les négociations ne connaissent pas les mêmes enjeux pour les interlocuteurs.

Nombreuses sont les enquêtes qui se sont faites sans prise de poste. C'est le cas d'Agnès Jeanjean qui relate dans son ouvrage sur les égoutiers travaillant dans la région de Montpellier que sa recherche, alors doctorale, relève d'un choix, ne bénéficiant d'aucune subvention, d'aucune allocation, d'aucune bourse. Elle développe une réflexion sur son choix. Elle s'est demandé si faire de l'ethnologie du travail nécessite d'occuper un poste de travail, et ce d'autant plus que dans le secteur qui l'intéresse les emplois pour les femmes sont rares. En fait, elle a la volonté – écrit-elle – « de placer la problématique hors du champ de la demande sociale et de déployer l'étude indépendamment de toute orientation émanant d'un éventuel financeur. Sur le terrain de l'assainissement, je n'ai été présentée par personne et ne bénéficiais au préalable d'aucun lien, d'aucune "accointance" » (Jeanjean, 2006, p. 19). Elle s'adresse directement aux travailleurs, mais après avoir établi un contact avec deux d'entre eux, elle fait une demande officielle au maire et au directeur du service d'assainissement. Sans poste, l'accord de la direction de l'entreprise est un passeport obligatoire pour entamer une quelconque recherche. Il est plus ou moins facile à obtenir. Monique Selim, qui a enquêté entre 1985 et 1990 sur des entreprises en Inde et au Bangladesh, est de celles qui se sont penchées plus précisément sur le problème de l'insertion de l'ethnologue dans l'entreprise (Selim, 1993). Elle explique que, faisant suite à des échanges oraux concernant sa demande, les directions n'ont pas toujours formulé de conditions particulières, l'énonciation des objectifs de l'étude étant suffisamment claire à leurs yeux pour l'accepter (Selim, 1991b). Nicolas Flamant, alors étudiant en maîtrise, pénètre au sein de l'entreprise française qui l'intéresse par la voie syndicale. Ce sont les syndicalistes l'accueillant qui proposent à la direction des orientations pour mener sa recherche. Son ancrage lui permet d'avoir sa thèse cofinancée par le Comité d'établissement et par la direction. Après concertation avec la direction locale et la CFDT et définition de sa mission – à savoir aider à résoudre les difficultés de fonctionnement du comité de direction – l'accès sur plusieurs sites lui est accordé. Le « terrain » le conduit à orienter sa recherche doctorale plus précisément sur les manageurs et l'exercice du pouvoir (Flamant, 2002).

Les enquêtes contractualisées impliquent l'accord des directions qui s'établit le plus souvent après négociations. L'étude collective, menée dans les années 1990 dans trois hôpitaux parisiens à l'occasion de leur fermeture et fusion dans une nouvelle structure, en est un bel exemple. La complexité de la convention passée entre le musée national des Arts et Traditions populaires et l'Assistance Publique-Hôpitaux de Paris (AP-HP) tient non seulement au contexte social de l'époque, à l'ambition du projet, mais également à la constitution même de l'équipe : deux statutaires CNRS et trois contractuelles, salariées de l'AP-HP. Bien que n'étant pas embauchées comme personnels de santé, le statut de ces trois dernières les rapproche des contractuels hospitaliers (Monjaret, 2001a, 2014).

L'embauche, parce qu'elle contractualise, suppose des obligations. Cependant, certains anthropologues choisissent cette voie pour mener leur recherche. Ils enquêtent de l'intérieur en ayant postulé sur un poste. Tous et toutes ne déclarent pas leur intention pour accéder sur leur terrain. Certains travaillent à découvert quand d'autres non, ce qui peut poser quelques questions éthiques. Véronique Moulinié relate le fait qu'elle a obtenu un poste dans les ateliers d'une usine du Sud-Ouest sans pouvoir y enquêter ouvertement, subodorant l'opposition de la direction à sa démarche. Elle y restera plusieurs mois et bénéficiera conjointement d'une allocation de recherche du ministère de la Culture qui lui permet de mener à bien son étude (Moulinié, 1993). Il en est différemment d'Alexandre Lambelet, alors étudiant en Suisse, qui se fait engager pendant quatre mois comme employé-éboueur, la direction connaissant les objectifs intellectuels de son travail universitaire (Lambelet, 2003).

Il existe aussi des situations mixtes : Marie-Pierre Gibert, alors en poste d'enseignante-chercheuse dans une université, doit signer une convention de stage à la demande de la Métropole de Lyon lorsqu'elle travaille pendant trois mois avec les cantonniers de cette ville (Gibert, 2016). Pour autant, la direction ne lui demande aucun retour, hormis quelques discussions informelles. Même si la direction trouve un intérêt dans les deux dernières recherches évoquées, celles-ci ne rentrent pas dans les travaux qui émanent d'une anthropologie appliquée. C'est tout le contraire pour celle que réalise Monique Jeudy-Ballini chez Vuitton et surtout *pour* Vuitton. À la fin des années 1980, elle accepte, à la demande du cabinet SHS Consultants, d'engager une ethnographie par immersion, durant cinq mois, sur différents sites (usines et magasins de vente) de la société. Cette commande répond à une sollicitation de Vuitton qui cherche à améliorer sa communication interne (Jeudy-Ballini, 1991).

Une fois sur le terrain, l'anthropologue doit apprendre à s'adapter aux conditions locales, à assumer les rôles qui lui sont attribués tout en trouvant la distance nécessaire pour développer un esprit critique. La posture de néophyte lui permet d'être en situation d'apprentissage (Monjaret, 2014) mais, comme nous le rappelle Monique Selim, son manque de compétence, le place, d'emblée, du côté des subordonnées (Selim, 1993). Il n'est pas rare qu'il soit assimilé à un stagiaire comme ce fut le cas pour Christian Ghasarian (2001) sur les chantiers du bâtiment et pour Agnès Jeanjean (2006) chez les égoutiers.

Ainsi, l'anthropologue-apprenti doit se plier aux conditions institutionnelles qui ne sont pas sans contrôle, et ce même s'il évolue en toute liberté. Tout écart est susceptible de sanction. Parmi les exemples possibles, nous pouvons citer l'expérience de Ghislaine Gallenga (2005, 2011). Alors qu'elle est en thèse CIFRE au sein de la société de transport en commun marseillaise, elle est prise dans un conflit social qui conduit, d'un côté, à son instrumentalisation par les syndicats et de l'autre, à une incompréhension de son rôle dans le mouvement par la direction, situation intenable. Elle finit par être remerciée, mais réussit à négocier son départ.

Le chercheur peut se trouver dans des situations inconfortables. Nicolas Renahy évoque le surnom significatif d'« œil de Moscou » qui lui a été attribué un temps sur son enquête dans un village de Bourgogne et qui est une manière de le renvoyer au double jeu de l'espion (Renahy, 2006). Le regard que l'anthropologue porte de l'intérieur dérange, et d'autant plus quand ce dernier met le doigt sur les affaires de famille.

C'est ainsi que certains ont vu les portes de leur terrain se fermer, parfois même avant d'avoir réussi à enquêter pleinement. C'est le cas de Tiphaine Barthèlemy qui n'a pas pu entamer sa recherche prévue en 1989 auprès des dockers du port de Dunkerque dans le cadre d'un projet de musée, l'association porteuse du projet muséal ayant commandé cette étude. Prise dans le tourment des tensions locales, elle n'a pu réaliser son enquête (Barthèlemy, 2014). Pour Françoise Zonabend, c'est son retour sur le terrain de La Hague qui a été impossible, notamment après la publication de son ouvrage en 1989 (Zonabend, 2014). Ces exemples confortent la représentation de l'inaccessibilité de certains mondes du travail, incarnés par l'entreprise, forteresse vivant en vase clos et impénétrable. Ici nous mesurons mieux les effets de la restitution d'une recherche sur lesquels s'est penché Nicolas Flamant à partir de sa propre expérience auprès des managers. Selon lui, sa difficulté tient aux discordances des enjeux entre la perspective anthropologique et la perspective managériale (Flamant, 2005). De plus, le dévoilement des données à l'extérieur de l'enceinte professionnelle ne va pas de soi (Erikson, Ghasarian, 2002). Alexandre Lambelet pensait travailler « librement » jusqu'à la réaction d'un des cadres lors de la restitution de son travail qui le somme de ne pas divulguer ses résultats (Lambelet, 2003).

L'anthropologue a donc des comptes à rendre tout au long de son enquête. Monique Selim explique bien qu'il peut être demandé à l'anthropologue de remettre ses carnets de terrain, de fournir des rapports d'étape, de concéder la propriété des résultats de sa recherche, de publier avec autorisation, etc. (Selim, 1993b), autant de précautions prises par l'entreprise pour se protéger. Nous pouvons nous demander si toutes ces conditions n'entravent pas le bon déroulement de la recherche. L'enquête en entreprise relèverait d'une capacité aux compromis. Il reste, cependant, que l'anthropologue doit garder une forme d'autonomie et d'extériorité vis-à-vis de l'institution, pour éviter les pièges d'une « coalition d'intérêt » (Selim, 1998). Tenir compte de la diversité des statuts et suivre les enquêtés à l'intérieur comme à l'extérieur de leur lieu de travail sont des solutions pour contourner ces écueils.

Chapitre 5

Être et ne pas être au travail

Ce chapitre interroge les relations entretenues entre les sphères (lieux, activités, etc.) privées, familiales et professionnelles, et les formes que prend le travail dans ces relations. Nous nous demandons ici comment les anthropologues ont approché ces dimensions et quelles sont les questions qu'ils ont pu soulever sur les frontières entre travail et non-travail, entre travail et hors-travail, entre travail et loisir. Notons que sur le sujet, les travaux anthropologiques manquent sur la période récente, alors qu'ils sont plus nombreux à partir des années 1980 et jusqu'au début des années 2000.

Déjà en 1980, Michel de Certeau, affirmait que « la coupure ne passe plus entre le travail et le loisir. Ces deux régions d'activités s'homogénéisent. Elles se répètent et renforcent l'une l'autre » (Certeau, 1990, p. 50). L'auteur propose de renouveler la lecture des activités et des lieux où elles se déroulent. Toujours dans les années 1980, parmi les chercheurs en France, plusieurs d'entre eux, notamment Olivier Schwartz (2002) et Florence Weber (2001) (tous deux ayant réalisé une thèse, sous la direction de l'anthropologue Gérard Althabe, consacrée à une ethnographie des mondes ouvriers), partagent ce point de vue et la nécessité de revisiter les catégories existantes. Olivier Schwartz se demande par exemple « Où finit le travail, où commence le non-travail, quand tous les deux peuvent se mêler au point de brouiller les pistes ? » (Schwartz, 2018, p. 369). Ces considérations encouragent à un décloisonnement des domaines de recherche – comme celui de la famille, du travail ou des loisirs – pour répondre plus pertinemment aux intrications et à la complexité sociale des objets observés (Monjaret, 2008a). Elles trouvent leur fondement dans les changements qui traversent alors la société française, touchée par des crises économiques, et en même temps, reconfigurée par le progrès technologique en télécommunication, et non sans répercussions sur les pratiques de tout un chacun. Elles correspondent aussi, jusqu'à un certain point, à un changement de perspective adopté dans les sciences humaines et sociales.

Dans ce chapitre, participant à renouveler la question du travail, il s'agira donc de saisir la façon dont est questionné le brouillage des frontières spatiales et temporelles, à partir de l'examen de quelques recherches anthropologiques s'intéressant aux activités réalisées au travail, à domicile, ou dans d'autres lieux encore, qu'elles appartiennent à l'ordre de l'exceptionnel ou du quotidien, de l'extraordinaire ou de l'ordinaire. Deux logiques vont donc être creusées : le fait de ne pas travailler sur le temps de travail et celui de travailler hors du temps et des espaces de travail.

1. Ne pas travailler sur le temps de travail (1) : les activités extra-ordinaires

Les activités extra-ordinaires, c'est-à-dire *a priori* les activités non directement liées à la production, ne sont pas absentes sur les lieux et temps du travail. Elles ont une place suffisamment importante dans le cadre professionnel pour attiser la curiosité de certains anthropologues, quand d'autres les ont délaissés, les considérant trop à la marge du dispositif de travail. Jouer, pratiquer un sport ou encore faire la fête sont de ces activités que nous avons choisies ici de présenter car elles sont de bons exemples pour cerner les manières dont se dessinent les relations entre travail et hors-travail.

1.1. Jouer

Quoique encore insuffisamment exploré, le jeu appartient aux objets de l'anthropologie, ne serait-ce que parce qu'il donne accès à une compréhension des sociétés et à leurs différenciations. Envisagé dans la perspective des interactions entre différents agents, *jouer* recèle des dimensions d'imitation des, et de préparation aux, activités de la vie réelle (Hamayon, 2012). Le jeu s'opposerait au travail en ce qu'il serait, selon le sociologue Roger Caillois, une « activité sans contrainte », « sans conséquence pour la vie réelle », et qui « ne produit rien : ni biens, ni œuvres » (Caillois, 1958, p. 7). Son « caractère gratuit » (Huizinga, 1951, p. 27) le distinguerait de l'activité professionnelle mais en constitue aussi son sérieux. Bien que réglementé, le jeu, de par sa nature, s'inscrit dans le monde ludique du divertissement, contrastant avec le travail qui appartient au monde professionnel de la rationalisation, des règles et des normes. Le jeu doit par ailleurs s'entendre dans sa dimension plurielle, sociale et symbolique.

Pourtant, le jeu, et plus particulièrement les jeux, font partie du paysage des mondes du travail. Ils se retrouvent autant dans le secteur primaire que dans le secondaire et le tertiaire. Mais, c'est surtout dans les deux derniers secteurs que les anthropologues ont porté leur attention précisément sur les pratiques ludiques. Les jeux de hasard et/ou d'argent, de société, de cartes n'ont pas été écartés de leur analyse par l'arrivée des jeux vidéo qui s'en sont parfois inspirés. Le « solitaire » est un bon exemple de cette conversion numérique. Individuels ou collectifs, les jeux en entreprise participent aux divertissements des salariés mais ils peuvent parfois servir à les recruter et les former, c'est le cas des « *serious games* », jeux vidéo conçus à dessein (Savignac *et al.*, 2017). Les enquêtes ethnographiques confirment que si les jeux n'ont pas disparu au sein des mondes du travail, c'est leur forme qui a pu évoluer : le numérique apportant d'autres types de matérialité. Ces activités ludiques conservent une fonction intégratrice, conduisant les individus à se réunir physiquement ou virtuellement pour jouer ensemble. Plus encore, elles ont un rôle dans la dynamique de groupe de travail.

En effet, les parties de jeu collectives appartiennent aux traditions ouvrières : jeux de boule, billard, jeux de cartes, etc. Elles peuvent se dérouler sur le temps ou les pauses de travail. Jouer ne nécessite pas alors forcément la présence des jeux manufacturés. Dans une usine aux États-Unis, des ouvriers à la chaîne qui avaient à découper des feuilles de plastique en petits morceaux de forme ovale, allongée ou trapézoïdale, aux couleurs variées, ont mis en place des séries de jeu, se donnant des objectifs à atteindre, comme réussir à préparer 1 000 pièces de couleur verte en un temps donné, avant de passer à une autre couleur. Ces ouvriers rendent plus tolérables les rythmes de la production à la chaîne. Combattre la monotonie des tâches dans un contexte usinier peut donc stimuler l'inventivité des travailleurs (Roy, 1959). Dans un tout autre contexte professionnel, celui des chauffeurs de la RATP, il est fait, cette fois, usage de jeux de cartes. Les parties ont lieu dans les dépôts en attendant la relève. Cette pratique est une manière de tromper l'ennui. Ce « braconnage sporadique » (Bouvier, 1989, p. 69) dénote d'un besoin de s'extraire de son univers d'exécution. Dans ces contextes de production, jouer semble d'abord avoir un rôle de soupape. Toutefois, il n'est pas rare de voir des collègues participer à ces parties en dehors de leurs heures de service, pour le plaisir d'être ensemble, d'échanger, de plaisanter (Bouvier, 1989).

Ces pratiques collectives favorisent le maintien des relations entre les personnels au travail. Dans un service hospitalier, les aides-soignants et les infirmiers autant que les patients ont pris l'habitude, chaque mardi, de jouer au loto, remplissant ensemble les grilles de ce jeu de hasard et d'argent. Les nouveaux y trouvent un moyen d'intégration. Durant les vacances, les collègues s'écrivent à ce sujet pour ne pas rompre le jeu qui s'affranchit alors de la contrainte spatiale et temporelle. Il contribue à nouer et tisser les liens sociaux, créant de la complicité entre les membres joueurs (Achour, 2002).

L'arrivée des nouvelles technologies au sein des établissements professionnels ne change pas cette donne. Ainsi, des collègues (souvent des hommes, d'une vingtaine d'années) passionnés par l'univers de l'informatique et travaillant dans des start-up spécialisées notamment dans la vente par Internet de matériel informatique, affectionnant les jeux de stratégie-action, se mettent à jouer à la pause déjeuner, poursuivant régulièrement leurs parties après les heures de bureau et jusque tard dans la nuit. Le réseau informatique leur permet de jouer entre collègues, mais aussi de se confronter à d'autres joueurs sur le web (Savignac, Waser, 2003 ; Roustan, 2007). Si le jeu apparaît ici comme une pratique amateur, la passion qui remonte parfois à la jeunesse peut se transformer en une compétence professionnelle, c'est le cas des joueurs d'échecs (Bernard, 2003). En même temps, si la pratique d'un jeu peut se professionnaliser, dans un mouvement inverse le travail tend parfois à prendre les allures d'un jeu. De plus en plus de chercheurs en sciences humaines et sociales s'intéressent à ce phénomène de « gamification » du travail, autrement dit, à la transposition du fonctionnement du jeu à des fins organisationnelles (Savignac *et al.*, 2017) et dans un souci de rentabilité. Sans pour autant qu'il y ait institutionnalisation de ce processus, l'usage de la métaphore du jeu au travail appartient bien aux univers professionnels, certains s'y prêtant plus que d'autres. Il en est ainsi des policiers d'un commissariat de quartier à Paris. Le traitement d'une « affaire » est vu et énoncé comme un jeu, avec ses règles, des gagnants et des perdants, un jeu, « pour le sport » (Jeanjean, 1990), pour le plaisir de la compétition.

1.2. Pratiquer un sport

Comme pour les pratiques ludiques, les pratiques sportives au travail ont davantage été traitées par d'autres disciplines que l'anthropologie ; en particulier les historiens, les chercheurs en gestion ou en sciences et techniques des activités physiques et sportives (STAPS) qui n'ont pas manqué d'étudier les relations entre sport et entreprise, les frontières pouvant être parfois ténues. Quelques anthropologues ont croisé le sujet, et bien qu'ils n'en aient pas fait un objet central, ils posent des jalons d'analyse qui méritent de s'y arrêter.

La pratique amateur ne peut pas être réduite à l'idée du plaisir du jeu, et *a contrario*, la pratique professionnelle, à celle de la contrainte au travail. Les frontières tracées entre les sphères du sport et du travail perdent alors leur pertinence (Obadia, 2003). De même, il serait réducteur de définir le fait d'être ouvrier qu'à partir, et exclusivement, de l'activité professionnelle à l'usine, alors même que toutes sortes d'autres activités y sont réalisées, comme ont pu l'observer certains chercheurs (Bozon, 1984 ; Mollona, 2009) et le sport en est une. Il sert à marquer la cohésion d'un groupe de travail. Il en est ainsi des mineurs boliviens qui appartiennent à des équipes de football de leur coopérative minière. Les journées de célébration de la mine sont l'occasion de matchs (Absi, 2003). Dans un village industriel de Bourgogne, la présence d'un club de football amateur montre le rôle de cette pratique dans l'affirmation d'une identité ouvrière, un rôle d'autant plus prégnant, dans ce cas, que le travail n'en est plus vraiment le garant (Renahy, 2001a). Les fonctions du sport sont donc multiples.

Dans un tout autre contexte, cette fois, urbain, les travailleurs et travailleuses (garçons de café, blanchisseuses, « midinettes », banquiers, etc.) ont pu se prêter, ou se prêtent encore, dans les rues de Paris, à des « marches » effrénées qui relèvent de la compétition sportive (Segalen, 2017). Ces courses qui marquent la rupture avec le quotidien permettent de mettre en concurrence des établissements d'un même secteur. Ce ne sont pas uniquement les performances physiques individuelles qui sont mesurées, mais celles des équipes qui participent à l'événement. Consolider un esprit d'équipe et par là un « esprit maison » appartient aux objectifs de ces manifestations. Certaines entreprises ont été jusqu'à organiser des expéditions sportives, dans le but de souder leurs équipes ; l'ascension de l'Himalaya effectuée par des cadres de l'entreprise Bull d'Angers à la fin des années 1980 en est un bel exemple (Raveneau, 1994). Aventure, exploit collectif, elle est d'abord un outil de la politique managériale de l'entreprise. Compétition, culte de la performance et communication sont des principes auxquels les entreprises adhèrent. La pratique sportive amateur contribue à y répondre. De leur côté, les comités d'entreprise ont un rôle dans leur développement ; des compétitions interentreprises qui concernent toutes sortes de disciplines sportives sont, par exemple, organisées par leurs entremises. Si les entreprises extériorisent leurs initiatives, elles ne manquent pas non plus de sponsoriser des manifestations (courses à pied, régates, matchs de football, etc.) pour mieux afficher publiquement leur marque, en faire la publicité, en transformant parfois l'événement sportif en fête.

1.3. Faire la fête

Tout semble opposer la fête et le travail. Pourtant, la fête fait bien écho au travail qu'il soit des champs, des usines, des bureaux, des rues, etc. Elle prend, selon les contextes et les périodes, des formes et des contenus variés, venant ponctuer le calendrier de l'année. Fêtes ou contre-fêtes, rites profanes ou religieux, pratiques officielles ou officieuses, tolérées ou illicites, leurs formes et leurs contenus apparaissent variés. Elles possèdent des significations différentes suivant les instigateurs (direction, comité d'entreprise, employés). Une même fête peut conduire à des vécus pluriels, mettant en scène les jeux d'appartenance, l'expression de relations neutres, amicales ou conflictuelles.

Si dans ces manifestations festives, il est question de célébrer le saint patron d'une corporation, une entreprise elle-même ou le travail, il est aussi question de montrer quelques attentions aux salariés : remise de médaille, « pot » de départ à la retraite sont là pour souligner rituellement leur statut professionnel. D'autres fêtes comme celle de la Sainte-Catherine, des mères ou encore des femmes – sans équivalent masculin – sont là, elles, pour notifier un état ou un changement d'état social, en l'occurrence féminin. Les célébrations autour d'un mariage ou d'une naissance, qui se déroulent plus intimement entre collègues de proximité, rappellent que la famille a une place au travail. Toutes ces fêtes appartiennent aux ritualités dans l'entreprise (Rivière, 1995) dont le rôle est de distinguer les individus pour mieux marquer leur intégration au sein d'une institution (voir chapitre 1), jouant sur le fait que certains ont bénéficié de tels rites, et d'autres pas (Bourdieu, 1982). L'étude des fêtes au travail permet donc de croiser les sphères du professionnel autant que du social, du familial et de l'individuel.

Mais, alors même que les rites s'inscrivent dans les domaines classiques de l'anthropologie, l'objet d'étude qui nous intéresse ici – les fêtes au travail –, a très peu retenu l'attention des chercheurs. Et quand il est abordé dans les travaux anthropologiques, les auteurs n'en font pas un cas de terrain. Nous pensons notamment aux évocations sur les sociabilités festives au travail (Kollmann, Valière, 1992a; Jeanjean, 2006), ou sur les pots de fin de chantier dans le secteur du bâtiment (Ghasarian, 2001). Pourtant, les fêtes sont de bons analyseurs de l'entreprise, des conditions de travail comme de l'activité professionnelle, proprement dite. L'analyse des productions symboliques et des pratiques ritualisées sur les lieux de travail montre que le monde de l'industrie et plus largement du travail n'est pas à comprendre à travers le prisme uniquement d'une anthropologie des savoir-faire ou de la technique, mais également d'une anthropologie des rites (Gérôme, 1984b). À partir des résultats d'une ethnographie menée dans l'usine de Saint-Cloud du groupe Marcel Dassault, usine de conception de prototypes d'avions et d'équipements d'aéronautique, il a été possible d'inventorier les rites observés en s'attachant à leur dimension temporelle. Trois catégories de rite ressortent : les calendaires (la Saint-Éloi, la Sainte-Catherine, la Galette des rois, etc.), les cycliques (les pots de départ ou de retour de vacances, etc.) et les occasionnels (les arrosages des naissances, des anniversaires, des médaillés du travail, etc.) (Gérôme, 1984b). Lors de ces occasions, des cadeaux sont offerts (Gérôme, 1998). La Sainte-Catherine, précisément, a donné lieu à une recherche approfondie. Elle a cela d'intéressant qu'elle est à la fois la fête patronale des couturières et la fête des catherinettes, célibataires de vingt-cinq ans, dont le statut social est célébré au sein même de l'entreprise qui les emploie (Monjaret, 1997a). En adoptant une autre perspective que celles établies précédemment, orientée vers la compréhension des liens entre la sphère professionnelle et la sphère privée, trois catégories distinctes de festivités en entreprise peuvent être proposées : les fêtes d'entreprise, les fêtes ayant trait à la vie professionnelle du salarié et les fêtes ayant trait à sa vie personnelle. Ces fêtes scandent les temps de la vie tant professionnelle que personnelle des salariés. Approchées sous l'angle des manifestations de la sphère privée (intime, conjugale, familiale et domestique) au travail, elles peuvent être lues comme des pratiques extraprofessionnelles qui sont hors travail (Monjaret, 2001b) ou au contraire comme des pratiques qui renvoient aux expressions même du travail (Monjaret, 2012b) : ce sont deux façons d'appréhender les fêtes au travail qui peuvent être envisagées. D'autres formes festives peuvent également être explorées. Nous pensons au *reversal day* (ou « journée inversée »), phénomène contemporain inspiré d'une pratique venue des États-Unis, qui a été observé notamment dans une agence de communication en France. Cette manifestation peut être interprétée comme un jeu carnavalesque d'inversion du pouvoir et parfois de genre : en effet le temps d'une journée qui se veut festive, subalternes et dirigeants intervertissent leur fonction. Pour autant, il s'agit d'une action qui appartient aux politiques de management et épouse les traits d'un outil de formation et d'information pour renforcer les liens du travail et moins ceux au travail (Savignac, 2013). La fête ramène donc au travail et le travail ramène aux moments de convivialité et de partage, extraordinaires ou plus ordinaires, comme nous allons à présent le voir.

2. Ne pas travailler sur le temps de travail (2) : les activités ordinaires

Sur le lieu et le temps de travail, les activités du quotidien ne sont pas toujours strictement liées à l'action de travailler. Légales ou plus clandestines, troublant ou non l'ordre établi par l'organisation professionnelle, elles viennent ponctuer les journées, des individus, hommes et femmes, au travail. Que sont-elles ? Quelles fonctions ont-elles ? Nous avons choisi ici de traiter trois cas de figure : manger, perruquer et parler du foyer, car ils permettent de saisir pleinement l'intérêt d'étudier ce qui est parfois perçu comme un objet à la marge, ouvrant des pistes analytiques.

2.1. Manger

Manger ou boire au travail appartiennent à ces thèmes qui n'ont pas laissé indifférents les anthropologues. La circulation, la préparation et la consommation ainsi que les échanges et le partage de nourriture sont courantes, prenant, cependant, des formes différentes selon les milieux professionnels. Deux moments clés ont pu retenir l'attention des chercheurs : la pause-café (ou la pause au café) et la pause repas. Que recouvrent exactement ces deux types de pauses ? Que nous apprennent-elles des formes de la commensalité et des fonctionnements des groupes de travail ?

Dans les locaux professionnels, machines à café fournies par l'entreprise, installées au détour d'un couloir ou dans une salle de repos, ou cafetières amenées par les salariés, sont de précieux indices pour saisir les pratiques, officielles et/ou officieuses. La prise de café est souvent le signe d'une transition, celle du « démarrage » du matin et celle du « débrayage » de la fin d'après-midi, mais elle peut scander la journée des actifs; dans ce cas, elle a une fonction de récréation, de récupération autant que de maintien dans un certain état de tension (Lafaye, 2001; Roustan, 2007). La spécificité du café tient, par ailleurs, au fait que sa prise peut s'effectuer sans rompre conséquemment le déroulement des autres activités : c'est le moyen de faire une pause sans faire de pause (Roustan, 2007). Dans le milieu hospitalier en France, les pauses café et cigarette sont l'occasion, pour les infirmières, de bavardages récréatifs qui font écho à des traditions de silence, de secret et de refoulement des émotions pendant le travail et ont un rôle de soupape (Vega, 2001). Le hors-travail serait en quelque sorte favorable au travail.

Ces pauses ne sont pas seulement l'occasion de transmission d'informations, de programmation, de mise au point, elles sont en outre l'un des moments de réaffirmation des hiérarchies, favorisant les stratégies individuelles de rencontres ou d'évitements, selon la fonction, le statut de chacun (Lafaye, 2001). Dans un hôpital du Bangladesh, lors des pauses thé – héritage colonial anglais – il existe de fortes distinctions sociales entre professeurs, infirmières et garçons de salle, tous ne disposant pas de salle commune, voire de chaises pour s'asseoir (Zaman, 2013). L'observation de ces pratiques dans le tertiaire est d'importance car les études anthropologiques ont généralement été menées dans le secteur secondaire et particulièrement dans les ateliers, délaissant les autres secteurs. Ainsi, entre les lignes de production chez Peugeot-Sochaux, la cafetière possède à la fois la vertu de nouer ou de dénouer les liens au sein des équipes de travail, le moment de la pause-café réorganisant les espaces et les formes de sociabilité (Haztfeld, 2002). Aux abords des usines, le café est un autre lieu de sociabilité ouvrière (Bozon, 1982; Gérôme, 1999). Dans un autre contexte, les égoutiers profitent de leur tournée d'intervention matinale pour prendre leur café dans des débits de boissons et gérer de manière informelle diverses questions professionnelles (Jeanjean, 2004). À l'heure du déjeuner, les ouvriers préfèrent souvent le « bistrot » ou leur coin bricolé dans l'atelier plutôt que les salles de réfectoire ou de repos aseptisées. La propreté, l'insonorisation, les équipements (réfrigérateur, télévision, micro-ondes) mis à leur disposition n'empêchent pas la désertion de ces lieux officiels, perçus comme une obligation. Les déjeuners préparés à domicile sont transportés dans des gamelles et consommés sur le lieu de travail, marquant une continuité entre la maison et le travail. Cette pratique n'est cependant pas généralisable. Sur des chantiers du bâtiment, certains intérimaires célibataires qui n'apprécient pas la formule de la gamelle se contentent d'un sandwich ou vont au restaurant (Ghasarian, 2001). Une distinction des pratiques peut aussi s'observer entre cadres et subalternes.

La sociabilité se forge sur les relations de partage. L'apéritif et ses tournées sont de ces pratiques largement observées, et ce même si les règlements qui stipulent l'interdiction d'alcool au travail en freinent l'usage. C'est ainsi que le vendredi midi sur les chantiers, les ouvriers ne boivent plus qu'occasionnellement la bouteille achetée avec les chutes de câble (Ghasarian, 2001). Toutes ces pratiques alimentaires intéressent les anthropologues, parce qu'elles révèlent les formes de la convivialité autant que les modalités et le sens du partage alimentaire au travail. Du point de vue des ouvriers, les échanges de produits – fruits du jardinage ou des cueillettes – avec un « chef » sont qualifiés de « fayotage », alors qu'entre les collègues, ils sont plutôt encouragés, voire valorisés (Weber, 2001, p. 85-86). Le déjeuner ainsi que les autres pauses dévoilent donc les relations sociales et hiérarchiques.

L'analyse des mises en scène relationnelles d'un groupe de travail, au moment de la prise de ses repas, dans le restaurant d'entreprise de l'une des usines de la « société défense espace », permet de remarquer la perpétuation d'un modèle organisationnel basé sur une hiérarchie verticale dorénavant dépassée dans l'atelier et remplacée par une hiérarchie horizontale. Ces moments sont l'occasion d'échanges verbaux qui mettent ou non, directement ou indirectement, le travail, au cœur des conversations (voir chapitre 2). Les collègues s'interdisent de parler du travail sous peine de « sanction » (payer une bouteille) et échangent plutôt sur les loisirs, le sport, le bricolage, les femmes et « les histoires de cul » de l'entreprise, souvent sous la forme de plaisanteries (Flamant, 1997). À table, s'il n'est donc pas question de parler directement de « boulot », les électriciens décrivent cependant les mets qu'ils dégustent en usant d'une terminologie de métier : les filaments de patate douce confits renvoient à « une gaine isolante », les tagliatelles, à des « pâtes semi-conductrices » (Erikson, 2002). Une mise entre parenthèses de l'activité professionnelle s'effectue alors ; pour autant, celle-ci n'est pas systématique non plus. Au bistrot, les égoutiers de Montpellier « boivent, élaborent, expriment et défendent des conceptions du travail et d'eux-mêmes » (Jeanjean, 2004, p. 47). Lors de courtes pauses, les électriciens centrent davantage leurs discussions et lectures sur des sujets techniques (Erikson, 2002, p. 71). La technique est souvent au cœur des intérêts ouvriers. La pratique de la « perruque » sur laquelle nous reviendrons en détail ne fait que conforter cette idée.

2.2. Parler du foyer

Converser sur les affaires de famille et de la maison avec des proches ou des collègues appartient à la vie au travail. Les conversations peuvent, cependant, prendre des formes différentes : de visu ou à distance. Les anthropologues n'ont pas manqué, sur leurs terrains, d'en relever les contenus et les circonstances. Nous l'avons vu, les pauses-café ou déjeuner sont propices à ce genre d'échange. Les discussions sur la famille ou la maison, entamées entre conjoints, travaillant parfois dans la même entreprise ou à l'occasion d'une communication téléphonique, trouvent parfois des prolongements avec les collègues. Confidences partagées avec le cercle des intimes, conversations entre collègues, échanges téléphoniques internes ou externes ramènent le salarié à sa vie extérieure.

Dans une parqueterie dans le sud-ouest de la France, le tissage serré des liens sociaux en milieu rural favorise le « commérage » nourri de l'intarissable cours de la vie et du quotidien de chacun (Moulinié, 1996, 1998). Le moindre événement, fait divers ou histoire familiale, est commenté ; les mariages, les divorces, les décès deviennent l'occasion de repositionner les personnes dans l'arbre généalogique. La famille et, plus encore, la parenté ont leur place dans les mondes professionnels ; et selon une construction sociale genrée, elles nourriraient les sujets de conversations féminines plus que masculines. Les enfants sont au cœur des préoccupations des femmes, assumant le rôle de la « mère », figure centrale de la famille ouvrière, comme cela a pu être observé dans le nord de la France (Schwartz, 2002). Et si les marins travaillant sur des cargos long-courriers évitent d'aborder la question épineuse des résultats scolaires de leurs enfants, ce n'est pas par manque d'intérêt, mais par précaution pour ne pas souligner des inégalités dans les chances des uns et des autres (Duval, 1992). Dans une usine d'embouteillage d'eau minérale à Évian, les ouvriers masculins ne semblent que peu préoccupés par leur vie familiale. Du moins n'évoquent-ils pas entre eux le sujet au détour de leur conversation. Leur intérêt manifeste pour la maison (entité matérielle), « réelle ou potentielle », « s'accompagne [...]

d'une sorte d'occultation de leur famille, en particulier de leurs enfants » (Désveaux, 1991, p. 49-50).

Bien patrimonial, la maison en tant que bâti apparaît en effet au cœur des préoccupations masculines. Les conversations des hommes semblent souvent tourner autour du jardinage et du bricolage. Les égoutiers émettent « le souhait d'être propriétaire d'une maison et les efforts consentis en ce sens occupent une place prépondérante. Prêts, taux d'intérêt, prix des terrains et calculs divers concernant l'accession à la propriété sont quotidiennement discutés » (Jeanjean, 2006, p. 127). Pour les ouvriers de l'usine d'Évian, « la vraie vie est donc ailleurs. Elle est dans la maison » (Désveaux, 1991, p. 48). « Réfection des peintures », « installation de porte de garage », « choix des plantations », « achat d'un nouveau motoculteur » (Désveaux, 1991, p. 49) sont autant de sujets abordés par ces hommes. Cette attache patrimoniale s'explique, en partie, par leurs origines et racines paysannes. Même chez les marins, peut-être parce qu'ils sont loin de leur terre, cette préoccupation est présente : « Sur les navires, on n'hésite pas à parler de bricolage, de pêche, de jardinage, etc., ce qui est une manière de parler autant d'une technique que de chez soi » (Duval, 1998, p. 49). En même temps, cet attachement à la maison laisse apparaître toutes les ambivalences masculines vis-à-vis d'elle parmi les hommes rencontrés par les anthropologues. En effet, la maison qui a été acquise après de longues années d'économies, puis restaurée et entretenue par les hommes, revient à leur femme qui est la seule maîtresse à bord. Elle est devenue un espace clos alors qu'ils exècrent l'enfermement et cherchent à s'en affranchir en ayant des activités à l'extérieur (Schwartz, 2002).

L'étude des conversations téléphoniques ouvre de nouvelles pistes de réflexion, tout en confirmant les résultats précédemment exposés. Dans les années 1990, alors que les téléphones portables commencent à peine à voir le jour, le salarié sur son lieu du travail, tout en cumulant d'autres activités, est à même de recevoir ou de donner des appels téléphoniques, et parmi eux, des appels à des fins personnelles. Les mères de famille s'occupent, du bureau, des questions administratives personnelles, des prises de rendez-vous pour leurs enfants, etc. Elles préfèrent passer ces appels à leur arrivée au bureau, lors de temps morts ou aux heures de repas pour ne pas perturber le travail en cours. Les femmes semblent se consacrer plus à la gestion de la vie familiale, tandis que les hommes semblent s'attacher davantage à la gestion de leur vie intime (amis, amies, maîtresse, etc.). Dans tous les cas, appeler trop fréquemment un parent sans réelle nécessité ou tenir une conversation intime (maladie, décès, relation extraconjugale) devant des collègues n'appartient pas aux normes admises par le groupe de proximité. La mesure du degré d'introduction de la sphère privée dans la sphère professionnelle sert au cadrage des usages de la conversation téléphonique personnelle au travail (Monjaret, 1996b, 1997b). Nous retrouvons cet équilibre délicat dans d'autres pratiques, comme celle de la « perruque ».

2.3. Perruquer

« Perruquer » désigne non seulement le fait de récupérer des matériaux, des objets, des équipements et des outils, mais souvent aussi le fait de bricoler à des fins personnelles sur le lieu professionnel. De la sorte, le terme « perruque » renvoie à la fois à la production et à l'objet produit. Même si cette activité se rapproche des actions techniques de certaines pratiques artisanales et ouvrières, elle n'est pas pour autant placée du côté du travail salarié et en cela, elle fait partie des pauses pour soi que les ouvriers s'accordent au travail. Il reste également que les compétences mobilisées ne sont pas forcément celles de l'emploi à l'usine.

Économistes, sociologues, historiens se sont penchés sur cette pratique. Les anthropologues ne vont pas manquer non plus de l'observer sur leur terrain d'enquête. Fort est de constater que les études sur le sujet se sont bornées jusqu'à maintenant au milieu masculin des ateliers d'usine et non à celui plus féminisé des ateliers et des bureaux, laissant penser que les femmes ne s'adonnent pas à cette activité. Un champ de recherche reste donc à ouvrir. L'intérêt de l'étude de cette activité tient au fait qu'elle conduit à interroger les frontières entre le permis, le toléré et l'interdit, entre l'utile et l'agréable, etc., au travail, et plus encore entre le travail rémunéré et le travail non rémunéré, autant que les frontières entre dedans et dehors. La perruque est associée au bricolage, voisinant avec des activités (gratuites, au noir) réalisées hors usine dont elle vient parfois brouiller les contours.

Il est généralement noté que la hiérarchie de proximité est non seulement au courant de ce que les personnels fabriquent, mais, qui plus est, leur donne son autorisation, cassant l'idée reçue de la clandestinité de la pratique. Le cas d'ouvriers qui perruquent, pour leur supérieur hiérarchique, sur les heures de travail est rapporté. Le « chef » peut être impliqué dans une relation de service, sous couvert de petits arrangements. C'est sans doute ce qui conduit à penser cette pratique comme un « travail masqué » (Ghasarian, 2001). Ce faisant, pour que cette activité puisse fonctionner, il faut que chacune des parties respecte le jeu. « Faire la perruque » ne repose pas sur une remise en question du travail en soi (Cuche, 2016, p. 103). Il s'agit plutôt de jouer avec les règles de l'organisation, la prise de risque pouvant toutefois être grande. C'est sans doute pourquoi les thèmes du vol et du délit alimentent les discussions associées à cette pratique. La perruque est une activité réalisée au travail, par le salarié, au service de ses collègues ou de sa maison et non de l'entreprise qui l'embauche. Pour nombre des enquêtés, il ne s'agit que de récupération de déchets inutiles qu'ils transforment en objets utilitaires ou de décoration et en rien de « fauche ». La perruque est rarement une marchandise. Elle a souvent une fonction à l'usine. Elle est l'outil retravaillé que l'ouvrier s'ingénie à repenser pour le rendre plus pratique, plus maniable et faciliter son travail (voir chapitre 3). Dans d'autres cas, la perruque s'offre lors d'un départ en retraite d'un collègue (Gérôme, 1984b, 1998) ou à un proche.

Elle peut prendre le chemin de la maison. Ces productions ne sont pas seulement fabriquées pour aménager, décorer, entretenir l'intérieur du foyer, elles agrémentent portes, façades ou jardins à l'extérieur. Elles sont le plus souvent produites et conservées pour soi. Celui qui pratique la perruque élabore aussi un discours sur lui-même (Moulinié, 1999). N'étant pas toujours passé par les formations classiques, il donne à voir ses compétences, d'autres compétences qui peuvent être appréciées au sein de l'entreprise et valorisées. Faire devient dire et aide à se faire remarquer par « l'administration de la preuve » (Moulinié, 2014, p. 74). « Doués », « des pros », « des as », ces expressions insistent sur l'habileté de ceux qui perruquent (Moulinié, 2014). Ces ouvriers se construisent en créant, à l'usine ou chez eux.

Cependant, s'ils sont créateurs, ils ne sont pas artistes. Ils sont des « œuvriers ordinaires » (Moulinié, 1999), au sens où ils « font œuvre » (Banville, 2001, p. 74). Ainsi, la perruque donne accès à des modes de production moins prescrits que ceux établis par l'organisation de travail, à des modes de créativité plus libre où un apport personnel de valeur ajoutée apparaît dans la transformation de la matière ou dans la fabrication de l'objet, sans pour autant déjouer le professionnel. Elle s'apparente alors à un acte de résistance. Mais en réutilisant des techniques désormais inutiles et invisibles à l'usine, elle devient un conservatoire des savoirs qui traverse les mondes de l'art et de l'artisanat, de la maison et de l'industrie.

3. Travailler en dehors du temps et du lieu de travail

Si, au travail, il existe des temps de hors-travail, il existe également des temps de travail en dehors du cadre professionnel. Quelles formes ces activités prennent-elles ? Quels réseaux sous-entendent-elles ? À quelles représentations et redéfinitions du travail conduisent-elles ? Qu'est-ce qui est considéré comme du travail et qu'est-ce qui ne l'est pas ? C'est du moins ce qu'ont cherché à comprendre les anthropologues qui se sont attaqués à ces questions.

Pour tenir la cohérence du chapitre, nous concentrons la réflexion sur les questions liées à une économie domestique associée à un contexte industriel. L'intérêt de se concentrer sur la dimension ouvrière de la question est d'en mesurer toute la complexité et de saisir la difficulté qui existe à classer certaines activités ouvrières (Schwartz, 2018). Mais il est évident que d'autres questionnements auraient pu être soulevés, ayant trait, par exemple, aux acteurs d'une économie sociale et solidaire (bénévoles, salariés, salariés en réinsertion – voir chapitre 6). D'autres pistes restent à creuser...

3.1. Avoir une autre activité de travail

Le fait d'avoir une autre activité est, le plus souvent, mais pas toujours, sous-tendu par des raisons économiques. Activités secondaires déclarées, activités complémentaires d'appoint non déclarées, etc., les formes apparaissent multiples et contextualisées. Certaines de ces activités s'inscrivent dans une économie informelle (Barbe, Latouche, 2004). Généralement, elles se déroulent hors des murs de l'usine et de la maison, et se fondent sur les réseaux sociaux préexistants (membres de la famille, voisins, collègues, etc.). Les ethnographies à notre disposition permettent d'en délimiter les pourtours.

De nouvelles catégories ont été envisagées pour penser les occupations extraprofessionnelles des ouvriers et ouvriers-paysans, effectuées à la fois par goût, par plaisir et par nécessité (Weber, 2001). En effet, à Montbard, petite ville mono-industrielle dans le nord-est de la France qui subit la crise économique des années 1980, « travailler à-côté » recouvre des activités de toutes sortes qui vont de la « bricole » au cumul de travail, en passant par le travail au noir, le travail salarié (avec double salaire) et le travail indépendant. Le contexte a des répercussions sur ces activités quotidiennes. Il donne lieu à des échanges de service et de biens qui s'inscrivent dans un réseau territorial de connaissances et une économie non marchande, hormis si le client n'appartient pas à ce cercle d'interconnaissance. Il s'agit d'améliorer ses conditions de vie. À partir de l'examen des inscriptions locales de ces échanges dans des réseaux relationnels et des « catégories indigènes » en usage les définissant, il est possible de « découvrir la double cohérence d'un système de pratiques ouvrières : cohérence dans les pratiques extérieures à l'usine ; cohérence entre ces pratiques hors de l'usine et le système de positions dans l'usine » (Weber, 2001, p. 46). Dépassant l'habituelle dichotomie mobilisée loisir/travail, les activités peuvent être classées selon le principe suivant : « actives » ou « passives », « productives » ou « improductives », « intéressées » et « non intéressées » (Weber, 2001, p. 21, p. 57). Le rapport entretenu avec le travail à l'usine caractérise le sens et le contenu de ces activités. Si ce « travail à-côté » peut être interprété comme une revanche contre l'usine, il est plutôt entendu localement comme un accommodement ou une compensation avec l'usine.

Bien sûr, ces arrangements qui brouillent les frontières entre l'économique et le non-économique, entre le marchand et le non-marchand ne sont pas propres à la France. Dans un village du nord de la Russie du début des années 1990, il existe un système de troc qui permet de rétribuer un service, en nature, et en particulier de « payer en liquide », la vodka étant une monnaie d'échange, dont la valeur finit par apparaître supérieure à celle de l'argent. Ces conditions contribuent à créer et à maintenir des rapports sociaux indirects et différés, une minimisation du lien social entre partenaires qui distingue ce système du don (Hivon, 2002).

Nous retenons que ces activités relèvent d'une économie de la débrouille avec ses solidarités et ses règles de fonctionnement, comme le montrait déjà Keith Hart sur Accra, capitale du Ghana (Hart, 1973), mais aussi Monique Selim dans un quartier touché par le chômage de ses habitants à Amiens (Selim, 1984, 1985), ou Massimiliano Mollona à Sheffield, Royaume-Uni (Mollona, 2005). Ces situations sociales ont sans doute aussi favorisé la mise en place en France, durant les années 1990, des systèmes d'échanges locaux (SEL) participant à une économie parallèle, solidaire et alternative. Les SEL sont des pratiques d'échanges organisées mais non marchandes qui fonctionnent sur une monnaie locale, avec ses obligations et la recherche d'un équilibre dans les transactions. Ils appartiennent à un marché secondaire des compétences avec ses offres, ses demandes et ses tests (Laacher, 1998, 2004).

Les contextes de restriction économique poussent au développement de situations alternatives. Il arrive parfois qu'ils encouragent à la professionnalisation d'une activité secondaire d'appoint, comme c'est le cas des ramasseurs de vers marins en baie de Sallenelles, à proximité de la ville de Caen dans le Calvados (Le Chêne, 2004). Pour les ouvriers des industries locales, ces vers revendus aux pêcheurs représentent une manne économique non négligeable. Cette activité illégale, non déclarée, qui rentre dans une économie marchande, a été rendue possible grâce aux réseaux d'appartenance professionnelle et territoriale qui se sont développés dès les années 1950 au moment de l'industrialisation de la région. La crise industrielle aura raison de ce principe et les années 1990 vont voir arriver d'autres ramasseurs (chômeurs, préretraités puis aussi, pour d'autres raisons, pêcheurs à pied, etc.), exacerbant la concurrence. L'occupation d'appoint devient, pour certains, une occupation principale, un travail au noir ou indépendant, amplifiant les représentations d'une activité associée à une marginalité sociale. Dans ces conditions, la volonté de ces nouveaux travailleurs a été de réintégrer le monde salarié et de rechercher une reconnaissance sociale en passant par un cadre législatif, demande qui n'a pas été entendue par l'État considérant cette économie trop marginale (Le Chêne, 2004).

Toutes ces recherches soulignent combien ces pratiques d'économie informelle hors usine et hors maison n'ont de sens qu'en les associant avec celles d'économie domestique (bricolage, décoration, jardinage), car si hommes et femmes s'y prêtent, c'est qu'en contribuant aux échanges de compétences, de biens et de services, elles rendent possible la construction de leur foyer (maison et famille).

3.2. Bricoler. Décorer

Parmi les recherches effectuées sur la France, bricoler et cultiver un potager seraient une affaire d'homme alors que décorer ou jardiner un coin de fleurs d'agrément seraient une affaire de femme. C'est du moins ce type de répartition sexuée des tâches qui se retrouvent dans la plupart des études ethnographiques consacrées à ces activités en milieu rural, semi-rural et urbain. Ces études mettent en évidence les appartenances de classe, précisément populaire et ouvrière – voire moyenne – et de sexe, en l'occurrence masculine, de ces activités. Bien que ces résultats datent un peu, ils permettent de saisir les approches privilégiées alors (fin des années 1990 - début des années 2000) par les anthropologues pour caractériser non seulement les pratiques, masculines et féminines, mais également les formes du travail domestique en écho au travail à l'usine ou d'autres lieux encore.

Nous mettrons ici l'accent sur les deux activités – décorer et bricoler – qui sont à interroger ensemble. Nous pourrions, d'ailleurs, nous demander si décorer n'est pas le pendant de bricoler, si faire le ménage n'est pas le pendant d'entretenir la maison.

Ainsi, il ressort des ethnographies qui évoquent le « travail domestique » que les activités effectuées par les hommes sont à placer du côté de la fonctionnalité, du nourricier, de l'économique et du public, tandis que celles des femmes sont à placer du côté de l'esthétique, du décoratif et du propre. Les réalisations masculines de menuiserie, de soudure, de forge, etc., et les réalisations féminines d'ouvrages d'aiguille, de couture, de points de croix, de tricot ont en commun d'être des travaux manuels exécutés dans le souci d'amélioration du cadre de vie, qu'ils soient attribués aux femmes ou aux hommes.

Dans tous les cas, les membres d'un couple participent, en accord avec leur spécialité, à la valorisation du foyer familial. Si les femmes jouent un rôle dans l'esthétisation du décor, les hommes concourent, à leur manière, à la personnalisation du logement, effectuant les réparations nécessaires, créant des meubles de rangements, etc. Ils s'y appliquent dans leur ouvrage de bricolage, dans les objets réalisés à la maison comme à l'usine, qui sont exposés à l'intérieur comme à l'extérieur. Cette division sexuée du travail domestique se retrouve dans le cadre des déménagements observés à Lyon et dans sa banlieue. Lors du choix du nouveau logement, l'homme doit, en effet, s'occuper des problèmes techniques, vérifier le bon état de la robinetterie et de l'installation électrique, il doit par ailleurs être capable d'évaluer le coût des travaux envisageables, et « même s'il est totalement ignorant de ces choses, il doit, devant sa conjointe et son interlocuteur, faire la tournée de ces hauts lieux du bricolage masculin » (Rautenberg, 1989, p. 56). Ce serait donc la nature des activités qui dessinent les frontières des activités masculines et féminines. Ce sont aussi les relations dans le couple que les anthropologues mettent en évidence en filigrane.

« L'intérieur a pour eux [les hommes] une connotation négative d'enfermement », sentiment qui se renforce chez les ouvriers d'origine agricole (Weber, 2001, p. 56). Dans les grands ensembles d'un quartier de Lyon, l'obsession féminine de la propreté inviterait les hommes à sortir du domicile (Halitim, 1996). Mais en fait, les hommes ne sont jamais tenus très loin du foyer. Leur participation aux activités de bricolage permet de les fixer, à la maison, à l'atelier ou au jardin, alors même qu'ils sont souvent sollicités par l'extérieur (Schwartz, 2002). Dans ces conditions, ils préfèrent se réfugier dans leur garage ou leur atelier qui d'ailleurs « est interdit aux femmes qui s'y sentent en visite et n'ont pas le droit de ranger ou de nettoyer » (Weber, 2001, p. 69). Passionnés, les bricoleurs oublient la fatigue du travail à l'usine. Passion « savante » (plaisir d'apprendre et de savoir), « créatrice et pacifique » (nul souci de performance ou de compétition entre ces jardiniers, ni de lutte avec la nature), le bricolage et le jardinage seraient des activités de réparation. L'établi du bricoleur, « le jardin et sa passion ne sont-ils pas une tentative de recomposition idéalisée et protégée de la vie ? » (Dufour, 2002, p. 92). Dans ces conditions, nous pouvons supposer que le moment de la retraite sera, pour les hommes, l'occasion d'une (re)conquête de l'intérieur domestique, un intérieur symbole, jusqu'alors, de récupération et de repos (voir chapitre 6). Nous comprenons mieux le rôle de ces dépendances consacrées au bricolage installées, selon l'habitation (pavillon, appartement), dans une pièce ou un local attenant : lieux de retrait, lieux d'autonomie relationnelle, lieux qui absorbent le bricoleur à en oublier la famille.

« Passe-temps » ou « gagne-pain », loisir ou travail, besoin ou plaisir, utile ou inutile, le bricolage est également une activité difficile à catégoriser. Les façons dont les individus définissent, se représentent ou conçoivent l'activité de travail et l'activité de bricolage, aident à en dessiner les contours. Certains électriciens énoncent la différence qui existe entre ces deux activités pour mieux se positionner professionnellement. Bien qu'il s'agisse d'une activité dite manuelle, les compétences du travail ne sont pas celles du bricolage (Erikson, 2002). Les bricoleurs partagent une volonté de comprendre et de savoir, mêlée de défiance à l'égard de l'artisan (Deniot, Trivière, 2002). Chez eux, ils peuvent expérimenter les savoirs acquis auprès de collègues, comme c'est le cas des électriciens travaillant dans le bâtiment qui appliquent, à la maison, les conseils de leurs compères appartenant à d'autres corps de métiers du bâtiment (Ghasarian, 2001). La pratique elle-même renseigne donc sur la place du travail à domicile. Se fournir en outils et en matériaux à l'usine, transférer des compétences, emprunter des savoirs et des techniques, en sont quelques-unes des manifestations concrètes.

Les savoirs circulent entre les lieux, mais les conditions d'exploitation diffèrent. Le milieu professionnel est une ressource pour la pratique de bricolage, à partir de laquelle s'observent des processus de réappropriation de savoirs qui conservent des modes de pensée issus de leur expérience professionnelle. Il en est ainsi de ce « métallo » qui aime fabriquer des objets aussi solides que du métal ou de cet ouvrier de raffinerie « qui régule son pavillon comme une industrie de *process* » (Trivière, 1999, p. 94). Le bricoleur n'est pas un professionnel. Pour autant, il est soucieux du travail bien fait, ses valeurs appartenant à l'éthique ouvrière. Il se présente comme un être réfléchi, raisonnable et raisonné, qui joint l'utile à l'agréable, en calculant, prévoyant et gérant son temps et son argent (Deniot, Trivière, 2002). Contrairement aux « œuvriers » qui réalisent des créations de l'inutile (Moulinié, 1999), les productions du bricoleur répondent à une économie du manque et s'inscrivent dans des relations d'entraide. Échanges d'outils, de conseils, « coups de main », prêts d'ateliers, participent du principe de réciprocité différée, de dons et contre-dons (Weber, 2001, p. 74).

En résumé, les « bricoles », pratiques ouvrières, s'ancrent dans un projet familial. La maison et ses dépendances (jardin, garage, etc.) sont d'autant plus au cœur de ces pratiques qu'elles représentent un patrimoine qui peut être légué dans la famille. De ce point de vue, les célibataires ou les divorcés s'y impliquent peu, à moins qu'ils ne réintègrent la demeure parentale (Weber, 2001). Femmes et hommes, épouses et époux, contribuent chacun, à leur manière, à la valorisation de leur logement, de leur patrimoine.

3.3. Bâtir. Se bâtir

« Habiter la maison », pour reprendre le titre d'un numéro de la revue *Terrain* (Fleury, 1987), appartient aux expériences ouvrières qui ont retenu l'attention des chercheurs en sciences sociales. Dans ce cadre, nous l'avons vu, la maison est au cœur des préoccupations des ouvriers ; elle représente ce lieu où la famille se retrouve, elle est en outre le lieu d'une mise en scène de sa classe sociale d'appartenance.

Bâtir son patrimoine, c'est d'abord bâtir sa maison. Ces projets répondent à des exigences de classe mais aussi familiales. Ils bénéficient de réseaux d'entraide que les situations de crise exacerbent, comme ces auto-constructeurs, qui ont façonné, de leurs mains, une ou plusieurs maisons (Gaudin, 2004). Les recherches menées sur le mouvement d'auto-construction coopérative des « Castors » nous paraissent également exemplaires sur le sujet. Ainsi à Angers, si la création de la cité de la Monnaie a été possible, c'est grâce à l'usage des compétences des ouvriers, futurs résidents. Les acquis professionnels leur ont servi de remède pour s'affranchir d'une misère sociale au sortir de la Seconde Guerre mondiale, et cette expérience de fabrication collective de maisons a forgé l'identité des lieux et des habitants. Les échanges avec la famille, les voisins, les collègues se poursuivent au-delà de la phase de construction du bâti, et consolident sociabilité et solidarité (Légé, 1987).

Dans un tout autre contexte urbain, un quartier d'Amiens, touché par la crise industrielle, dont les habitants sont pour la plupart sans avenir économique, « l'impossible insertion de ce groupe dans les rationalités actuelles du travail salarié a pour corollaire un investissement de l'espace résidentiel » (Selim, 1985, p. 43) et un « évincement du travail », du moins sa « mise à distance » par les habitants (Selim, 1984, p. 5). Cette situation est rendue possible grâce à l'établissement d'« une continuité imaginaire entre la situation passée et présente du quartier » (Selim, 1985, p. 41), qui permet à cette communauté de perpétuer un ancrage ouvrier avec des valeurs de solidarité, malgré le chômage de ses membres et la stigmatisation du quartier qui en a découlée. La répercussion des revenus sur les modes de vie est à prendre en considération pour qui veut étudier le « continuum » du travail au domicile.

Aménager son intérieur est aussi une question de moyen et, comme nous avons pu le voir, demande de « faire avec », d'user de quelques astuces pour parfaire de nouvelles créations. Les produits de ces bricolages modifient l'environnement ordinaire. Leur exposition transforme la maison en une sorte de musée domestique, donné à voir à la famille et aux amis. Parmi les objets exposés dans les pièces de la maison, certains font référence au travail. L'étude de la culture matérielle, même si les intérieurs domestiques sont devenus des lieux davantage associés à la consommation qu'à la production, ouvre d'intéressantes pistes de compréhension pour qui souhaite lire la maison à travers le prisme du travail (terme pouvant recouvrir la classe sociale, le métier, etc.) et ce, au-delà des distinctions de genre.

Une fois encore, ce sont plutôt les intérieurs des couches populaires et moyennes, des ouvriers et des employés, parfois immigrés, qui ont donné lieu à des recherches. Les objets de décoration dans les intérieurs domestiques, et en particulier les traces du présent et passé professionnels – cadeaux de retraite, diplômes exposés sur les murs – participent au processus du décloisonnement de la famille (Segalen, Chevalier, 1996). Dans les maisons des pêcheurs en Saintonge, en Charente-Maritime, s'observe un « déplacement des règles esthétiques marines au domaine domestique, célébration et affirmation des caractéristiques socialement gratifiantes du groupe des pêcheurs et de son activité » à l'extérieur comme à l'intérieur de la bâtisse. De l'aménagement des bateaux, « les femmes de pêcheurs ont emprunté le goût des objets de cuivre, fourbis, briqués, reluisants accumulés sur les autels domestiques que constituent les appuis de cheminées, les étagères hautes, les dessus de bahut, les récepteurs de radio et de télévision » (Gérôme, 1981, p. 44). Les maquettes anciennes des bateaux rappellent le temps où un chantier naval existait au village. Les portraits en uniforme de la Marine nationale des hommes de la famille ont une place de choix et font pendant aux grandes photographies des bateaux sur lesquels ces marins ont servi. Les diplômes de sauvetage témoignent de leur courage et de leur dévouement. En revanche, remarque l'auteure, pas de vieilles poulies, de flotteurs ou de filets, ils sont conservés au grenier ou dans les cabanes, sans doute parce qu'ils sont encore trop familiers pour devenir objets de prestige et de décoration, parce qu'ils ont encore une valeur instrumentale, ou parce qu'ils évoquent encore la dureté des travaux et des jours (Gérôme, 1981).

Dans des familles ouvrières de la région nantaise, qui habitent en pavillon ou en HLM, l'expression de la relation au travail apparaît plus indirecte ou passe davantage par l'exécution d'une tâche que par la fabrication ou la sélection d'objets évocateurs d'un métier (Deniot, 1986, 1995). Pour ces familles qui vivent parfois dans d'anciennes cités HLM construites face à l'usine, le décor textile agit comme une protection, un égaiement de l'espace de vie ; le papier peint, comme une « conquête de la grisaille » (Deniot, 1986, p. 321). Sa pose est l'affaire des hommes qui font parfois appel à la camaraderie de l'usine ou aux copains au chômage susceptibles de travailler au noir. Elle permet une valorisation de leurs compétences, chacun reprenant les mots du métier qu'il exerce pour décrire sa tâche.

Ainsi, décorer comme bricoler devient l'expression créative d'une construction individuelle, d'une narration familiale et professionnelle dont la maison est le support. Ces activités procurent « le plaisir du travail pour soi c'est-à-dire d'une activité entièrement contrôlée par soi-même ou ses pairs, qui échappe à une organisation hiérarchique du travail » à l'usine (Weber, 2001, p. 89). Elles sont les indices d'un désir de fabriquer, de créer et par là, d'être. Parfois, elles aident les individus à retrouver leur position dans la famille et à l'affirmer. « L'enjeu du bricolage, c'est la définition sans cesse retravaillée de son parcours, de sa place, de son émancipation par rapport à une lignée, par rapport à un statut » (Deniot, Trivière, 2002, p. 97). « Ce retournement d'objets qui s'articule avec une orthodoxie des gestes techniques, cette façon d'agir [...] induisent ainsi l'ultime retournement, le retournement de soi » (Moulinié, 2014, p. 79). Bâtir est donc bien aussi se bâtir.

À travers ce chapitre, nous avons essayé de montrer l'intérêt qu'il y a à se pencher sur les manières dont s'articulent activités professionnelles et activités extraprofessionnelles, qu'elles s'exercent dans ou en dehors de la scène de travail, afin de saisir au mieux la fluctuation des frontières entre travail et hors-travail.

*

Aux frontières du travail ?

Traiter du travail nécessite de s'interroger sur ses frontières. Celles-ci sont multiples et mouvantes. Elles dépendent des formes et des contextes d'une activité, mais aussi, et c'est ce que nous verrons ici, des critères choisis par tel ou tel groupe social pour le définir. La définition du travail passe donc par un processus de légitimation des activités à travers leur reconnaissance financière, sociale et/ou légale au sein d'un groupe ou d'une société donnée.

Travail non rémunéré/non-reconnaissance financière du travail
Nombreux sont les domaines de travail non reconnu financièrement. Parmi les chercheurs en sciences humaines et sociales qui s'y sont intéressés, les anthropologues ont surtout axé leurs réflexions sur deux domaines : le travail domestique et le bénévolat.
Le travail domestique recouvre les différentes activités non rémunérées effectuées par les membres du groupe domestique. Nous y trouvons tout ce qu'implique de gérer un foyer : s'approvisionner (en aliments, eau, combustibles, etc.) et préparer les repas, nettoyer et entretenir (la maison, les vêtements, les ustensiles, etc.), faire et s'occuper des enfants. Dans certains cas, sont également incluses les activités agricoles vivrières, l'élevage, la cueillette, la pêche, la chasse ou toute autre activité qui permet de subvenir aux besoins de la communauté. C'est dans cette acception élargie que les premières monographies de sociétés non marchandes font mention des activités susceptibles de produire de la nourriture ou des biens de première nécessité et contribuer à la reproduction du groupe.
Il existe souvent une répartition sexuée des tâches, et celles effectuées par les femmes ont donné lieu à des travaux pointant leur travail « non payé, invisible et sous-valorisé » (Durrenberger, Marti, 2006, p. 8). Il est courant d'entendre qu'« *elle ne travaille pas : elle est femme au foyer* » (ou *housewife* dans sa version anglophone).

N'étant pas rémunérées, ces activités ne sont pas considérées comme du travail... À moins que ce ne soit l'inverse : n'étant pas considérées comme du travail, elles ne sont pas rémunérées ! Reconsidérant ce point de vue restrictif, nombreux sont les auteurs qui préfèrent qualifier les tâches domestiques de « travail invisible » (voir l'introduction de ce manuel). Dès les années 1970, les anthropologues se sont penchés sur cette question. Ainsi, une étude systématique auprès de quatre-vingts femmes au Lesotho (Afrique australe) montre qu'elles sont occupées 6 heures 30 par jour par le travail domestique et la corvée d'eau, auxquelles s'ajoutent 2 heures 30 de travail agricole (Murray, 1979). Or ce travail domestique a souvent des répercussions au-delà de l'espace de la maison : cette recherche se double d'une analyse qualitative démontrant à quel point le travail des femmes est primordial pour que les hommes puissent de leur côté mener à bien leurs activités de travail rémunéré. Dans le cas du Lesotho, une large part des activités masculines s'effectue à travers une migration de travail vers l'Afrique du Sud qui n'est rendue possible que si les femmes se chargent de l'entretien des enfants et de la maison (Murray, 1979). Plus récemment, des recherches relèvent des situations similaires (par exemple dans les vallées d'Oaxaca au Mexique – Woodson Rees, 2006), tandis que d'autres montrent comment coexistent ce type d'activités avec des modes de subsistance qui, eux, sont rémunérés. Chez les Manasir de la vallée du Nil (Soudan), au début des années 2000, les différentes relations au travail et à sa rémunération consistent en une combinaison de travail payé en nature, de systèmes de réciprocité, et d'activités salariées (Beck, 2003). Cette situation est particulièrement prégnante dans les sociétés dont une partie non négligeable de l'économie repose sur un système non marchand, mais d'autres fonctionnements sociaux coexistent dans des sociétés davantage ancrées dans une économie marchande et industrialisées. Ainsi en va-t-il de la France dans les années 1980 où, aux marges de l'usine d'une petite ville de Bourgogne, le travail salarié cohabite avec une économie domestique de voisinage largement basée sur un système d'échanges de services et de produits issus d'activités qualifiées de « travail à côté » pour bien signifier que, même non marchand, il s'agit bien de travail (Weber, 2001).

Poussant l'analyse critique de la non-reconnaissance du travail domestique plus loin, certains anthropologues explorent l'articulation entre travail domestique, division sexuelle du travail et marchandisation, postulant que la reproduction du groupe domestique doit être envisagée sous l'angle de la marchandisation des échanges. Pour ces auteurs – qui s'inspirent notamment de la notion de travail émotionnel (*emotional labor*) (Hochschild, 2012) centrale pour réfléchir au travail du soin (*care*) et du service à la personne depuis son élaboration dans les années 1980 –, la (re)production du groupe domestique est une véritable activité de travail. Celle-ci doit être reconnue et rémunérée comme telle, et non pensée comme l'une des occupations des femmes en raison d'une soi-disant qualité féminine intrinsèque (ce qui correspond à un présupposé de genre très commun, qui considère les femmes plus aptes à ces activités pour des raisons physiologiques parce qu'elles peuvent enfanter, mais aussi qu'elles seraient intrinsèquement dotées d'empathie, de patience et de douceur, etc.). Ainsi, dans le cas des femmes étrangères qui se marient avec un conjoint sud-coréen et vivent avec lui en Corée, le mariage puis « la maternité [doivent être envisagés] comme du travail » (*mothering as laboring)* (Kim-Bossard, 2017). Pour ces femmes subissant de nombreuses pressions sociales qui les somment d'être « une femme soumise et une bonne belle-fille », enfanter, élever des enfants et entretenir de bonnes relations avec leur belle-famille doit être analysé comme un travail affectif largement destiné au « maintien de l'identité culturelle nationale » (Kim-Bossard, 2017, p. 92). Il s'agit donc de regarder l'intimité (mariage, relations sexuelles, etc.) et le soin (enfants, personnes âgées) comme le résultat d'une forme de travail et d'un processus, conscient ou non, de « marchandisation » des émotions, quoique sans rétribution financière.

La deuxième forme de travail non rémunéré principalement étudiée en anthropologie est celle du « travail gratuit » que fournissent les bénévoles. Nous ne nous intéresserons ici qu'au bénévolat dans la mesure où, en France, bénévolat et volontariat correspondent à deux statuts légaux différents : le volontaire est lié à un organisme par un contrat de travail; ce contrat lui ouvre une couverture sociale et il perçoit une petite rémunération réglementée. Le bénévole n'est pas lié par un contrat, il n'a ni droits ni devoirs envers l'organisme au sein duquel il travaille. Cette forme de travail bénévole est notamment très présente dans les réflexions issues du champ de l'anthropologie critique de l'aide humanitaire et du développement (Atlani-Duault, Vidal, 2009). Le travail fourni est considéré comme rétribué par autre chose qu'un apport matériel ou financier : satisfaction personnelle d'apporter son aide, militance, prestige social, formation ou expérience professionnelle, enrichissement d'un *curriculum vitae*, maintien d'une activité lors de la retraite, etc. Les recherches sur le monde associatif en France permettent ainsi de questionner la catégorie « travail », le monde associatif apparaissant comme « un lieu d'observation privilégié des transformations du travail *et de ses représentations* en raison de la complexité de sa nature et de ses fonctions » (Procoli, 2000b, p. 133). Par exemple, l'utilisation récurrente de l'expression « travail pur », à la fois par les bénévoles et les salariés du département d'adoption internationale d'une grande ONG française, met en évidence le fait qu'au sein de cette ONG, les distinctions en cours dans le monde professionnel capitaliste (rémunération, qualifications, compétences, expérience, etc.) sont effacées au profit d'autres valeurs. Cette réorganisation engendre une nouvelle forme de hiérarchie articulée autour de « la *fabrication de l'adoption* » (Procoli, 2000b, p. 141) qui est regardée comme le moment le plus valorisé. Cette reconfiguration des valeurs est basée sur trois oppositions : « (i) le travail qui précède l'adoption/le travail qui suit l'adoption; (ii) loin de la pratique de l'adoption/proche de la pratique de l'adoption; (iii) le travail pur/le travail impur » (Procoli, 2000b, p. 141). Dans ce contexte, le travail pur est « celui qui n'est pas "souillé" par la raison économique [...] une exaltation du travail non rémunéré » (Procoli, 2000b, p. 150).

Nous voyons que dans le cas du bénévolat, si la question de la reconnaissance financière est réelle, elle ne se pose pas du tout de la même manière que pour le travail domestique. Elle semble non seulement découplée de celle de la reconnaissance et de la valorisation sociale du travail, mais elle lui est parfois même opposée : c'est souvent parce que celui ou celle qui travaille n'est pas payé que son travail est valorisé socialement !

Travail non reconnu/non-reconnaissance sociale du travail

Il ne s'agit pas ici de parler des activités, métiers, ou secteurs professionnels dont l'image et/ou la rémunération ne sont pas bonnes, mais de ceux auxquels le terme « travail » n'est que difficilement accolé dans les représentations communes.

L'un des domaines professionnels dans lequel la reconnaissance sociale du travail est loin d'être évidente est le monde artistique. Pour de nombreux musiciens, danseurs et/ou chorégraphes par exemple, un double processus d'invisibilisation de leur travail est à l'œuvre (Gibert, 2016). D'une part, la dimension « travail » de leur pratique est minimisée (voire déniée) à la fois par leurs proches, par le public et/ou par les potentiels employeurs, sous prétexte que « jouer » ou « danser » apporte du plaisir à ces professionnels. D'autre part, de nombreuses facettes de leur activité sont ignorées car peu/pas visibles pour ceux qui ne les effectuent pas. Cette invisibilité de tâches pourtant inhérentes au travail artistique (répétitions, création, communication, diffusion des œuvres, organisation logistique, etc.) donne une image particulièrement tronquée de leur travail en la limitant aux activités publiques (spectacle, concert, stage ou atelier, etc.). Cette méconnaissance des efforts et contraintes liées aux activités artistiques entraîne une non-reconnaissance sociale (« *ce n'est pas un vrai boulot* ») et par ricochet, une difficile reconnaissance financière (« *vous vous faites plaisir, je ne vais pas en plus vous payer !* ») (Gibert, 2016).

Un autre type de travail non valorisé socialement, peu connu, et largement sous-rémunéré, est celui des détenus. Les raisons de cette dépréciation sont diverses. D'abord, les lois du travail ne s'appliquent pas au travail en prison (pas de véritable contrat de travail, arrêts maladie non payés, etc.) et les détenus ne sont pas payés selon les mêmes grilles de rémunération que les travailleurs non détenus (Fassin, 2015). Ce travail n'entre donc que partiellement dans les circuits économiques classiques. Ensuite, le travail offert n'est que très peu, voire pas du tout, qualifié, et n'est guère motivant, comme le soulignent certains détenus. À cela, s'ajoute le fait qu'ils se sentent souvent méprisés par les autres employés (non détenus) dans les cadres mixtes de travail. Enfin, ces activités sont avant tout pensées - au moins par ceux qui les procurent aux prisonniers – comme ayant un but autre qu'économique, celui de la réhabilitation des détenus et de leur préparation à une réinsertion professionnelle à leur sortie de prison. Pour autant, les détenus voient dans les activités de travail, toutes mal payées et dévalorisées qu'elles puissent être, la combinaison de trois raisons essentielles, respectivement « pratique, symbolique et tactique » (Fassin, 2015, p. 350) : 1) Occuper le temps long de la prison ; 2) « Regagner une forme de dignité » (Fassin, 2015, p. 351) grâce à un statut d'actif, d'autant plus que le travail est rare et qu'il est nécessaire d'être considéré comme un détenu exemplaire pour se voir attribuer une place; 3) Obtenir des preuves de sa bonne conduite afin d'étayer une demande de permission, de réduction ou d'aménagement de peine. Une forme de reconnaissance sociale semble donc malgré tout présente, ici, mais de façon extrêmement ténue, et davantage liée au fait de travailler en général qu'au type d'activité effectué.

Travail informel, travail illégal/non-reconnaissance légale du travail

Les catégorisations en termes d'informalité ou d'illégalité du travail sont liées aux questions d'organisation économique et/ou administrative, juridique à l'échelle nationale et internationale. Elles sont souvent mobilisées en sociologie et en économie, mais les anthropologues ne sont pas absents de ces réflexions.

La notion de « travail informel », issue des recherches au Ghana de l'anthropologue Keith Hart (1973), traverse aujourd'hui toutes les sciences humaines et sociales (voir l'introduction de ce manuel). L'anthropologie s'intéresse à l'articulation entre pratiques formelles et informelles et souligne combien la frontière entre les deux peut être floue et mouvante.

Ces études sont menées à l'échelle d'unités sociales de tailles différentes allant du village (par exemple les différents modes d'organisation du travail et de sa rémunération dans un village montagnard des Tatras polonaises – Pine, 1994) au continent (par exemple les circuits de passeurs de marchandises entre Europe et Afrique – Peraldi, 2001), en passant par l'espace urbain (par exemple les échanges au sein du quartier qui environne une usine métallurgique à Sheffield au Royaume-Uni – Mollona, 2005).

L'absence de reconnaissance légale du travail peut concerner les activités pratiquées dans des milieux illégaux ou illicites, en fonction des lois et réglementations nationales et internationales. Parmi ces activités se trouvent souvent celles liées à la drogue ou au travail du sexe. Une première recherche de longue haleine sur le monde du travail des revendeurs de drogue aux États-Unis est ainsi menée au début des années 1990 (Bourgeois, 2017). S'installant pour plusieurs années à Harlem et nouant peu à peu des relations de confiance et d'amitié avec plusieurs vendeurs de son quartier, l'anthropologue parvient à étudier leurs conditions de travail au quotidien, explorant leurs parcours de vie, les différentes étapes et revirements de leur vie professionnelle, et la manière dont l'éventuelle obtention d'une activité de travail reconnue légalement n'est que difficilement conciliable avec leur quête de reconnaissance sociale (Bourgeois, 2017). De son côté, Sophie Day a cheminé aux côtés de plusieurs travailleuses du sexe en Grande-Bretagne pendant plus d'une quinzaine d'années, explorant leurs trajectoires au sein d'une sphère professionnelle très structurée. Ses réflexions sur les aspects financiers du travail de ces femmes, et plus spécifiquement sur la manière dont, fortes d'un excellent « esprit d'entreprise » (Day, 1994), elles gèrent leurs gains entre vie publique et vie privée, sont éclairantes. Malgré la criminalisation (légale et morale) dont fait l'objet le travail du sexe, pour ces femmes, leurs occupations sont « simplement [du] travail » (Day, 2007, p. 34). Quoique moins radicalement illicites, de nombreuses activités de travail sont considérées comme illégales mais sont largement tolérées. C'est le cas des ramasseurs de déchets destinés au recyclage, auxquels les anthropologues s'intéressent de plus en plus ces dernières décennies. Dans ce cas, nous constatons que ce travail informel est non seulement toléré, mais parfois indirectement encouragé, tout particulièrement dans les pays où le ramassage des ordures n'est que peu, ou pas du tout, pris en charge par les collectivités locales ou nationales, mais où la mise en place de systèmes d'achats des déchets recyclables s'organise peu à peu en filières légales (Millar, 2018).

Enfin, une autre configuration correspond aux situations dans lesquelles l'activité elle-même est parfaitement réglementaire, mais c'est le travailleur qui n'est pas en position légale de travailler, et ce pour différentes raisons. Cela peut concerner celles et ceux qui résident légalement quelque part en attente d'une demande d'asile, mais dans un pays qui ne les autorise pas à travailler (c'est le cas de la France) ; les personnes présentes illégalement sur un territoire (Morice, Potot, 2010 ; Morice, 2011) ; les enfants dans certains cadres et selon certaines législations (Spittler, Bourdillon, 2012) ; les personnes exerçant une activité pour laquelle une formation et un diplôme sont obligatoires mais qui ne peuvent s'en prévaloir (médecine par exemple), etc.

Les différentes situations présentées ici permettent de prolonger et d'enrichir la réflexion amorcée en introduction sur la relativité de la notion de travail, en mettant davantage l'accent sur des critères économiques ou légaux, mais aussi de genre, d'âge, d'origine géographique ou sociale, de morale, etc.

Chapitre 6

Changer de monde

Nous avons vu jusqu'alors comment le travail façonne les individus, parfois dès l'enfance, et tout au long de leur carrière. Mais, si cette dernière se pense souvent à travers l'idée d'une continuité, elle n'est pas exempte de changements de parcours professionnels qui viennent en bousculer la linéarité, provoquer des bifurcations choisies ou imposées, la retraite sonnant souvent la fin de l'activité rémunérée. Chaque étape, chaque événement, viennent transformer l'individu au travail, participer de sa construction de travailleur. Ce sont aux contextes particuliers des changements de trajectoire que nous allons nous intéresser dans ce dernier chapitre et aux analyses qu'en ont proposées les anthropologues.

Les crises successives, les mutations techniques et socio-économiques, les nouvelles mobilités, le développement de la polyvalence et de l'externalisation, etc., sont autant de facteurs qui ont reconfiguré les formes et les conditions du travail, qui ont conduit à des réorganisations professionnelles, des restructurations, voire des fermetures d'établissement tant du secteur privé que du secteur public. Ces changements ne sont pas sans conséquences sociales sur les salariés, statutaires ou non, intérimaires, cadres, ouvriers ou agents : perte d'emploi, chômage, requalification, réinsertion, nouvel emploi, etc., modifient le cadre de vie et obligent à une reconsidération de soi. Changer de monde implique de changer.

Si le traitement de ces sujets de société n'est pas propre à l'anthropologie, la thématique des luttes n'a pas laissé indifférents les chercheurs de cette discipline. Leurs travaux se sont le plus souvent inscrits dans une anthropologie ouvrière, mettant l'accent plutôt sur les gens d'en bas qui subissent de plein fouet les mutations que sur ceux d'en haut qui les organisent et les imposent, même s'il faut le reconnaître, ces derniers – par exemple les managers (Flamant, 2002) – ne sont pas totalement absents des recherches.

Comment les travailleurs réagissent-ils face à ces changements ? Quelles formes prennent leurs luttes ? Pourquoi font-ils grève ? Qu'advient-il s'ils perdent leur travail ? Comment vivent-ils la fin d'un travail ? La fin du travail ? Quelles relations se nouent au travail, au-delà de l'activité professionnelle ? Que se passe-t-il à la retraite ? Entretiennent-ils individuellement et collectivement une (des) mémoire(s) du travail ? Quel sens est-il donné à ces dernières ?

Pour répondre à ces questions, nous avons structuré ce chapitre en deux parties. La première vise à cerner les actions qu'adoptent les salariés pour réagir aux aléas de leur carrière et pour s'exprimer face aux changements subis, ainsi que les moyens qu'ils mettent en œuvre pour remédier notamment à la perte d'emploi. La seconde partie est consacrée aux initiatives dès lors que l'emploi a cessé, à la place qui est donnée au travail au moment de la retraite et aux prises en charge sociales pour ne pas oublier les lieux et les communautés professionnels.

1. Réagir et subir

Les anthropologues ont porté leur attention sur les contextes de crise, moments où le marché de l'emploi se fragilise, où la précarité se développe et où le temps de la débrouille prend le pas. Mais surtout, ils se sont intéressés aux pratiques sociales et symboliques qui émergent à l'occasion de ces contextes, saisissant les formes d'opposition ou de résistances comme les formes d'adaptation au changement.

1.1. Résister, revendiquer, lutter

Si une « socialisation du refus » (Verret, Nugues, 1999, p. 147) portée par les militants, les syndicalistes, a toujours existé, dans les milieux ouvriers, si les revendications, expression des salariés pour s'affranchir des jeux de pouvoir, appartiennent à l'ordinaire de ces milieux, les mouvements de protestation répondent eux à des bouleversements majeurs et se définissent par leur caractère d'exception. Les plans sociaux, les restructurations, les fermetures d'établissements, sont autant d'occasions de luttes (Monjaret, 2005c). C'est à toutes ces situations que se sont attachés les travaux anthropologiques dont certains pourraient désormais faire partie de l'histoire, mais leurs questionnements restent toujours d'actualité.

Les contextes de travail nourrissent des craintes quotidiennes sur la manière de s'en sortir. Avant même de penser à des actions collectives, chacun mène chaque jour à sa façon sa lutte. Ce sont ces manières de faire parfois en sourdine qui ont notamment éveillé la curiosité des anthropologues et, au tournant des années 1990-2000, les travaux deviennent plus nombreux sur ces sujets. Christian Ghasarian, qui a endossé le rôle d'électricien lors de son terrain sur des chantiers du Bâtiment, a pu mesurer combien les électriciens qu'il côtoyait avaient intégré l'idée de menace de licenciement pour les titulaires et celle du non-renouvellement d'une embauche pour les intérimaires. Cette instabilité, pesant sur eux, encourageait certaines attitudes. Entre contrainte et liberté, les intérimaires tentaient de se faire apprécier des responsables pour être rappelés. Selon les titulaires, les intérimaires, dont la situation de précarité est tangible, apparaissaient plus malléables qu'eux, ce qui entraînait une modification des rapports avec les directions (Ghasarian, 2001). La précarité qu'engendre le travail temporaire toujours en développement semble plus prononcée encore, quelques années plus tard, dans d'autres secteurs, et pousse les candidats, souvent « non qualifiés », à jouer de leur disponibilité sur un marché concurrentiel fondé sur une insécurité temporelle (Rosini, 2012a et b).

Cette fragilisation du marché de l'emploi œuvre aux troubles et à l'émergence de grands et petits conflits entre collègues, entre subordonnés et cadres. S'instaurent, dès lors, des rapports de force. Les usages de la plaisanterie (voir chapitre 2) entre collègues peuvent s'analyser comme une forme d'auto-contrôle contre la mouchardise auprès des « chefs ». Les collègues non solidaires sont gentiment remis sur le droit chemin du collectif. Nous rencontrons sur les lieux de travail « tensions » et « résistances » (Ghasarian, 2001) et il s'agit surtout de résister à l'autorité des chefs. Face aux pressions venues du haut, se mettent en place des « mécanismes psychologiques » (Ghasarian, 2001, p. 59) de repli, une « désobéissance discrète », par exemple en se « planquant », même si les « chefs » ne sont pas dupes (Ghasarian, 2001, p. 79). Les résistances peuvent être plus diffuses comme dans la parqueterie du Sud-Ouest où l'un des plus anciens salariés adoptait une résistance passive, restant indifférent face aux foudres de la direction (Moulinié, 1998). Pour les ouvriers d'une entreprise de maroquinerie de luxe, le renforcement des bruits de martelage dans certains ateliers, bien qu'insupportables, sert de répulsif contre les intrus – visiteurs ou nouveaux embauchés devant encore faire leurs preuves – (Jeudy-Ballini, 2002). Les résistances au quotidien se manifestent également autrement, par exemple dans la tâche proprement dite. Ainsi, sur un autre site de cette même entreprise, la perfection technique des tâches et le temps passé à les accomplir résonnent comme un moyen de remédier aux exigences de « rendement » et deviennent, pour les ouvriers, le garant des produits bien faits, bien finis. « Le désir de résistance en appelle aux prouesses » (Jeudy-Ballini, 2002, p. 32). Les formes de résistance ouvrière au travail, en France comme ailleurs, peuvent donc être « cachées » (Cohen, 1987). Cette dimension moins attendue n'a cependant pas conduit à négliger le rôle des syndicats comme contre-pouvoir au service des ouvriers – pour l'étude en profondeur de syndicats de travailleurs aux États-Unis, nous pouvons nous reporter aux écrits de E. Paul Durrenberger, et notamment ceux issus de sa collaboration avec la syndicaliste de Chicago Suzan Erem (Durrenberger, Erem, 1999, 2005). La dégradation des conditions de travail ou les situations de chômage comme les licenciements ou les fermetures d'établissement, conséquences des crises industrielles ou du processus de modernisation des secteurs secondaires et tertiaires, sont des contextes favorables aux expressions de mécontentement et de lutte, aux manifestations, voire aux soulèvements. Ces initiatives collectives, autonomes ou syndicales, qui renvoient à la colère, l'amertume, le dénuement de ceux qui se sont sentis ou se sentent floués, poussent travailleurs, agents d'État, futurs licenciés, chômeurs à prendre la parole. Dans les travaux que nous avons parcourus sur ces contextes de crise, nous avons pu remarquer combien le choix d'un engagement ne va pas de soi. Au moment de la fermeture du musée national des Arts d'Afrique et d'Océanie à Paris au début des années 2000, les agents travaillant dans cette institution, se comparant aux ouvriers de l'industrie, culpabilisaient à l'idée de participer à un mouvement de revendication. Étant fonctionnaires, leur poste était protégé (Monjaret, Roustan, Eidelman, 2005). Cela peut être parfois l'absence de solidarité entre ouvriers qui empêche la possibilité d'un mouvement collectif. Dans un tout autre pays, en l'occurrence dans une région de l'Inde, le morcellement de la main-d'œuvre et la pénurie d'emplois expliquent le peu de résistances collectives des ouvriers métallurgistes, souvent précaires, à moins qu'elles ne soient organisées par un contremaître. En revanche, le fait d'entamer une grève du zèle ou de partir à la suite de l'accident de l'un des leurs, voire de fuir quand il y a eu avance sur salaire, peut être considéré comme des formes de résistance au système, les actions des rares syndicats en faveur des précaires étant inexistantes (Kaba, 2014). L'analyse de la spécificité des contextes permet donc de comprendre les situations de lutte et les processus qui encouragent à recourir à la contestation.

La grève au sein de la Régie des transports de Marseille (RTM) en 1995 en fournit un autre exemple (Gallenga, 2005, 2011). La restitution fine de ce drame social a été rendue possible par une expérience vécue de l'intérieur. Contractuelle dans le cadre de sa thèse, Ghislaine Gallenga sera – pour ainsi dire – prise entre deux feux, tiraillée entre la direction et la base, situation que d'autres anthropologues ont rencontrée enquêtant dans des contextes de fortes tensions sociales, comme celles qui peuvent exister lors de fermeture d'établissement. Malgré des difficultés, Ghislaine Gallenga réussit à poursuivre sa recherche, puis des années plus tard à la restituer. L'anthropologue nous livre une réflexion non seulement sur les répercussions de la modernisation dans le secteur public, mais également sur les différentes étapes du processus contestataire né des transformations structurelles. Elle revient sur les temps du conflit du début à la fin : les ruptures qui vont conduire à la grève radicale, les crises et les clivages, les réajustements et négociations, la réintégration. Ces descriptions permettent de saisir le déploiement des langages de la grève dans leur ensemble, langages que nous retrouvons communément dans les mouvements de lutte (Gallenga, 2011).

Les actions pour se faire entendre peuvent se dérouler indifféremment dans des espaces professionnels et des espaces publics. Elles ne concernent pas uniquement les mondes ouvriers, mais ce sont ces dernières actions qui restent toutefois les plus connues. L'occupation des locaux, les piquets de grève et les manifestations avec distribution de tracts appartiennent à une tradition ouvrière de lutte. Il s'agit pour les manifestants de s'approprier leurs espaces de travail pour mieux asseoir leur démonstration. Parfois, ce sont les lieux symboliques qui sont investis, comme cela a été le cas des « travailleurs grévistes sans-papiers » (Monjaret, Roustan, 2012) qui ont occupé et habité, l'hiver 2010, le palais de la Porte Dorée, ancien musée des colonies datant de 1931. Ces immigrés voyaient dans ce monument devenu alors musée national de l'Histoire de l'immigration l'incarnation de ce qu'ils étaient et surtout le lieu où ils pourraient trouver de l'aide pour obtenir leur régularisation administrative. Soutenus par la CGT et diverses associations, ils s'y sont installés quelques mois, y organisant leur vie quotidienne de jour comme de nuit (Monjaret, Roustan, 2012).

Ces moments d'exception, en particulier lors de fermeture d'établissement, s'accompagnent souvent de pratiques rituelles. Les anthropologues ont été particulièrement sensibles à ces dernières, dont celles explicitement associées à la fin d'un monde du travail. Les *« dernières séances »* de deux marchés financiers au palais Brongniart, dit la Bourse, ont donné lieu, l'une en 1988, à la mise en scène ritualisée d'un enterrement; la deuxième en 1998, à un mouvement de grève de salariés et d'indépendants. Selon l'auteur, ces actions symboliques et sociales relèvent de l'analyse du contre-événement, en réponse à l'événement qu'incarne la fermeture (Hassoun, 2005). Lors du transfert de trois hôpitaux parisiens dans une structure monobloc, des fêtes officielles ont coexisté avec des contre-fêtes officieuses. Elles viennent signifier, chacune à leur façon, la fin d'un établissement. À travers ces manifestations, se fabrique l'événement fermeture. Mais, selon les cas, cet événement est là pour entériner et faciliter rituellement un passage ou au contraire affirmer une opposition à ce passage et aux transformations qui en découlent (Monjaret, 2008b).

Ces moments sont l'occasion de productions matérielles et symboliques. Des objets de grève sont ainsi fabriqués le plus souvent en petites séries pour « populariser et financer la grève ». Ils constituent des « traces exprimant la capacité d'un groupe à organiser sa résistance dans la grève (en s'autogérant et en finançant sa subsistance) » (Leyris, 2007). Nous pouvons prendre de la sorte la mesure des formes plurielles des cultures matérielles et immatérielles de la lutte. Les signes visibles (banderoles, écharpes, tracts, etc.) de ces manifestations qui se déroulent dans la rue peuvent être analysés comme les expressions d'une production culturelle militante (Collet, 1982). Ces signes peuvent se retrouver dans des contextes festifs, comme celui des couturières célébrant leur sainte patronne, sainte Catherine. En effet, alors que jusque-là elles ne s'étaient exprimées, lors de la fête, que de façon métaphorique et implicite pour critiquer leur condition, dans les années 1970, leur défilé a pris un air de lutte, conciliant symboles festifs et symboles militants, et défiant les « patrons », pour protester contre le licenciement de « camarades » et plus largement contre la perte d'emploi (Monjaret, 2015a). L'espace urbain se voit investi, et les chants, les musiques émises par des enceintes, les slogans diffusés à l'aide de porte-voix, etc., participent d'une atmosphère sonore caractéristique des manifestations. La créativité existe au sein de ces mouvements sociaux. Elle peut mener à des actions plus organisées et fédérées encore. C'est ainsi que, dans le but de médiatiser leur lutte, les ex-salariés de l'usine métallurgique Metaleurop (Pas-de-Calais) ont créé l'association *Chœurs de fondeurs* dès la fermeture en 2003. L'association a comme « ambition explicite [...] de pouvoir continuer le combat pour contester les licenciements et affirmer l'importance de l'usine pour ceux qui y travaillaient et pour son territoire d'exploitation » (Hayem, 2014a, p. 106). Parmi les différentes actions développées par cette association, se trouvent ce que Judith Hayem nomme des « interpellations créatives » (2014a). Il s'agit d'activités artistiques, œuvres (films, livres, photos, musique, etc.) créées par ou avec des ex-salariés, seuls ou en collaboration avec des artistes professionnels, présentées et débattues devant des publics très divers (lycéens et étudiants, politiques, ouvriers, cinéphiles, auditeurs radiophoniques). Elles offrent à ces anciens salariés des moyens d'« affirmation d'existence et de capacité d'action » avec leurs propres modalités et avec leurs propres « vérités » (Hayem, 2014a, p. 114). Les quatre premières années de l'association voient ces pratiques se multiplier avec succès, soutenues par une « subjectivité commune » et « égalitaire » qui transcende les différences de statuts professionnels, hiérarchiques et syndicaux, et l'association en est fière (Hayem, 2014a, p. 108). Mais cette belle unité se morcelle peu à peu, des divisions apparaissent dans le collectif, qui reproduisent les anciens clivages de l'usine (choix syndicaux, spécialités professionnelles, différences hiérarchiques) auxquels s'ajoutent des distinctions d'âge entre ceux qui doivent retrouver un emploi et ceux qui, à plus de cinquante ans, sont dispensés de recherche d'emploi ou s'approchent à grands pas de la retraite (Hayem, 2014a).

À cette liberté d'expression et d'appropriation prise lors de ces conflits sociaux répond en écho le rétablissement d'un ordre. C'est ce qui a été le cas lors de l'occupation par les « travailleurs grévistes sans-papiers » du musée national de l'Histoire de l'immigration qui se sont vus un matin expulsés du bâtiment *manu militari* par les forces de l'ordre (Monjaret, Roustan, 2012). Les interventions policières peuvent prendre encore d'autres tournures. La répression lors de la grève de mineurs en Afrique du Sud en 2002 s'est ainsi soldée par 34 morts. Après négociation en présence des syndicats, les mineurs ont obtenu gain de cause et l'augmentation de leurs salaires. La violence des agissements étatiques tient ici au fait que le mouvement n'émergeait pas du syndicat majoritaire mais des mineurs les moins payés. Plus que tout, le gouvernement semble craindre la prise de conscience des ouvriers de leur état de soumission et surtout l'apparition de formes politiques alternatives (Hayem, 2014b).

Dans certains contextes, malgré des actions de lutte, leur issue est inéluctable. Les politiques de restructuration et de modernisation conduisent à la fermeture d'unités vieillissantes. Les crises économiques ont achevé les secteurs industriels sinistrés. Dans ce cas, les actions servent davantage à signifier qu'une page se tourne plus qu'à permettre un retour en arrière. Nous assistons à la fragilisation, voire au délitement de mondes du travail où les syndicats avaient encore une place, et par là au déclin local de collectivité. L'oubli, par les anciens salariés résidant encore au pays, d'épisodes douloureux qui ont marqué l'histoire de l'usine d'un village du centre-est de la France, est particulièrement frappant. Dans cette commune configurée par l'existence d'un paternalisme industriel, la crise survenue dans les années 1980 et l'annonce d'un licenciement collectif en 1981 auront eu raison d'un syndicalisme villageois qui avait réussi à s'imposer durant des décennies. La mobilisation des personnels licenciés, l'occupation de bâtiments, notamment par les militants CGT, n'ont pas eu l'effet escompté. Les syndicalistes ont fini par signer un protocole d'accord qui n'a permis qu'à quelques-uns des salariés d'être réembauchés par le nouvel acquéreur de l'usine et dans laquelle aucune section syndicale ne s'implantera. Les représentations associées à la CGT, n'incarnant plus alors que l'institution qui initia le chômage, vont freiner toutes possibilités de productions mémorielles sur cet événement (Renahy, 2005). Par ailleurs, en disparaissant, la CGT enterre avec elle la transmission de valeurs d'un ordre ouvrier localisé, basées sur des réflexes revendicatifs collectifs (Renahy, 2001b). Quant aux salariés licenciés, ils n'auront d'autres choix, avec la précarisation de l'emploi que connaît leur village, que celui d'un départ forcé. Que faire sans travail et comment s'en relève-t-on ?

1.2. Perdre son emploi et se réinsérer

Les mouvements sociaux ne suffisent pas toujours à éviter la mise au chômage des salariés et, par là, la perte de leur emploi. Cette rupture est d'autant plus violente que le travail rémunéré reste une des valeurs fondamentales de nombreuses sociétés. Pour les licenciés qui ont parfois passé de longues années à travailler pour leur employeur, elle est vécue comme une injustice qui touche, par voie de conséquence, leur famille, et qui peut conduire à une désaffiliation professionnelle et sociale si l'absence d'activité dure trop longtemps. « Recyclage » des corps, reclassement des travailleurs, ne sont pas toujours faciles et demandent de nombreux réajustements dans la subjectivité des travailleurs. Il arrive fréquemment que la fermeture d'une entreprise menace, remette en cause, voire annihile, l'identité professionnelle de ceux qui perdent leur emploi. Cette situation est particulièrement sensible lorsque la fermeture est vécue comme « la fin d'une profession » (Corteel, 2009, p. 108), la « profession » n'étant pas ici à comprendre au sens de métier spécifique, mais d'un ensemble de filières professionnelles qui concourent ensemble, au sein de l'usine, à la production finale d'un produit particulier (fonderie, téléphonie, textile, automobile, etc.). Ce sujet de la perte d'emploi a plutôt été traité par la sociologie, mais l'anthropologie n'a pas été indifférente, s'attachant au plus près de la vie quotidienne et sociale des chômeurs, regardant la façon dont ces « sans-emploi » tentent de s'en sortir.

Certains choisissent de poursuivre la lutte, de rendre visible leur état. Au début des années 2000, une enquête a pu être réalisée en suivant de l'intérieur la marche des chômeurs en France. L'accompagnement des militants dans certains de leurs périples, lors d'occupations de lieux, a permis d'observer de près les rancœurs face à leur situation autant que les tensions et les désaccords politiques qui ont émergé en interne (Kim, 2014). Mais passé ce temps collectif, les chômeurs se retrouvent face à eux-mêmes, face aux responsabilités familiales et dans l'obligation de trouver des solutions pour pallier économiquement la situation. Ce sont les autres membres de la famille, quand famille il y a, qui sont mis à contribution. Par exemple, les épouses peuvent être amenées à retravailler, voire à travailler, comme cela a pu être constaté dans des familles ouvrières du nord de la France (Schwartz, 2002). Autrement dit, les femmes de chômeur sortent du foyer pour exercer une activité professionnelle à l'extérieur tandis que les hommes se replient à l'intérieur dans l'univers domestique. Dans ce milieu populaire, le modèle conventionnel de répartitions sexuées des tâches se voit bouleversé. La fragilisation d'un devenir qui vient troubler l'horizon des projets familiaux contraint à de nouvelles orientations de vie. Dans ces conditions, la possibilité de bâtir ou d'acheter une maison se trouve compromise. Il faut déployer de l'ingéniosité pour s'en sortir. Le chômage apparaît comme le temps de la débrouille, celui du renforcement d'une économie informelle permise notamment par la pratique du bricolage et les échanges solidaires (voir chapitre 5). Les « bricoleurs œuvrent dans une économie de manque. Sorti d'usine ou de l'atelier, le bricoleur expérimente une situation de rupture sociotechnique, d'un "ordre productif" auquel il appartient dans sa vie professionnelle » (Trivière, 1999, p. 91). Cette situation de rupture est plus forte encore pour l'ouvrier licencié ou le retraité qui, partant avec une qualification, des savoir-faire, une expérience professionnelle, une caisse à outils, mesurent la perte d'une production organisée, d'un système technique, des matériaux et des collègues, ressentent les effets de la décontextualisation du travail et de la production.

Dans ces contextes de crise de l'emploi, s'en sortir n'a donc rien d'une évidence comme le montre une triple ethnographie menée en Grèce dans différents secteurs professionnels : industrie du tabac, construction navale et banque (Spyridakis, 2012, 2013). L'enquête permet d'accéder à une compréhension fine des situations d'emploi et de précarité, qui conduit à une remise en cause de certaines thèses économistes et à une critique des effets du capitalisme. Pour les ouvriers travaillant dans l'industrie du tabac dans la ville du Pirée qui ont été licenciés, il est difficile, en dépit de leur attachement à des valeurs éthiques du travail et marqués par leur parcours professionnel, de conserver des liens professionnels et sociaux, dès lors qu'ils n'appartiennent plus à l'entreprise. La déréglementation du marché du travail et la diminution de la protection sociale qui touchent alors la société grecque en situation de crise économique ont pour conséquence leur progressif déclassement, les obligeant à accepter des emplois peu qualifiés et peu rémunérés. Cette ethnographie souligne aussi l'existence de nouvelles formes d'exploitation qui ont émergé avec les régimes de travail flexibles (Spyridakis, 2012).

Il s'agit donc souvent de se préparer à changer de mondes professionnels. Il existe des accompagnements institutionnels aidant les chômeurs à une reconversion professionnelle. Il en a été ainsi pour les ouvrières de l'usine Alcatel située dans la communauté urbaine de Cherbourg qui ont été amenées à trouver un nouvel emploi (Malsan, 2001). Contrairement aux reconversions volontaires, comme celles des personnes rencontrées dans le cadre des formations du CNAM (Procoli, 1996), la reconversion des ouvrières d'Alcatel a été subie et provoquée par le progressif démantèlement de l'établissement. Même si dans les deux cas de figure, une page professionnelle se tourne, l'obligation d'une requalification n'est pas vécue de la même façon que lorsqu'elle est choisie. La fermeture de l'usine Alcatel en 1997 signe la fin d'un monde, celle d'une « culture ouvrière féminine » dont elle était devenue le symbole. Le « plan économique et social » et la création d'une antenne emploi en 1998 ne suffiront pas à combler la perte. Les ouvrières considèrent que l'entreprise doit payer sa dette et réclament une réparation, un juste dédommagement de leur licenciement collectif (Malsan, 2007). Elles mesurent les conséquences de la rupture du contrat salarial et redoutent une progressive désaffiliation familiale et sociale. La prise en charge institutionnelle des salariées, bien que pensée comme une contribution sociale et morale venant éponger la dette, ne compense ni les sacrifices du travail et du sans-travail ni le démantèlement du collectif, porteur de valeurs. Les ouvrières critiquent le fait que les cabinets de reclassement passent par des négociations individualisées et surtout leur demandent de tirer un trait, sans doute trop brutalement, sur leur passé, seule condition stipulent-ils pour avancer. Dans tous les cas, les ouvrières auront à se confronter au marché de l'emploi et à la nécessité de se requalifier et, par là, de se réadapter à un milieu, voire de se reconstruire (Malsan, 2001, 2007). C'est également pour faire face à ces enjeux de reconversion professionnelle subie que l'une des commissions de l'association *Chœurs de fondeurs* a pour but « l'accompagnement social » de la fermeture de l'usine Metaleurop en travaillant de concert avec les diverses institutions en charge du reclassement des 830 personnes ayant ainsi perdu leur emploi du jour au lendemain (Corteel, 2009). Issus eux-mêmes de cette usine et y ayant été employés de longue date, les « référents sociaux » (membres de cette commission engagés dans ce travail de reclassement) ont une expérience de travail qui leur procure une connaissance intime des postes occupés, des techniques et des processus employés, des matières travaillées, des produits manufacturés, mais aussi des travailleurs eux-mêmes, de leurs capacités, de leurs réseaux, etc. Cette expertise leur confère une certaine légitimité auprès des partenaires de la recherche d'emploi qui écoutent et, bien souvent, suivent leurs avis. Ces référents offrent à leurs collègues, ex-salariés Metaleurop, la possibilité de traduire en langage audible par ces institutions les spécificités de leurs postes, de leurs compétences et de leurs savoir-faire, en particulier lorsque ces derniers n'ont pas été sanctionnés par des diplômes. Cet « espace de médiation original » leur permet de lutter, en partie au moins, contre les impensés des procédures « classiques » de reclassement qui oublient « la dimension du travail, de son contenu, des liens sociaux et du collectif professionnel » (Corteel, 2009, p. 54). Ce faisant, il s'agit de prendre au sérieux les processus de subjectivation à l'œuvre au travail : « les salariés cherchent alors à défendre leur professionnalisme, leur qualification, leur engagement et leur prestige, mis à mal par la fermeture » (Corteel, 2009, p. 56).

D'autres dispositifs de nature très différente ont pu être observés par les anthropologues. À New York, une association caritative baptisée « Dress for Success » est chargée d'accompagner des femmes en difficulté et en recherche d'emploi (Hanifi, 2008, 2015). La particularité de cette association est de leur prodiguer des conseils vestimentaires et de leur proposer gratuitement des tenues pour leur entretien d'embauche. Les bénévoles de l'association savent combien les statuts professionnels sont représentés par les vêtements. Son vestiaire est composé de dons de femmes d'affaires blanches. Le « tailleur », vêtement conservateur, est d'ailleurs le support matériel et symbolique du discours de l'association, un discours idéologique, porteur de normes et de valeurs, en décalage avec les réalités sociales, et notamment avec la morphologie des femmes issues de classes défavorisées qui viennent frapper à sa porte. Une discrimination sociale et ethnique est entretenue. Derrière ce travail des apparences servant à la réinsertion, d'autres enjeux se cachent comme celui de promouvoir une image de l'employée modèle (Hanifi, 2008, 2015). Le chemin vers l'emploi n'est donc pas sans encombre.

Pour certains, les plus démunis, ce chemin doit plutôt les conduire vers un « réemploi ». Ils passent ainsi par des lieux d'accueil et d'insertion, tels que les communautés d'Emmaüs, les recycleries-ressourceries, les jardins d'insertion, etc., au sein desquels le travail de récupération et de requalification des objets effectué par des travailleurs s'inscrivant dans des parcours de réinsertion (Benelli *et al.*, 2017) et dont la spécificité a aiguisé la curiosité des ethnographes (voir chapitre 3). Les communautés d'Emmaüs s'inscrivent dans le « mouvement Emmaüs » dont les activités sont très larges, pouvant aller, en dehors des communautés donc, du foyer d'accueil d'urgence à la boutique de solidarité, du syndicat de locataires à la fondation pour le logement, ou encore à l'aide aux toxicomanes (Liégeard, 2004; Hoarau, 2009). Les communautés accueillent, elles, des personnes en situation de grande désaffiliation, relevant parfois de la survie. Elles leur donnent les moyens de retrouver leur dignité grâce à un hébergement et à une allocation hebdomadaire versée en échange du travail fourni, celui-ci consistant essentiellement à récupérer, collecter et traiter des vieux objets qui retrouvent leur fraîcheur pour être revendus. De cette façon, ces hommes et ces femmes se réhabilitent en réhabilitant des objets (Liégard, 2004). Pour les associations inspirées par Emmaüs du type « ressourcerie », présentes sur le territoire français, le terme de « réemploi » désigne à la fois la requalification des objets-déchets, sans valeur et sans usage, et la réinsertion des individus sans emploi, laissant voir « cette conjonction entre réemploi des objets et insertion des individus » (Corteel, 2016b, p. 115). Les objets comme les salariés en insertion sont de passage, contrairement aux coordinateurs, aux encadrants techniques et aux bénévoles qui animent ces associations qui vivent entre autres choses de subventions publiques. Redonner vie à des objets et travailler de ses mains aident les individus brisés à se reconstruire. Il en est de même du jardinage qui est considéré comme possédant également cette vertu sociale. Les jardins d'insertion qui ont émergé dans plusieurs villes françaises à la fin des années 1980 pour remédier à la crise, la pauvreté et l'exclusion, trouvent leur origine dans la pratique des jardins ouvriers, mais les jardiniers précaires se voient attribuer un contrat de travail, qui bien qu'à durée limitée, doit œuvrer à un retour à l'emploi. Ces activités jardinières sont pensées comme un moyen d'acquérir les normes et les habitudes de travail autant que le respect des équilibres écologiques (Fortier, 2003). Là encore, nous pourrions lire un rapprochement de deux entités, ici entre les Hommes et la nature, dont nous cherchons à préserver l'intégrité à travers des actions partagées. Nous comprenons mieux les vocations de ces dispositifs solidaires et sociaux qui permettent aux individus, grâce au travail, de retrouver une place dans la société, et plus encore de faire corps avec elle, et par là, de donner du sens à leur vie.

2. Être lié au travail pour toujours

Il arrive un moment où l'activité professionnelle cesse ou doit cesser. Pour autant, comment s'établissent les liens, dans le temps, avec ces lieux où des hommes et des femmes ont exercé leur métier, occupé un poste, mais aussi avec les savoirs et savoir-faire acquis ? Le départ à la « retraite », terme lié à une forme spécifique d'organisation sociétale, marque-t-il vraiment une rupture avec le monde d'avant, celui dit de la « vie active » ? Ces questions se posent de manière particulièrement aiguë lorsqu'un lieu de travail (usine, etc.) ferme ses portes. Quels rôles faisons-nous alors jouer aux anciens pour préserver une mémoire, ou plutôt des mémoires professionnelles ? Les anthropologues ont été attentifs aux rituels qui viennent signifier le passage à la retraite, étape vers un autre rapport au travail. Ils ont également étudié les cérémonies commémoratives et les processus de patrimonialisation des lieux de travail élaborés pour ne pas les oublier. Nous tâcherons donc ici de comprendre les manières dont se tissent les liens au travail (emploi *et* activité) entre le passé et le présent, les manières dont l'activité professionnelle absente fait présence.

2.1. Être à la retraite

Dans les sociétés où ce moment fait sens, le passage à la « retraite » marque un véritable changement pour celui ou celle qui cesse son activité professionnelle. D'ailleurs, « la fin de la vie active » – comme le dit l'expression – est signifiée par une célébration au sein de l'établissement qu'il ou elle quitte, nous y reviendrons. Quand l'entreprise est familiale, d'autres enjeux refont surface. La procédure de succession doit être entamée, et ce même si elle a été préparée en amont comme nous avons pu le voir dans la partie consacrée aux apprentissages et transmissions en famille, et en particulier chez les marins-pêcheurs, les agriculteurs ou encore les viticulteurs (voir chapitre 1).

Nous pouvons donc nous demander si le lien avec le travail cesse vraiment, tant du côté de la sphère professionnelle que du côté de la sphère privée. Nous ne pouvons pas réduire la retraite à une mise entre parenthèses sociale, bien que le pot de départ organisé à cette occasion vienne *a priori* en conforter l'idée. En effet, ce jour-là, l'entreprise ou l'institution remercie le salarié ou la salariée en partance pour ses loyaux services. Les observations ethnographiques réalisées dans différents secteurs économiques semblent converger. L'allocution de la direction ou de son représentant se centre sur un rappel de la carrière pour mieux réinscrire l'individu dans le temps long de la structure et désigner une fois encore sa place dans la « grande famille », et en cela le pot de départ à la retraite est lui aussi un « rite d'institution » (Bourdieu, 1982) (voir chapitre 1). Les cadeaux de l'institution (de la direction ou du C.E.) offerts au moment de cette cérémonie signifient matériellement l'intégration de l'individu au sein de l'établissement et servent, au moment de la retraite, à le distinguer avant son départ définitif (Gérôme, 1998). Il arrive aussi parfois que la direction de l'établissement dans lequel il a travaillé rappelle le retraité pour l'inviter à d'autres festivités officielles (anniversaires de l'entreprise, remise de médaille, pot de départ, etc.), afin de contribuer directement ou indirectement à la célébration de la « maison » et de son « esprit de famille » (voir chapitre 5). Plus encore, la mémoire vivante du retraité œuvre à ancrer l'entreprise dans le temps long de son histoire. Les associations de retraités jouent d'ailleurs un rôle fondamental dans la préservation de cette histoire.

Cependant, les blessures ou les rancœurs de certains membres des personnels les conduisent parfois à refuser toute participation à ces célébrations officielles ou toute organisation festive personnelle, comme ce retraité qui, considérant avoir été victime d'injustices de la part de son entreprise durant sa carrière, et ce malgré ses qualités professionnelles et personnelles, n'a pas souhaité organiser son pot de départ (Flamant, 2002). Ces refus sont des actes symboliques forts qui viennent marquer la rupture institutionnelle que le passage à la retraite entérine. Tous les salariés ne tiennent pas à maintenir avec leur entreprise un lien considéré comme artificiel. Si la rupture peut être ainsi actée, elle l'est moins avec les collègues proches. Les cadeaux reçus par ces derniers au moment du pot de retraite ont une autre teneur que ceux offerts par la direction de l'entreprise. Ils renvoient souvent à la nouvelle vie de la personne en partance, et sont choisis en fonction de ses goûts et de ses activités préférées. Dans les milieux ouvriers, ruraux comme urbains, les cannes à pêche, les établis ou outils de bricolage sont légion. Dans d'autres milieux sociaux, ce sont plutôt des objets décoratifs, des voyages, etc., qui pourront être offerts. À ces cadeaux-marchandises, s'en ajoutent d'autres, productions symboliques, matérielles ou immatérielles (chansons ou poèmes). Les dons personnalisés, conçus et fabriqués spécialement pour l'occasion, sont la formulation contemporaine de solidarité de métier et le moyen que les salariés ont d'exprimer à un collègue leur reconnaissance à travers des objets révélateurs de ce qu'il est, de ce qu'il aime (Gérôme, 1998). Ces cadeaux rappellent à la fois l'ancienne et la nouvelle vie du salarié ou de la salariée. Dans cette configuration amicale, les retraités n'hésitent pas à repasser dans les ateliers ou dans les bureaux pour saluer leurs anciens collègues, ils peuvent même être conviés à des déjeuners et aux pots de retraite des personnels qu'ils ont connus quand ils travaillaient encore.

Cette cérémonie de départ à la retraite est la démonstration de la place tenue par l'individu au sein de sa vie professionnelle, et pour qu'elle prenne tout son sens, ce n'est pas uniquement à l'ensemble des collègues qu'elle est adressée, mais également à la famille du ou de la future retraitée qui mesure, de cette façon, la carrière de son parent. Il n'est pas rare que plusieurs générations (conjoint, enfants et petits-enfants) soient de la fête.

Ensuite, c'est au sein du domicile que prendront place les cadeaux reçus. Ainsi, il reste parfois aux murs les traces de cette vie active : cadeaux de départ à la retraite mais également diplômes, médailles du travail, exposés tels des trophées, se font concurrence. Ces présences du travail deviennent les repères temporels d'une carrière, d'une vie de travail... Le foyer apparaît comme le lieu où se cristallisent tous les temps de la vie. Nous comprenons l'importance, pour certains, de posséder une maison au seuil de la retraite. Elle représente une sécurité et le rappel de sa vie antérieure (voir chapitre 5). Parmi les ouvriers égoutiers de la région de Montpellier par exemple, il devient primordial, en s'approchant de la retraite, d'être propriétaire de sa maison, ou en voie de le devenir (Jeanjean, 2006). Dans le milieu des bateliers, ce n'est que si le couple a accumulé un capital suffisant qu'il fera l'acquisition à la retraite d'une maison à terre, mais nombreux sont ceux qui continueront à habiter leur péniche (Wateau, 1989).

Les activités effectuées à la retraite sont souvent liées à cette relation au foyer, d'où l'importance que peuvent prendre celles de bricolage, parfois directement associées aux compétences professionnelles. La mobilisation de ces dernières est plus ou moins explicite. Dans le cas des entreprises familiales, les parents retraités qui vont aider leurs enfants ayant pris la relève reproduisent clairement leur savoir-faire. Les frontières sont plus floues quand les activités se présentent comme des « loisirs ». Le concours de dictée en est un bel exemple (Feschet, 1998). Bon nombre des passionnés qui y participent sont d'anciens professeurs de langue ou de littérature, instituteurs, directeurs d'école, bibliothécaires, écrivains, correcteurs, journalistes, traducteurs, etc., à la retraite, ce qui peut expliquer leur sensibilité à l'orthographe : « exclus subitement de leurs univers professionnels, les jeux d'orthographe sont pour certains une façon de recréer des liens [...] de reconstruire un réseau de "collègues" » (Feschet, 1998, p. 212). La retraite n'est donc pas synonyme de disparition d'activités intenses et expertes (contrairement à ce que véhicule l'expression de « fin de la vie active ») et par là d'une forme de travail au sens large. Les compétences acquises dans la sphère professionnelle sont mises en œuvre à des fins ludiques ou à des fins patrimoniales, comme c'est par exemple le cas dans les écomusées, devenus les vitrines d'activités industrielles révolues, les retraités prenant volontiers largement part à la conservation et démonstration des savoir-faire.

Nous pourrions penser que seule la mort peut venir rompre le contrat. Mais il n'en est rien comme le montre l'analyse des nécrologies (Kalaora, Poupardin, 1988). Celles-ci marquent et surtout publicisent l'appartenance du défunt à un corps de métier, à une entreprise, à une institution. Le décès d'un salarié n'est pas seulement un événement qui touche une famille, il est aussi un événement qui concerne l'établissement qui l'a employé. La mort ne défait pas de ses liens sociaux, elle les confirme. L'individu n'échappe pas à ses multiples appartenances que le fractionnement des cérémonies rappelle : section syndicale, club du comité d'établissement, groupe de camarades de travail lui rendent hommage, chacun à sa manière. Il s'agit ensuite de continuer à se souvenir.

2.2. Ne pas oublier

Et il existe des circonstances plus que d'autres qui invitent au devoir de mémoire. Des monuments ou des plaques commémoratives honorent, dans les établissements professionnels français, les personnels disparus durant les guerres de 1914-18 et 1939-45 ou encore celles de la décolonisation – Indochine, Algérie. Des gerbes de fleurs sont déposées sur les lieux lors des dates anniversaires. Parfois, il ne reste plus qu'une trace à peine visible de ces anciennes présences. Noëlle Gérôme a arpenté, accompagnée d'un photographe, les locaux de la Régie Autonome des Transports Parisiens (RATP) – couloirs des métros, bureaux des stations, ateliers, dépôts de bus, cantine, école – pour dénicher et inventorier ces monuments et plaques commémoratives dédiées aux agents de la régie ou du moins les marques qui en restent. Ce n'est pas uniquement la diversité de formes et d'expressions de ces objets de mémoire qui nous est livrée dans un recueil photographique mais également leurs sens et usages sociaux contemporains (Gérôme, 1995).

Nous pouvons constater une volonté forte de ne pas oublier, un devoir de mémoire qui touche certes les personnels, mais nous le verrons aussi, les lieux de travail eux-mêmes et les activités qu'ils abritent autant que les actions militantes qui ont eu cours.

Avec les mutations économiques et sociales du monde rural ou encore le phénomène de désindustrialisation, ce sont des lieux qui ferment ou qui sont en passe de l'être, et conjointement des pans de savoirs techniques et professionnels qui disparaissent. Dans les années 1980, les pouvoirs publics français ne sont pas indifférents à cette situation, mais leurs intérêts se placent du côté du ministère de la Culture et de ses économies qui déploient des initiatives en faveur d'une patrimonialisation de l'artisanat et de l'industrie. Des campagnes d'inventaires sont lancées en urgence et la mission du patrimoine ethnologique tout juste créée au sein du ministère de la Culture insuffle une dynamique de recherche notamment sur les savoir-faire, les industries locales, élargissant la problématique du patrimoine en ne la réduisant plus au bâti (Kollmann, Valière, 1992b). Les interrogations se font donc politiques, sociales, culturelles et scientifiques. L'intérêt alors grandissant pour le patrimoine lié au travail ne sera jamais démenti, même si son émergence en France, contrairement à d'autres pays, aura eu peine à s'affirmer en raison de « son contexte idéologique mais aussi politico-économique » (Bazin, 2014b, p. 144). Nous assistons au développement d'un nouveau domaine de recherche – le patrimoine industriel – entendu comme un lieu de production ayant cessé toutes activités, et non comme un bien de production transmissible par héritage. Ce domaine recouvre un patrimoine vivant, matériel et immatériel. Il s'agit d'interroger les mémoires des lieux de travail, parfois pour nourrir des collections de musée, mais pas uniquement. Des bénévoles d'associations, soucieux du capital mémoire des anciens travailleurs, comme les retraités, n'hésitent pas à engager des initiatives. Les anthropologues ont souvent été amenés à les accompagner dans leur travail de recueil ou ont mené, dans le cadre de commandes institutionnelles ou de leur recherche, des enquêtes sur ces mémoires vivantes professionnelles. Ils ont participé et participent, à leur façon, au devoir de mémoire (Monjaret, 2005c et d). Ils ont été et sont encore nombreux à prendre conscience de la place de ce patrimoine dans notre environnement quotidien au point de devenir non plus seulement observateur, mais également acteur de la valorisation patrimoniale des lieux, des savoirs et des pratiques. Ils se mettent à poser un autre regard sur l'entreprise, voire le décentrent pour aider à donner vie autrement à des lieux de travail, tout en tentant de sortir d'une approche passéiste et de s'engager dans une anthropologie appliquée sinon impliquée. Nous pourrions leur reprocher une trop grande proximité au terrain. Pourtant, c'est grâce à cette posture qu'ils saisissent de l'intérieur les ressorts politiques, économiques, touristiques, sociaux et rituels des dynamiques mémorielles, patrimoniales et commémoratives.

Les anthropologues s'intéressent donc notamment aux mutations que peut entraîner tout processus de patrimonialisation sur un territoire donné. Les travaux consultés sur les usages patrimoniaux du travail (artisanal et industriel) en France montrent, d'un commun accord, qu'au-delà de l'idée de sauvegarde, de conservation et de mémoire, il s'agit de mettre en place localement des politiques culturelles à des fins touristiques, dont le but est *a priori* de servir une communauté, une région... Le cas de l'horlogerie dans le pays de Neuchâtel en Suisse est exemplaire. Au début des années 2000, sans pour autant délaisser les activités contemporaines de cette industrie, s'affirme une volonté politique de créer et de valoriser un « patrimoine horloger » vivant, catégorie opérationnelle, à des fins touristiques et culturelles au service du développement local (Munz, 2012).

Parfois, ce sont les lieux en passe d'être fermés qui ont retenu l'attention des anthropologues. Les usines ne sont pas les seules concernées par les fermetures, les hôpitaux, les universités, les musées le sont également... Les moments de fermeture d'établissements sont particulièrement propices à une demande d'intervention de chercheurs au point de leur attribuer le rôle de passeur, « accompagnateur social », comme cela a été le cas dans le cadre d'une enquête ethnographique et patrimoniale à l'occasion de la fermeture de trois hôpitaux parisiens fusionnant dans une même structure (Monjaret, 2001b). Il en a été de même avant la fermeture du musée des Arts d'Afrique et d'Océanie (MAAO) situé Porte Dorée à Paris, où la direction de l'établissement a tenu à lancer une réflexion sur la mémoire de cette organisation (Eidelman, Monjaret, Roustan, 2003). À chaque fois, l'enquête a révélé l'existence de mémoires plurielles, se complétant, divergeant ou se confrontant aussi.

Le recueil des mémoires peut également s'effectuer quand les lieux du travail se sont tus. Qu'en est-il alors pour la population ou les anciens travailleurs, quand la disparition d'une activité s'effectue dans le silence, quand les lieux ne sont plus que des fantômes industriels ? Il arrive que ce soit l'enquête ethnographique qui permette de raviver les souvenirs. Il en est ainsi de la recherche réalisée sur des fabriques textiles fermées dans les années 1970 en Picardie. Elle a été le moyen pour les professionnels de ces anciennes usines, d'abord sceptiques, de retrouver une conscience fière de leurs activités passées et, par là, leur légitimité (Lafaye, 2005). L'anthropologue a sa place dans la quête du temps perdu et la valorisation d'un passé retrouvé. Plus encore, il ou elle peut être impliquée dans des projets patrimoniaux dont le but est le plus souvent de réactiver une dynamique économique locale. Il ou elle ne manque pas d'interviewer, voire de filmer les anciens travailleurs, témoins vivants de la pratique de métier (Michau, 2019). Alors qu'à Fécamp, la création d'un nouveau musée des pêcheries dans les locaux de l'ancienne conserverie « La Morue Normande » se prépare, Florence Levert, missionnée par le musée, revient sur les lieux avec des ouvrières. Parcourant les espaces du bâtiment, les souvenirs de chacune ressurgissent, ces femmes retrouvent leur atelier, mais également les lieux dont l'accès leur était interdit (Levert, 2007). Ces expériences révèlent l'existence d'une organisation de travail hiérarchisé. Ces constats supposent de prendre en considération des mémoires plurielles : celle des ouvriers n'est pas celle des patrons; celle des ouvrières n'est pas celle des ouvriers; celle des syndiqués ou encore celle des immigrés se distingue aussi, de même que la mémoire d'une génération n'est pas identique à celle de la suivante... Les souvenirs de chacun servent à donner du sens à son parcours.

Ces reconstructions singulières autour desquelles des groupes se retrouvent, mais ne s'accordent pas toujours, conduisent les anthropologues à questionner les conflits de mémoire, les réinterprétations qui peuvent prendre corps dans le temps. C'est le cas de l'écomusée du Creusot consacré aux activités métallurgiques de la région qui a vu le jour dans les années 1970, également pour asseoir un projet communautaire, donnant la parole autant aux habitants, aux ouvriers qu'aux acteurs de la culture. Un musée de l'Homme et de l'Industrie est installé dans le château de la Verrerie, ancienne demeure patronale des Schneider. Le symbole est fort. Pourtant, il faudra attendre le début des années 1990 pour que ce lieu accueille une exposition consacrée à la famille Schneider, symbole de l'histoire industrielle du Creusot (Debary, 2002). En revenant sur les évolutions complexes qu'a connues ce musée ainsi que sur la place de la ville dans ses transformations, il a été possible de comprendre comment « pendant près de trente années, ce musée avait accompagné l'enterrement de l'industrie », « comment celui-ci, en racontant l'histoire du Creusot, s'est mis à la rejouer à la manière d'un musée vivant » (Debary, 2019, p. 36), renouant non sans mal avec son passé industriel. Ce sont la confrontation de mémoires plurielles et plus encore l'absence de certaines mémoires qui ont pu être ici dévoilées. Dans le contexte de patrimonialisation de la Lorraine industrielle, en partant de l'analyse de plusieurs événements phares (dernière coulée d'une usine et dix ans plus tard fermeture de la dernière mine de charbon), il a été possible de mettre en lumière l'existence d'une lutte des représentations qui se noue entre les acteurs pluriels et leurs manières de vivre l'effacement de lieux de travail phares pour la région (Tornatore, 2005).

Le temps qui passe n'y fait rien. Les cérémonies commémoratives en sont un exemple. Elles servent, d'une autre manière, à réactiver localement et/ou nationalement ces mémoires du travail. Dix ans après la fermeture de leur usine, les membres de l'association des Anciens Travailleurs Renault de l'île Seguin ont organisé la commémoration de la sortie de la dernière voiture des chaînes de montage de l'usine de Boulogne-Billancourt. Par cet acte public (ainsi que d'autres initiatives), ils souhaitent témoigner de leur passé ouvrier et militant, faire reconnaître ce qu'ils ont été et ce qu'ils sont, et combler, autant que faire se peut, le vide que le site voué à la démolition apporte (Leyris, 2005). Les actions de ce type peuvent émaner d'autres acteurs, comme les municipalités par exemple, qui veulent renouer avec un passé révolu et revisiter l'histoire du travail qui a marqué leur territoire. Dans cette veine, la mairie de Nogent-sur-Marne a rendu hommage aux plumassières italiennes ayant travaillé dans les ateliers de la ville dès la fin du XIXe siècle, hommage qui a conduit à la création d'une sculpture de bronze. Si le cas est particulièrement intéressant, c'est parce que cet hommage s'est soldé par un échec patrimonial. La controverse dont a fait l'objet la sculpture à l'effigie de Carla Bruni, issue d'une famille de la bourgeoise industrielle italienne, affichant trop évidemment le paradoxe social, a effacé la mémoire des ouvrières qu'elle entendait célébrer (Monjaret, 2015b). Les travaux anthropologiques sont donc précieux pour appréhender les enjeux d'arbitrage des mémoires du travail qui se jouent localement, voire nationalement, emblématisant certaines pour en enterrer d'autres.

Si les mouvements commémoratifs et patrimoniaux laissent transparaître des luttes, les luttes elles-mêmes deviennent un sujet patrimonial. Nombreuses sont les initiatives qui renvoient à ce souci des militants de garder les traces de leur mouvement. L'intersyndicale du personnel des usines d'aéronautique Dassault a édité, sous la forme d'un disque 33 tours vinyle, un enregistrement rapportant la chronique sonore d'une grève à la fin des années 1960 dans le Sud-Ouest. Les sons de la grève apparaissent dans leur multiplicité : chansons, slogans, etc., que nous pouvons désormais également entendre en ligne (Gérôme, 2020). La chanson apparaît clairement comme un acte militant autant qu'un acte mémoriel dont la trace peut être conservée.

La constitution de ces patrimoines militants n'est pas exempte non plus de tensions. Comme nous l'avons déjà évoqué, les ex-salariés de l'usine Metaleurop ont créé l'association *Chœurs de fondeurs* pour poursuivre, à leur manière, le combat et les débats, notamment à travers une démarche d'« interpellations créatives » (Hayem, 2014a). Or, à terme, des tensions ont provoqué la division du groupe, chaque « entité rivale » s'engageant dans des projets mémoriels et patrimoniaux distincts : les uns ont choisi de déposer les archives de l'usine aux Archives nationales du monde du travail (Roubaix) quand les autres se sont lancés discrètement dans l'élaboration d'un Centre dédié au métal qui aura du mal à se développer (Hayem,

2014a). Les Archives nationales du monde du travail possèdent en effet dans leur collection des objets de grève, produits à l'occasion de conflits, parfois ensuite transformés en œuvres plastiques. Témoins de la créativité populaire de lutte, ces éléments de culture matérielle ont rejoint les collections de l'institution, après avoir été récupérés dans le cadre de campagne d'acquisition ou donnés par les militants (Leyris, 2007).

Les mondes du travail n'échappent pas à ces processus patrimoniaux qui cachent des enjeux sociaux et politiques, et c'est là que leur étude devient pertinente pour les anthropologues qui essaient d'appréhender qui sont les acteurs de ces initiatives et quels sens ils donnent à leur démarche mémorielle et mémoriale.

Dans ce dernier chapitre, nous avons cherché à comprendre les répercussions du changement sur les hommes et femmes au travail, les luttes qu'ils mettent en place pour résister, les manières de rebondir après une perte d'emploi ou leur départ à la retraite. Sujets fabriquant et fabriqués par le travail, les individus incorporent, tout au long de leur carrière, des normes, des valeurs et des pratiques attachées à un ou plusieurs milieux professionnels qui les marquent à vie… et quand tout semble s'arrêter, le devoir de mémoire contribue à ne pas oublier les lieux de travail où ils ont exercé leurs activités, où le son de leurs voix ou de leurs machines peut encore résonner.

*

Cultures… au travail

Si aujourd'hui l'utilisation du terme « culture » fait encore parfois l'objet d'une position distanciée de la part des anthropologues qui mesurent les limites et les dangers de son appropriation, il nous est apparu important de passer par un court détour épistémologique pour comprendre la place donnée, à un moment de l'histoire de la discipline, à cette notion dans l'approche ethnologique du travail.

« Culture de métier », « cultures de travail », « culture d'entreprise », « cultures en entreprise », « culture ouvrière » ou encore « culture festive dans l'entreprise », les formules sont nombreuses. Pour autant, nous ne chercherons pas ici à toutes les expliciter mais à insister sur quelques principes qui nous semblent importants à rappeler dès lors que nous nous intéressons à la dimension culturelle au travail ou du travail.

Les individus sont socialisés par et pour le travail et le lieu de son exercice devient le « lieu où se fabrique une culture en prise avec son environnement » (Denieuil, 1991, p. 108). Le travail traverse, façonne les représentations, les pratiques, les rites, les langages, etc., qui seront transmis, appris et réinventés. De cette manière, le travail fait cultures. Ces dernières ont depuis longtemps retenu l'attention des chercheurs en sciences sociales et notamment les anthropologues français.

Les « cultures de métier » impliquent un territoire d'usage (atelier, boutique, bureau, etc.) avec son organisation hiérarchique, une division de travail en fonction des compétences techniques (outils, matières, gestes...), un langage, des codes de l'apparence et des savoir-vivre à respecter au quotidien, des pratiques rituelles suivies par le corps de métiers, la corporation. Ce corporatisme est la manifestation d'une reconnaissance collective du métier, représenté par des associations, des fédérations professionnelles, des instances normatives de défenses des intérêts communs, etc. Le travail renvoie donc à un milieu professionnel.

En 1989, en choisissant de nommer *Cultures de travail* l'ouvrage collectif qu'il dirige sur l'anthropologie industrielle, Alain Morel choisit de faire explicitement le lien entre industrie et cultures et revient en creux au fil des textes sur le sens qui peut être donné aux cultures de travail. Cet ouvrage se veut un tableau de la diversité des thèmes que recouvre ce domaine : « Le système technique et les savoirs », « Les relations industrie-société », « Rites et stratégies » abordant plus précisément le sens de la « culture d'entreprise » (Morel, 1989).

C'est au début des années 1980 que l'expression « culture d'entreprise », qui s'est développée dans les mondes du management aux États-Unis (*corporate culture*), commence à être utilisée en France. En Amérique du Nord, un certain nombre d'anthropologues sont appelés à la rescousse pour aider les organisations à construire une culture d'entreprise (*corporate culture*) : « repenser l'histoire de leur entreprise (*corporate history*) et recréer des mythes d'entreprise (*corporate myths*) » ou un mythe fondateur (Laabs, 2002, p. 38). L'expression « culture d'entreprise » se distingue d'autres telles que « cultures d'entreprise », « cultures en entreprise » ou « cultures dans l'entreprise », qui elles prennent en compte la pluralité des identités des groupes de travail. Elle renvoie plutôt à un univers clos dans lequel une culture préexiste aux salariés et où l'« esprit maison » est exalté grâce à un discours humaniste pour effacer les différences (de classes) entre individus et entre groupes (Cuche, 2016) ; les actions symboliques telles les cérémonies qui réunissent tout le personnel, parfois hors les murs, sont là pour signifier et maintenir la cohésion. Elles appartiennent aux politiques de gestion – nous dirions plus volontiers aujourd'hui de management – dans l'entreprise. Venant donc de l'entreprise et de ses politiques managériales son usage à visée idéologique est vivement discuté sinon critiqué en sciences humaines et sociales.

Plutôt que de parler d'*une* culture d'entreprise, nous souhaitons insister sur l'idée que *des* cultures d'entreprise se construisent dans l'interaction des individus et des groupes. L'emploi du terme « culture » au pluriel est préféré pour éviter toute tentation d'essentialisme. Il faut se garder aussi de « la focalisation sur une fraction catégorielle, qu'il s'agisse des couches supérieures ou inférieures de l'entreprise » car elle « contient autant de risque d'enfermement que de "culturalisation" par un mouvement quasi naturel "d'ontologisation de classe" (la culture ouvrière ou celle de la grande bourgeoisie) » (Althabe, Selim, 1998, p. 108). Le risque serait grand d'aller vers une homogénéité de classe en oubliant les écarts sociaux qui existent dans cette même classe (Schwartz, 2002). Faire des cultures ouvrières, une culture ouvrière mythique figerait une réalité sociale, pourtant plurielle et en perpétuel mouvement.

Toutes ces approches sur les cultures du travail ne signifient pas que les salariés ne reconnaissent pas leur appartenance à l'entreprise, ni qu'il n'y a pas une volonté institutionnelle de cohésion et d'uniformisation pour que chaque employé se fonde dans le moule de l'entreprise, et ce par-delà l'existence de cultures plurielles de métiers, voire de cultures de classe. Elles ne signifient pas non plus qu'il n'est pas pertinent de chercher à caractériser l'ethos de ces groupes, fait de valeurs et de pratiques communes. La notion de « culture » est un outil critique d'appréhension et de compréhension des processus sociaux à l'œuvre au sein des mondes de travail, et c'est en cela qu'elle nous semble intéressante à mobiliser.

Conclusion

Ce manuel a pour vocation de poser des jalons pour une anthropologie du travail et, par là, de rendre visibles des recherches qui traitent du travail sans forcément revendiquer une appartenance à ce champ en constitution. Son intention est d'insister sur la spécificité des questionnements et des approches de l'anthropologie sur le travail et de suggérer l'examen de nouveaux chantiers de terrain et de réflexion encore trop peu explorés dans ce domaine. Notre volonté n'a pas été de dresser un panorama exhaustif des productions existantes tant elles sont nombreuses et éparses, mais bien de proposer une possible interrogation anthropologique sur le travail et de consolider un champ encore émergeant puisque, comme nous l'avons rappelé en introduction, celui-ci n'a jusqu'à maintenant pas ou peu trouvé sa place en anthropologie.

En ouverture de cet ouvrage, nous nous sommes interrogées sur les réticences des anthropologues à concevoir le travail comme un champ disciplinaire à part entière. Nous avons évoqué le fait que d'autres champs, celui du politique, de l'économique, du technique, qui croisent celui du travail, semblent avoir été considérés par les anthropologues comme plus pertinents pour saisir les activités et les sociétés qu'ils et elles observaient. Rappelons que dans l'optique d'une approche monographique, longtemps prônée dans la discipline, cette thématique du travail n'était qu'une entrée parmi d'autres de compréhension des groupes étudiés (Barthèlemy *et al.*, 2014).

Ce manuel a donc cherché à montrer combien ce découpage a ses limites et à quel point il est nécessaire d'approcher cet objet d'étude – le travail – en prenant en compte sa complexité sociale et les différents domaines qui le traversent. En développant dans les années 1920 sa thèse autour des « faits sociaux totaux », Marcel Mauss n'a-t-il pas encouragé à regarder tout « fait » à partir des liens qui se tissent entre les différentes sphères du social (le politique, le juridique, le familial, le religieux, l'esthétique, le moral, le technique, etc.) qui le parcourent et le constituent, et ce dans l'articulation entre l'individuel et le collectif (Mauss, 1983) ? Cet outil conceptuel pourrait s'appliquer à l'étude du travail, à condition d'éviter les usages multiples et souvent abusifs de ce concept maussien, qui mènent à l'affaiblissement de sa portée théorique (selon Wendling, 2010). Servant de plus en plus souvent à la seule (re)valorisation de l'objet étudié, ou à la simple annonce d'une prise en considération de toutes ses dimensions, la qualification d'un fait en « fait social total » risque de mener à sa généralisation et à son abstraction, surtout lorsqu'il est envisagé au sein d'une société pensée comme un tout, une totalité, figée et intemporelle. Il s'agit au contraire de ne pas oublier la variété et le dynamisme des groupes qui participent à toute société et qui, ce faisant, concourent chacun à leur manière au fonctionnement des sphères qui la constituent (Wendling, 2010). Ce n'est pas à une réification *du* travail mais bien à une interrogation *des* mondes de travail, dans leur variété sociale, spatiale et temporelle que s'est attaché ce manuel.

Ainsi, nous avons choisi de cerner ces mondes à partir de nombreux résultats d'enquêtes ethnographiques menées, par des anthropologues français ou étrangers, principalement en France mais aussi dans d'autres pays situés sur les quatre continents, depuis les années 1960, et à travers lesquels des réflexions théoriques ont pu s'imposer. Soucieuses de la compréhension de ces mondes pluriels, parfois familiers parfois plus lointains, nous avons tenté de cadrer ce foisonnement de recherches en valorisant des thématiques phares de l'anthropologie : apprentissages, langages, activités, corps, territoires, mémoires. Et plus encore, grâce au plan adopté et bien que chaque chapitre soit autonome, nous avons voulu permettre à tout un chacun de suivre le façonnage que connaissent, par le travail, les hommes et les femmes tout au long d'une vie, d'éprouver de la sorte, par une progressive immersion, ce qu'ils ou elles peuvent faire, vivre, endurer et apprécier dans ces conditions, comment ils ou elles apprennent un savoir-être qui conditionne ce qu'ils ou elles sont au travail et au-delà.

Nous ne naissons pas archiviste, chauffeur/chauffeure, danseuse/danseur, égoutier/égoutière, guide, ouvrier/ouvrières, etc., ou anthropologue, nous le devenons, au point que notre métier, notre profession constitue peu à peu une carte d'identité sociale. À l'énonciation : « Je suis... », tout est dit. Que se cache-t-il derrière une telle affirmation ? Loin de l'essentialisation d'un métier ou de stéréotypes qui distinguent ou stigmatisent, qu'apprenons-nous des représentations, des pratiques, des normes et des valeurs d'un groupe professionnel dans son espace de travail et en dehors de celui-ci ? Ce manuel a tenté d'offrir des réponses à ce questionnement.

Étudier le travail ne se réduit donc pas à enquêter sur l'activité professionnelle proprement dite – même si l'analyse des pratiques ne doit nullement être évincée. Il nous faut dépasser l'activité pour saisir l'amplitude et la diversité de ses fonctions sociales. Les anthropologues l'ont vite compris. Ils ont d'abord commencé par se pencher sur les activités des individus inscrites dans leur environnement proche et circonscrit (par exemple un village). Puis, ils ont élargi leurs champs d'observation, ont pratiqué des terrains multisitués, en suivant les logiques de circulation des acteurs, des objets, des idées, etc. (Marcus, 1995), que les processus liés à la globalisation rendent plus nombreux et plus rapides, comme nous avons pu le voir au fil des pages de l'ouvrage. Et à chaque fois, les chercheurs n'ont pas été indifférents à ce que ces contextes produisaient et produisent encore. L'exemple de ce qu'ils ont nommé, avec les sociologues notamment, la « culture ouvrière » est en cela illustratif. Celle-ci renvoie à des manières partagées d'être en collectif. Elle sous-entend une « conscience ouvrière », un « ethos ouvrier », des façons de faire et de dire qui marquent une appartenance identitaire, permettant à tous et toutes de se reconnaître comme communauté. Même si cette approche peut prêter à critique car elle semble figer le groupe et effacer l'existence d'une pluralité, elle a contribué néanmoins à prendre la mesure du processus de construction, certes d'un savoir-faire, mais surtout d'un savoir-être au, et de, travail. Les individus sont des êtres pluriels. Ce sont les mécanismes qui œuvrent à cette construction que nous avons ici abordés et leur étude a conduit à nous interroger sur la place du travail dans l'ensemble des sphères sociales, et réciproquement sur les influences de ces sphères sur le travail. Nombreux sont les auteurs, notamment Jean Copans et Bernard Bernier (1986) ou encore Gérard Althabe et Monique Selim (1998) – d'autres suivront – à s'être exprimés sur cette question. Selon eux, le travail ordonnant le quotidien des individus, il est nécessaire pour l'appréhender pleinement de prendre en compte l'ensemble des dimensions constitutives de la vie humaine (familiales, sociales, économiques, politiques, médicales, religieuses, etc.). Il ne s'est pas agi d'amplifier un découpage analytique par branches disciplinaires, mais plutôt de montrer combien il est important de considérer leur intrication, et de participer à leur décloisonnement. C'est ainsi que les chapitres de ce manuel sont souvent traversés par plusieurs de ces branches à la fois.

Enfin, certaines recherches présentées ici sont parfois déjà anciennes et se sont attachées à des réalités sociales qui peuvent sembler aujourd'hui révolues tant les mondes professionnels ont connu des changements, mais il est important d'en faire état. De futures recherches ouvriront certainement d'autres voies, insistant notamment plus fortement sur les questions de l'éthique et de la morale au travail, de l'influence de l'écologie, de la place réservée aux réseaux sociaux, ou de l'invention de nouvelles manières de travailler ou de concevoir le travail. Il s'agira par ailleurs de poursuivre et de renouveler les questionnements sur les rapports sociaux (de classe, de genre, de « race ») et d'explorer toujours plus avant les « enchevêtrements » de la domination (Absi, Bazin, Selim, 2014) engendrés, renforcés ou reconfigurés par un système néocapitaliste, dans un monde postcolonial en mutation.

Ce manuel, qui est l'un des premiers sur ce thème en France, a cherché à proposer un large tour d'horizon des thématiques et des analyses anthropologiques françaises et internationales sur le travail. Il entend ainsi défendre l'intérêt d'une approche anthropologique qui met le travail au cœur de sa réflexion, contribuant, par là même, à la structuration d'un tel domaine en anthropologie. Défendre cet intérêt à étudier le travail en anthropologue, c'est également reconnaître la place que celui-ci occupe dans la vie de chacun sous des formes très diverses. Il s'agit donc de mener une anthropologie du travail qui soit réflexive et engagée, impliquée dans la discipline et dans la cité.

Bibliographie

Abélès M. (1980), « Rouergats de Paris. Pour une anthropologie au présent », *Ethnologie française*, n° 2, 163-168.

Abélès M. (1995), « Pour une anthropologie des institutions », *L'Homme*, n° 135, 65-85.

Abélès M. (2000), *Un ethnologue à l'Assemblée*, Paris, Odile Jacob.

Abélès M. (2002), *Les nouveaux riches. Un ethnologue dans la Silicon Valley*, Paris, Odile Jacob.

Abélès M., Bellier I. et McDonald M. (1993), *Approche anthropologique de la Commission européenne*, Bruxelles, miméo Commission européenne.

Absi P. (2003), *Les ministres du diable. Le travail et ses représentations dans les mines de Potosi, Bolivie*, Paris, L'Harmattan (« Connaissance des hommes »).

Absi P. (2004), « Le diable et ses prolétaires. Le travail dans les mines de Potosi, Bolivie », *Sociologie du travail*, vol. 46, n° 3, 379-395.

Absi P. (2012), « L'offensive du rire dans les maisons closes de Bolivie », *Recherches féministes* « Les voies secrètes de l'humour des femmes », vol. 25, n° 2, 119-137.

Absi P., Bazin L. et Selim M. (2014), « Les dominations enchevêtrées. Investissements épistémologiques de l'anthropologie du travail », *L'Homme et la société* « Les mille peaux du capitalisme (I) », vol. 3, n° 193-194, 153-180.

Achour A. (2002) [1998], « La "passion" du jeu », *in* Bromberger C. (dir.), *Passions ordinaires. Football, jardinage, généalogie, concours de dictée*, Paris, Hachette (« Pluriel »), p. 331-354.

Adell N. (2011), *Anthropologie des savoirs*, Paris, Armand Colin (« U »).

Adell N. et Chevalier S. (dir.) (2015), « La part de la main » *ethnographique.org* [en ligne], n° 31.

Adell-Gombert N. (2008), *Des hommes de Devoir. Les Compagnons du Tour de France (XVIIIe-XXe siècle)*, Paris, Éditions de la Maison des sciences de l'homme/ministère de la Culture (« Ethnologie de la France »).

Ager D. E. (1990), *Sociolinguistics and Contemporary French*, Cambridge, Cambridge University Press.

Agier M., Copans J. et Morice A. (1987), *Classes ouvrières d'Afrique noire*, Paris, Karthala-ORSTOM (« Hommes et Sociétés »).

Allamel-Raffin C. (2005), « Instruments et bricolage en physique des matériaux : l'exemple des catachrèses », *Tracés* « Expérimenter », n° 9, 23-36.

Almeida-Topor H. (d'), Lakroum M. et Spittler G. (dir.) (2003), *Le travail en Afrique noire. Représentations et pratiques à l'époque contemporaine*, Paris, Karthala.

Althabe G. (1963), *Le chômage à Brazzaville*, Paris, ORSTOM.

Althabe G. (dir.) (1984), « Ethnologie urbaine », *Terrain*, n° 3.

Althabe G. et Selim M. (1991), « Désacraliser l'entreprise : un terrain ethnologique banal (Entretien avec Gérard Althabe, conduit par Monique Selim) », *Journal des anthropologues* « Ethnologie de l'entreprise », n° 43-44, 17-21.

Althabe G. et Selim M. (1998), *Démarches ethnologiques au présent*, Paris, L'Harmattan (« Anthropologie critique »).

Althabe G., Lege B. et Selim M. (1984), *Urbanisme et réhabilitation symbolique*, Paris, Anthropos.

Anichini G. (2013), « Quand c'est la science qui bricole, c'est du sérieux. Bricolage d'objets et d'images dans le domaine des neurosciences », *Techniques & Culture*, n° 61, 213-235.

Antoine K. (2016), « "Pushing the Edge" of Race and Gender Hegemonies through Stand-up Comedy : Performing Slavery as Anti-racist Critique », *Etnofoor* « Humour », vol. 28, n° 1, 35-54.

Applebaum H. (1984a), *Work in Non-Market and Transitional Societies*, New York, State University of New York Press.

Applebaum H. (1984b), *Work in Market and Industrial Societies*, New York, State University of New York Press.

Applebaum H. (1992), *The Concept of Work : Ancient, Medieval and Modern*, New York, State University of New York Press.

Applebaum H. (2000) [1997], « Work », *in* Barfield T. *et al.*, *The Dictionary of Anthropology*, Oxford, Blackwell, p. 497.

Arpin S. (2010), « Des Savoyards à Paris : les cols rouges de l'Hôtel Drouot », *Terrain* « Transmettre », n° 55, 128-145.

Athanassopoulou A. (2005), « “Nos Albanais à nous” : travailleurs émigrés dans une communauté arvanite du Péloponnèse », *Ethnologie française* « Grèce », n° 2, 267-278.

Atlani-Duault L. et Vidal L. (dir.) (2009), *Anthropologie de l'aide humanitaire et du développement. Des pratiques aux savoirs, des savoirs aux pratiques,* Paris, Armand Colin.

Austin J. (1955), *How to do Things with Words,* Oxford, Clarendon Press (traduction en français (1970), *Quand dire c'est faire,* Paris, Seuil).

Baboulet-Flourens P. (2007), « Ce que peut cacher un organigramme. Dinosaures, cow-boys et casques à pointe dans un centre de la navigation aérienne », *Terrain* « Toucher », n° 49, 141-154.

Baghioni L. (2012) « Lorsque le “chez-soi” se dérobe : invisibilisation des travailleurs saisonniers en montagne, le cas des “nourris-logés” », *Techniques & Culture,* n° 58, 230-249.

Baily J. (1995), « Music and the Body », *The World of Music* « Working with Blacking. The Belfast Years », vol. 37, n° 2, 11-30.

Banville É. (de) (2001), *L'usine en douce. Le travail « en perruque »,* Paris, L'Harmattan.

Barbe N. et Latouche S. (dir.) (2004), *Économie choisie ? Échanges, circulations et débrouille,* Paris, Éditions de la Maison des sciences de l'homme/ministère de la Culture (« Ethnologie de la France »).

Barbichon G. (1980), « Provinciaux et provinces à Paris. Propositions pour l'analyse », *Ethnologie française* « Provinciaux et provinces à Paris », n° 2, 119-128.

Barth F. (1969), *Ethnic Groups and Boundaries. The Social Organization of Cultural Difference,* Oslo, Universitetsforlaget (traduit *in* Poutignat P. et Streiff-Fenart J. (dir.) (1995), *Théories de l'ethnicité,* Paris, PUF).

Barthèlemy T. (2014), « La patrimonialisation ou la vie. Une enquête auprès des dockers en 1989 », *in* Barthèlemy T., Combessie P., Fournier L. S. et Monjaret A. (dir.), *Ethnographies plurielles. Déclinaisons selon les disciplines,* Paris, Éditions du Comité des Travaux Historiques et Scientifiques (« Orientations et méthodes »), p. 211-231.

Barthèlemy T. *et al.* (2014), « Introduction. Ethnographies plurielles. De la diffusion de l'ethnographie dans les sciences sociales », *in* Barthèlemy T., Combessie P., Fournier L. S. et Monjaret A. (dir.), *Ethnographies plurielles. Déclinaisons selon les disciplines,* Paris, Éditions du Comité des Travaux Historiques et Scientifiques (« Orientations et méthodes »), p. 9-27.

Barthélémy N. et Lazier I. (1986), « Les taillandiers de la Fure », *Terrain* « Les hommes et le milieu naturel », n° 6, 57-64.

Bartholeyns G., Govoroff N. et Joulian F. (dir.) (2010), « Cultures matérielles », *Techniques & Culture*, n° 54-55.

Bazin L. (1998), *Entreprise, politique, parenté. Une perspective anthropologique sur la Côte d'Ivoire dans le monde actuel*, Paris, L'Harmattan.

Bazin L. (2014a), « Le travail : un phénomène politique complexe et ses mutations conjoncturelles », *Politique africaine* « Travail et politique », vol. 1, n° 133, 7-23.

Bazin L. (2014b), « Anthropologie, patrimoine industriel et mémoire ouvrière : vers une recontextualisation critique », *L'Homme & la Société*, vol. 192, n° 2, 143-166.

Bazin L. et Selim M. (dir.) (1996a), « Anthropologie, entreprise, entrepreneurs », *Journal des anthropologues*, n° 66-67.

Bazin L. et Selim M. (dir.) (1996b), « Un symptôme unique : l'entreprise », *Journal des anthropologues* « Anthropologie, entreprise, entrepreneurs », n° 66-67, 11-18.

Beck K. (2003), « "Livelihood is agreement". Sharecropping among the Manasir of the Nile Valley », *in* Almeida-Topor H. (d'), Lakroum M. et Spittler G. (dir.), *Le travail en Afrique noire. Représentations et pratiques à l'époque contemporaine*, Paris, Karthala, p. 153-169.

Beck K. et Spittler G. (dir.) (1996), *Arbeit in Africa*, Hamburg, LIT Verlag.

Belkaïd L. (2015), « Habits et habitus en héritage. Les designers de la diaspora chinoise à New York », *Hommes & Migrations* « Fashion Mix », n° 1310, 85-90.

Belkaïd Neri L. (2018), « Le showroom de mode comme espace de médiation de la subjectivation matérielle », *Terrains/Théories* « La fabrique de la mode » [en ligne], n° 8, novembre.

Bellier I. (1993), *L'ENA, comme si vous y étiez*, Paris, Seuil.

Bellier I. (1997), « Une approche anthropologique de la culture des institutions », *in* Abélès M. et Jeudy H.-P., *Anthropologie du politique*, Paris, Armand Colin, p. 129-161.

Bellier I. (2009), « Les palais du pouvoir », *in* Fabre D. et Iuso A. (dir.), *Les monuments sont habités*, Paris, Éditions de la Maison des sciences de l'homme/ministère de la Culture (« Ethnologie de la France »), p. 291-314.

Benelli N., Corteel D., Debary O., Florin B., Le Lay S. et Retif S. (dir.) (2017), *Que faire des restes ? Le réemploi dans les sociétés d'accumulation*, Paris, Presses de Sciences Po.

Bennett J. W. (1996), « Applied and Action Anthropology. Ideological and Conceptual Aspects », *Current Anthropology*, vol. 36, S23-S53.

Bernard J. (2003), « Un ensemble né d'une pratique ludique. Les joueurs d'échecs professionnels », *Socio-anthropologie* « Jeux/Sports », n° 13, 43-58.

Bernard J. (2009), *Croquemort. Une anthropologie des émotions*, Paris, Métailié.

Bernoux P. (2011), « Reconnaissance et appropriation : pour une anthropologie du travail », *Esprit* « Exister au travail », vol. 10, 158-168.

Bidet A. (2001), « Le travail et l'économique, pour un regard anthropologique », *Sociologie du travail*, vol. 43, 215-234.

Bidou P. (1983), « Le travail du chamane. Essai sur la personne du chamane dans une société amazonienne : les Tatuyo du Piráparaná, Vaupés, Colombie », *L'Homme*, vol. 23, n° 1, 5-43.

Bierschenk T. et Olivier de Sardan J.-P. (dir.) (2014), *States at Work. The Dynamics of African Bureaucracies*, Leyden, Brill.

Blacking J. (1973), *How Musical is Man ?* Seattle et Londres, University of Washington Press.

Blanc D. (1987), « Numéros d'hommes. Rituels d'entrée à l'école normale d'instituteurs », *Terrain* « Rituels contemporains », n° 8, 52-62.

Bonnot T. (2004), « Itinéraire biographique d'une bouteille de cidre », *L'Homme* « Espèces d'objets », n° 170, 139-164.

Bonte P. (2005), « Trente ans après. De la MIFERMA à la SNIM. Deux enquêtes sur une entreprise minière saharienne », *in* Leservoisier O. (dir.), *Terrains hiérarchiques et hiérarchies sociales. Retour réflexif sur la situation d'enquête*, Paris, Karthala, p. 259-283.

Both A. (2006), « Le journal interne d'entreprise. Ethnographie d'une mission impossible ? », *Ethnologie française* « De la censure à l'autocensure », n° 1, 45-54.

Bouly de Lesdain S. (1999), *Femmes camerounaises en région parisienne : trajectoires migratoires et réseaux d'approvisionnement*, Paris, L'Harmattan (« Connaissance des hommes »).

Bourdieu P. (1972), *Esquisse d'une théorie de la pratique*, précédé de *Trois études d'ethnologie kabyle*, Genève, Droz.

Bourdieu P. (1982), « Les rites comme actes d'institution », *Actes de la recherche en sciences sociales* « Rites et fétiches », n° 43, 58-63.

Bourel É. (2015), « Le développement durable selon une entreprise d'exploitation forestière au nord-est du Gabon. Des enjeux d'économie politique aux vécus ouvriers et villageois », *Autrepart*, vol. 74-75, n° 2, 157-172.

Bourel É. (2016), « L'éléphant et la glacière. Trajectoires et sociabilités de forestiers européens au Gabon », *Cahiers d'Études africaines* « Mobilités et migrations européennes en (post) colonies », vol. 221-222, n° 1, 101-126.

Bourel É. et Hayem J. (dir.) (2019), « Subjectivations du(es)/au travail. Subjectivations en travail », *Journal des anthropologues,* « Subjectivations du(es)/ au travail », n° 158-159, 15-26.

Bourgeois P. I. (2003) [1996], *In search of Respect. Selling Crack in El Barrio,* Cambridge, Cambridge University Press (traduction française (2017) [2001], *En quête de respect. Le crack à New York,* Paris, « Points Essais »).

Bouvier P. (1983), « Pour une anthropologie de la quotidienneté du travail », *Cahiers internationaux de Sociologie,* vol. 74, 133-142.

Bouvier P. (1989), *Le travail au quotidien. Une démarche socio-anthropologique,* Paris, PUF (« Sociologie d'aujourd'hui »).

Bozon M. (1982), « La fréquentation des cafés dans une petite ville ouvrière. Une sociabilité populaire autonome ? », *Ethnologie française* « Anthropologie culturelle dans le champ urbain », n° 2, 137-146.

Bozon M. (1984), *Vie quotidienne et rapports sociaux dans une petite ville de province. La mise en scène des différences,* Lyon, Presses Universitaires de Lyon.

Bril B. (2010) [1984], « Description du geste technique : Quelles méthodes ? », *Techniques & Culture* « Cultures matérielles » - t. 1, 54-55, 245-259.

Bril B. (2019), « Comment aborder la question du geste technique pour en comprendre l'expertise et l'apprentissage ? », *Techniques & Culture* « Technographies », n° 71, 78-91.

Bromberger C. (1987), « Du grand au petit. Variations des échelles et des objets d'analyse dans l'histoire récente de l'ethnologie de la France », *in* Chiva I. et Jeggle U. (dir.), *Ethnologies en miroir,* Paris, Éditions de la Maison des sciences de l'homme/ministère de la Culture (« Ethnologie de la France »), p. 67-94.

Bromberger C. (2012), « Masculin et féminin aux champs. Les outils et le corps dans la riziculture du Gilân – Iran septentrional », *in* Anstett É. et Gélard M.-L. (dir.), *Les objets ont-ils un genre ? Culture matérielle et production sociale des identités sexuées,* Paris, Armand Colin (« Recherches »), p. 35-46.

Buob B. (2013a), « De l'adresse. Remarques sur l'esthétique des gestes du luthier », *Gradhiva* « L'esthétique du geste technique », n° 17, 70-93.

Buob B. (2013b), *Luthiers, de la main à la main* (film), Palaviré productions, Images de la culture (CNC).

Buob B., Chevallier D. et Gosselain O. (2019), « Technographies. Dans la trousse à outils de celles et ceux qui travaillent sur la technique », *Techniques & Culture* « Technographies », n° 71, 10-25 + fiches détachables.

Burawoy M. (1979), « The Anthropology of Industrial Work », *Annual review of Anthropology*, vol. 8, 231-266.

Burawoy M. (2013), « Ethnographic Fallacies : Reflections on Labour Studies in the Era of Market Fundamentalism », *Work, Employment and Society*, vol. 27, n° 3, 526-536.

Cabanes R. (2000), « L'anthropologie du travail au 21e siècle », *Anthropologie et Sociétés* « Terrains d'avenir », vol. 24, n° 1, 79-94.

Caillois R. (1958), *Les jeux et les hommes*, Paris, Gallimard.

Calame-Griaule G. (1999), « Préface », *in* Daphy É. et Rey-Hulman D. (dir.), *Paroles à rire*, Paris, Inalco-Langues O', p. 11-17.

Candau J. et Jeanjean A. (2006), « Des odeurs à ne pas regarder », *Terrain* « Odeurs », n° 47, 51-68.

Carbonnel L. (2015), *Les kórôdugaw du Mali. Comportements et groupements bouffons*, thèse de doctorat en anthropologie, Université Paris Ouest Nanterre La Défense.

Carbonnel L. (2016), « Les rebuts captivants », *Techniques & Culture* « Réparer le monde. Excès, reste et innovation », n° 65-66, 370-385.

Carbonnel L. (2017), « Déjouer les relations de genre. L'art bouffon de la mixité au Mali », *Cahiers de littérature orale* « Jouer avec le genre dans les arts de la parole », vol. 82, 45-66.

Cartier M. (dir.) (1984), *Le travail et ses représentations*, Paris, Éditions des archives contemporaines.

Certeau M. (de) (1990) [1980], *L'invention du quotidien. 1. Arts de faire*, Paris, Gallimard (« Folio essais »).

Chamoux M.-N. (1994), « Sociétés avec et sans concept de travail », *Sociologie du travail* « Les énigmes du travail », hors-série, 36e année, 57-71.

Chamoux M.-N. (2010) [1978], « La transmission des savoir-faire : un objet pour l'ethnologie des techniques ? », *Techniques & Culture* « Cultures matérielles » - t. 2, vol. 54-55, n° 1, 139-161.

Chari S. et Gidwani V. (2005), « Introduction : Grounds for a spatial ethnography of labor », *Ethnography* « Geographies at work », vol. 6, n° 3, 267-281.

Chaudat P. (2004), *Les mondes du vin. Ethnologie des vignerons d'Arbois (Jura)*, Paris, L'Harmattan (« Connaissance des hommes »).

CHEVALLIER D. et CHIVA I. (1991), « L'introuvable objet de la transmission », *in* Chevallier D. (dir.), *Savoir faire et pouvoir transmettre*, Paris, Éditions de la Maison des sciences de l'homme/ministère de la Culture (« Ethnologie de la France »), p. 1-11.

COHEN A. (2017), « Terrassiers, kiosquiers et bouquinistes à Rabat et à Casablanca : circulation du savoir et matérialité du livre », *Ethnologie française* « Gens de commerce », n° 1, 23-36.

COHEN R. (1987), « Les formes cachées de la résistance et de la conscience ouvrière », *in* Agier M., Copans J. et Morice A., *Classes ouvrières d'Afrique*, Paris, Karthala, p. 113-136.

COLLET S. (1982), « La manifestation de rue comme production culturelle militante », *Ethnologie française* « Anthropologie culturelle dans le champ urbain », n° 2, 167-176.

COOK D. (2020), « The freedom trap : digital nomads and the use of disciplining practices to manage work/leisure boundaries », *Information Technology & Tourism* [en ligne].

COPANS J. (1996), « Sociologie/Anthropologie du travail/de l'organisation/de l'entreprise ? », *Journal des anthropologues* « Anthropologie, entreprise, entrepreneurs », n° 66-67, 29-39.

COPANS J. (2014), « Pourquoi travail et travailleurs africains ne sont plus à la mode en 2014 dans les sciences sociales ? Retour sur l'actualité d'une problématique du XXe siècle », *Politique africaine* « Travail et politique », vol. 1, n° 133, 25-43.

COPANS J. et ADELL N. (2019), *Introduction à l'ethnologie et à l'anthropologie*, Paris, Armand Colin (« Cursus »).

COPANS J. et BERNIER B. (dir.) (1986), « Présentation », *Anthropologie et Sociétés*, « Travail, industries et classes ouvrières », vol. 10, n° 1, 1-9.

CORBIÈRE M. (2003), *Le bizutage dans les écoles d'ingénieurs*, Paris, L'Harmattan.

CORBILLÉ S. (2018), « Jouer à travailler dans un parc d'attraction », *Travailler* « Jouer/travailler », vol. 39, n° 1, 57-79.

CORTADO T. (2014), « L'économie informelle vue par les anthropologues », *Regards croisés sur l'économie* « Lumière sur les économies souterraines », vol. 1, n° 14, 194-208.

CORTEEL D. (2005), « Produire et s'amuser à l'usine. Enquête anthropologique auprès d'ouvrières de l'usine Leoni, Lilienthal, Allemagne », *Histoire et Sociétés*, vol. 13, 68-80.

CORTEEL D. (2009), « Fermetures d'usines : les associations d'anciens salariés comme espaces de médiation originaux », *Formation emploi. Revue française de sciences sociales* « Les processus de professionnalisation », n° 108, 53-65.

Corteel D. (2015), « Des déchets faire surgir une capacité d'agir. Enquête dans une association berlinoise de récupération », *Ethnologie française* « Propreté, saleté, urbanité », n° 3, 511-522.

Corteel D. (2016a), « Requalifier les excédents de la société de consommation dans les organisations à but non lucratifs », *Techniques & Culture* « Réparer le monde » [en ligne], suppléments, n° 65-66.

Corteel D. (2016b), « Réemploi : le travail de requalification des déchets en questions », *Mouvements* « Où va l'*homo detritus* ? », vol. 87, n° 3, 107-118.

Corteel D. et Le Lay S. (dir.) (2011), *Les travailleurs des déchets*, Toulouse, Érès (« Clinique du travail »).

Coy M.W. (dir.) (1989), *Apprenticeship. From Theory to Method and Back Again*, New York, State University of New York Press.

Crawford M. B. (2009), *Shop Class as Soulcraft. An Inquiry into The Value of Work*, New York, Penguin Press.

Cresswell R. (dir.) (1975a), *Éléments d'Ethnologie. Vol. 1 - Huit Terrains*, Paris, Armand Colin.

Cresswell R. (dir.) (1975b), *Éléments d'Ethnologie. Vol. 2 - Six Approches*, Paris, Armand Colin.

Crewe E. (2007), « La loyauté dans une paire de collants. Règles, rites et symboles à la Chambre des lords », *Ethnologie française* « Grande-Bretagne. Anthropology at home », n° 2, 243-254.

Csordas T. J. (1990), « Embodiment as a Paradigm for Anthropology », *Ethos*, vol. 18, n° 1, 5-47.

Cuche D. (1985), « Traditions populaires ou traditions élitistes ? Rites d'initiation et rites de distinction dans les Écoles d'Arts et métiers », *Actes de la recherche en sciences sociales* « Images populaires », vol. 60, 57-67.

Cuche D. (1988), « La fabrication du "Gadz'arts". Esprit de corps et inculcation culturelle chez les ingénieurs Arts et Métiers », *Ethnologie française*, n° 1, 42-54.

Cuche D. (2016) [1996], *La notion de culture dans les sciences sociales*, Paris, La Découverte.

Daniels, A. K. (1987), « Invisible Work », *Social Problems*, vol. 34, n° 5, 403-415.

Daphy É. (1994), « L'ethnologue dans le showbiz. Apprendre à parler métier », *Journal des anthropologues* « L'anthropologue face à la langue », vol. 57-58, 29-40.

Daphy É. (1999), « "Et je te la fais en version courte..." ou du recueil des paroles à rire chez les musiciens », *in* Daphy É. et Rey-Hulman D. (dir.), *Paroles à rire*, Paris, Inalco-Langues O', p. 21-39.

Dassié V. (2016), « Émotion, sélection et expertise patrimoniale. La conservation de l'ordinaire au musée », *in* Hottin C. et Voisenat C. (dir.), *Le tournant patrimonial. Mutations contemporaines des métiers du patrimoine*, Paris, Éditions de la Maison des sciences de l'homme/ministère de la Culture (« Ethnologie de la France »), p. 231-251.

Day S. (1994), « L'argent et l'esprit d'entreprise chez les prostituées à Londres », *Terrain* « Les usages de l'argent », n° 23, 99-114.

Day S. (2007), *On the Game. Women and Sex Work*, Londres-Ann Harbor, MI, Pluto Press.

De Gracia G. (2011), « Les coursiers en Argentine : l'économie informelle à plein gaz », *Les Mondes du Travail*, n° 9/10, 81-88.

Debary O. (2002), *La fin du Creusot ou l'Art d'accommoder les restes*, Paris, Éditions du Comité des Travaux Historiques et Scientifiques (« Le regard de l'ethnologue »).

Debary O. (2019), *De la poubelle au musée, une anthropologie des restes*, Grâne, Éditions Créaphis.

Delbos G. et Jorion P. (1990) [1984], *La transmission des savoirs*, Paris, Éditions de la Maison des sciences de l'homme.

Delport M.-F. (1984), « "Trabajo-trabajar(se)" : étude lexico-syntaxique », *Cahiers de linguistique hispanique médiévale*, n° 9, 99-162.

Denieuil P.-N. (1991), « L'entreprise comme culture. Recherches socio-anthropologiques des années 80 », *Cahiers internationaux de Sociologie*, vol. 90, 107-120.

Deniot J. (1986), « Le décor textile. Les murs et la table en milieu ouvrier », *Ethnologie française*, n° 3, 319-334.

Deniot J. (1995), *Le bel ordinaire. Ethnologie du décor en milieu ouvrier*, Paris, L'Harmattan.

Deniot J. et Trivière F.-X. (2002) [1998], « Le bricolage ou la passion réfutée », *in* Bromberger C. (dir.), *Passions ordinaires. Football, jardinage, généalogie, concours de dictée*, Paris, Hachette (« Pluriel »), p. 95-115.

Desaleux D., Langumier J. et Martinais E. (2011), « Enquêter sur la fonction publique d'État. Une approche photosociologique des lieux de travail de l'administration », *ethnographiques.org* « Analyser les présences au travail : visibilités et invisibilités » [en ligne], n° 23.

Descola P. (1983), « Le Jardin de Colibri. Procès de travail et catégorisations sexuelles chez les Achuar de l'Équateur », *L'Homme*, t. 23, n° 1, 61-89.

Desjeux D., Monjaret A. et Taponier S. (1998), *Quand les Français déménagent ? Circulation des objets domestiques et rituels de la mobilité dans la vie quotidienne en France*, Paris, PUF.

DÉSVEAUX E. (1991), « De l'embauche à l'usine, comme de la dévolution d'un patrimoine », *in* Segalen M. (dir.), *Jeux de famille*, Paris, Presses du CNRS, p. 43-56.

DIAMOND S. (1979), *Toward a Marxist Anthropology : Problems and Perspectives*, The Hague, Mouton Publishers.

DIOP A. et NAVILLE P. (dir.) (1952), « Le travail en Afrique noire », *Présence Africaine*, n° 13.

DUFLOS-PRIOT M.-T. (1978), « Au mur d'un bistrot : analyse d'un corpus de cartes postales », *Ethnologie française*, n° 1, 71-82.

DUFOUR A.-H. (2002) [1998], « Une passion pacifique : le jardinage », *in* Bromberger C. (dir.), *Passions ordinaires. Football, jardinage, généalogie, concours de dictée*, Paris, Hachette (« Pluriel »), p. 71-94.

DUMONT G. (2016), « Relational labor, collaboration and professional rock climbing », *in* Hjorth L., Horst H., Bell G. et Galloway A. (dir.), *The Routledge Companion to Digital Ethnography*, London, Routledge.

DUMONT G. (2018), *Grimpeur professionnel. Le travail créateur sur le marché du sponsoring*, Paris, Éditions de l'EHESS.

DUNN E. C. (2004), *Privatizing Poland. Baby Food, Big Business and the Remaking of Labor*, Ithaca, Cornell University Press.

DUPRÉ-LÉVÊQUE D. (2001), *Une ethnologue en maison de retraite. Le guide de la qualité de vie*, Paris, Éditions des archives contemporaines (« Une pensée d'avance »).

DUQUESNE M. (2003), « Entre dépendance et autonomie. Étude ethnologique de la figure du mousse », *in* Bardet J.-P., Luc J.-N., Robein-Romero I. et Rollet C. (dir.), *Lorsque l'enfant grandit : entre dépendance et autonomie*, Paris, Presses de l'Université de Paris-Sorbonne, p. 203-216.

DURRENBERGER E. P. (2017), *Uncertain Times : Anthropological Approaches to Labor in a Neoliberal World*, Boulder, University Press of Colorado.

DURRENBERGER E. P. et EREM S. (1999), « The Abstract, the Concrete, the political, and the Academic : Anthropology and a Labor Union in the United States », *Human Organization*, vol. 58, n° 3, 305-312.

DURRENBERGER E. P. et EREM S. (2005), *Class Acts : An Anthropology of Urban Workers and Their Union*, Boulder, Paradigm Publishers.

DURRENBERGER E. P. et MARTI J. (dir.) (2006), *Labor in Cross-Cultural Perspective*, Lanham, Altamira Press.

DURRENBERGER E. P. et REICHART K. S. (dir.) (2010), *The Anthropology of Labor Unions*, Boulder, University Press of Colorado.

DUVAL M. (1981), « Les camelots », *Ethnologie française*, n° 2, 145-170.

DUVAL M. (1992), « Paroles de marins. Gestion de la parole à bord d'un cargo long-courrier », *Ethnologie française*, n° 3, 368-380.

EIDELMAN J., MONJARET A. et ROUSTAN M. (2003), « Musée des Arts d'Afrique et d'Océanie, mémoire d'une organisation », *Culture et musées* « Musées et organisation », n° 2, 101-127.

ERIKSON P. (2002), « "Tout ce qui ferait fuir un âne..." L'amour du métier chez les électriciens du bâtiment », *Terrain* « Travailler à l'usine », n° 39, 69-78.

ERIKSON P. et GHASARIAN C. (2002), « Un terrain de 35 heures... Réflexions dialogiques sur les recherches d'anthropologie finalisée en entreprise », *in* Ghasarian C. (dir.), *De l'ethnographie à l'anthropologie réflexive. Nouveaux terrains, nouvelles pratiques, nouveaux enjeux*, Paris, Armand Colin, p. 117-141.

ESKÉNAZI A. (2008), « L'étymologie de *travail* », *Romania*, t. 126, n° 503-504, 296-372.

FASSIN D. (2015), *L'ombre du monde. Une anthropologie de la condition carcérale*, Paris, Seuil.

FAURE S. (2000), *Apprendre par corps. Socio-anthropologie des techniques de danse*, Paris, La Dispute.

FÉRAUD O. (2010), *Voix publiques. Environnements sonores, représentations et usages d'habitation dans un quartier populaire de Naples*, thèse en anthropologie sociale et ethnologie, École des Hautes Études en Sciences Sociales (EHESS).

FESCHET V. (1998), « Les délices de l'orthographe ou la passion des Français pour "la dictée de Pivot" », *in* Bromberger C. (dir.), *Passions ordinaires. Football, jardinage, généalogie, concours de dictée*, Paris, Hachette (« Pluriel »), p. 189-217.

FIRTH R. (1929), *Primitive Economics of the New Zealand Māori*, Londres, Routledge and Sons.

FLAMANT N. (1997), « Compagnons et collaborateurs d'atelier. Travail, subordination et dérisions de l'ordre dans l'entreprise », *Gradhiva*, n° 21, 117-124.

FLAMANT N. (2002), *Une anthropologie des managers*, Paris, PUF (« Sciences sociales et sociétés »).

FLAMANT N. (2005), « Observer, analyser, restituer. Conditions et contradictions de l'enquête ethnologique en entreprise », *Terrain*, n° 44, 137-152.

FLAMANT N. et JEUDY-BALLINI M. (dir.) (2002), « Travailler à l'usine », *Terrain*, n° 39.

FLEURY E. (dir.) (1987), « Habiter la maison », *Terrain*, n° 9.

Florin B. (2015), « Les récupérateurs de déchets à Casablanca : l'"inclusion perverse" de travailleurs à la marge », *Sociologie et sociétés*, vol. 47, n° 1, 73-96.

Florin B., Le Lay S. en collaboration avec Clerfeuille C. (2014), « Les éboueurs, entre collecte des ordures ménagères et récupération », blog hypothèses *Sociétés Urbaines et Déchets. Réseau de recherche en sciences sociales* [en ligne].

Fortier A. (2003), « Les vertus du jardinage d'insertion », *Communications* « Bienfaisante nature », n° 74, 85-102.

Fourmaux F. (2008), « Vie de spectacles, vies en spectacle : les danseuses de revue », *Marges* « Vies d'artistes », vol. 7, 26-41.

Fourmaux F. (2009), *Belles de Paris. Une ethnologie du music-hall*, Paris, Éditions du Comité des Travaux Historiques et Scientifiques (« Le regard de l'ethnologue »).

Fraenkel B. (1997), « "Répondre à tous". Une enquête sur le service du courrier présidentiel », *in* Fabre D. (dir.), *Par écrit. Ethnologie des écritures quotidiennes*, Paris, Éditions de la Maison des sciences de l'homme/ministère de la Culture (« Ethnologie de la France »), p. 243-271.

Gallenga G. (2005), « Une ethnologue dans la grève », *Ethnologie française*, n° 4, 723-732.

Gallenga G. (2007), « Ethnologue à marier. La "neutralisation" des attributs sexués en entreprise », *Ethnologies* « Retour à l'ethnographie », vol. 29, n° 1-2, 303-314.

Gallenga G. (2011), *Le feu aux poudres : une ethnologie de la « modernisation » du service public*, Paris, Éditions du Comité des Travaux Historiques et Scientifiques (« Le regard de l'ethnologue »).

Gallenga G. (2012), *De la porosité des secteurs public et privé. Une anthropologie du service public en Méditerranée*, Aix-en-Provence, Presses universitaires de Provence.

Gallenga G. et Hervé C. (dir.) (2019), « Services publics : l'État face au commun », *Anthropologie et Société*, vol. 43, n° 2.

Gamst F. C. (dir.) (1995), *Meanings of Work. Considerations for the Twenty-First Century*, New York, State University of New York Press.

Gardner-Chloros P. (2004), « Le développement historique de T/V en français et en anglais : parallélisme et divergence », *Franco-British Studies*, vol. 33-34, 90-99.

Gardner-Chloros P. (2007), « Tu/vous choices : an "act of identity" ? », *in* Jones M. et Ayres-Bennett W. (dir.), *The French Language and Questions of Identity*, Oxford-UK, Legenda, p. 106-116.

Gaudin P. (2004), *La maison que Pierre a bâtie. Cinq autoconstructeurs*, Grâne, Éditions Créaphis.

Gérôme N. (1981), « Les maisons de pêcheurs en Saintonge », *Ethnologie française*, n° 1, 37-46.

Gérôme N. (dir.) (1984a), « Les productions symboliques ouvrières », *Ethnologie française*, n° 2.

Gérôme N. (1984b), « Les rituels contemporains des travailleurs de l'aéronautique », *Ethnologie française* « Les productions symboliques ouvrières », n° 2, 177-196.

Gérôme N. (1995), *Le deuil en hommage. Monuments et plaques commémoratives de la RATP*, Grâne, Éditions Créaphis.

Gérôme N. (1998), « Récompenses et hommages dans l'usine. Perspective de recherche », *Ethnologie française* « Les cadeaux, à quel prix ? », n° 4, 551-562.

Gérôme N. (1999), « Les cultures locales des usines de Paris-banlieue », *in* Robert J.-L. et Tartakowsky D. (dir.), *Paris le peuple. XVIIIe- XXe siècle*, Paris, Publications de la Sorbonne, p. 91-109.

Gérôme N. (2020), « La chronique sonore d'une grève par les grévistes : décembre 1966-février 1967 aux Avions Marcel Dassault (Bordeaux) », *Transposition* « Musique et Sciences Sociales » [en ligne].

Ghasarian C. (1999), « La "vanne" et la "pression". Ethnographie d'un chantier dans la région de Marseille », *Ethnologie française* « Les mots des institutions », n° 4, 599-605.

Ghasarian C. (2001), *Tensions et résistances. Une ethnographie des chantiers en France*, Toulouse, Octarès Éditions.

Ghasarian C. (dir.) (2002), *De l'ethnographie à l'anthropologie réflexive. Nouveaux terrains, nouvelles pratiques, nouveaux enjeux*, Paris, Armand Colin.

Gibert M.-P. (2009), « Danse et catégorisation. Quelques pistes de réflexion pour une anthropologie de la danse », *in* Alvarez-Pereyre F. (dir.), *Catégories et catégorisations : une perspective interdisciplinaire*, Louvain-Paris-Dudley, Peeters, 193-236.

Gibert M.-P. (2011), « Transnational ties and local involvement : North African musicians in and beyond London », *Music and Arts in Action* « Music and Migration », vol. 3, n° 3, 92-115.

Gibert M.-P. (2014), « Façonner le corps, régénérer l'individu et danser la Nation », *Parcours Anthropologiques* « Présences du corps et kinésie », n° 9, 189-219.

Gibert M.-P. (2016), « Was Fourier's "joy in work" so utopic ? Researching work and pleasure in the 21st century », *Journal of the Anthropologist Society of Oxford* « Ethnography and the Mutualizing Utopia », New Series [en ligne] vol. 8, n° 2.

Gibert M.-P. (2017), « Variations sur une anthropologie des pratiques dansées en contexte global », *in* Andrieu S. et Olivier E. (dir.), *Création artistique et imaginaires sociaux de la globalisation*, Paris, Hermann, p. 351-371.

Gibert M.-P. (2020), « Danse », *Anthropen.org*, Paris, Éditions des archives contemporaines [en ligne].

Gibert M.-P. et Kiwan N. (2016), « Artistic Identities and Professional Strategies : Francophone Musicians in France and Britain », *Modern and Contemporary France*, vol. 24, n° 3, 253-269.

Giraud M.-O., Leservoisier O. et Pottier R. (2016) [2004], *Les notions clés de l'ethnologie*, Paris, Armand Colin.

Godeau E. (2007), *L'« esprit de corps ». Sexe et mort dans la formation des internes en médecine*, Paris, Éditions de la Maison des sciences de l'homme/ministère de la Culture (« Ethnologie de la France »).

Godelier M. (1966), *Rationnalité et irrationalité en économie*, Paris, Maspero.

Godelier M. (1980), « Work and Its Representations : A Research Proposal », *History Workshop*, n° 10, autumn, 164-174.

Godelier M. (1981), « Le travail et ses représentations », *Bulletin de l'Association française des anthropologues* « La pratique de l'anthropologie aujourd'hui » (Colloque international du CNRS organisé par l'AFA. Centre international d'études pédagogiques de Sèvres 19, 20, 21 novembre 1981), n° 5, avril, 10-14.

Godelier M. (1991), « Travail », *in* Bonte P. et Izard M. (dir.), *Dictionnaire de l'Ethnologie et de l'Anthropologie*, Paris, PUF, p. 717-720.

Gosselin G. (1963), « Pour une anthropologie du travail rural en Afrique noire », *Cahiers d'études africaines*, vol. 3, n° 12, 511-550.

Graeber D. (2018), *Bullshit Jobs. A Theory*, New York, Penguin Books.

Gravereau S. (2012), « Les ateliers-boutiques. Un monde de l'art en construction », *Ethnologie française* « Le Paris des ethnologues. Des lieux, des hommes », n° 3, 453-460.

Groce N. (1999), « "L'harmonie en péril" or Endangering Harmony : The Transmission of Musician's Jokes Among Professional and Semi-Professional Western Musicians », *in* Daphy É. et Rey-Hulman D. (dir.), *Paroles à rire*, Paris, Inalco-Langues O', p. 140-147.

Guigo D. (1991), « Les termes d'adresse dans un bureau parisien », *L'Homme*, n° 119, 41-59.

Guigo D. (1994), *Ethnologie des hommes des usines et des bureaux*, Paris, L'Harmattan (« Logiques de gestion »).

Guillard V. et Monjaret A. (2014a), « Un voyage pendulaire peu ordinaire. La circulation quotidienne des objets entre le domicile et le travail », *in* Soulancé D. et Duhourcau J. L. (dir.), *Quand l'homme voyage. Les passeurs d'empreintes,* Paris, L'Harmattan (SEH), p. 413-431.

Guillard V. et Monjaret A. (2014b), « Le syndrome de la tortue, ou comment "trimballer" des objets entre domicile et travail. Se constituer un territoire minimal, protecteur et identitaire », *in* Guillard V. (dir.), *Boulimie d'objets. L'être et l'avoir dans nos sociétés,* Bruxelles, De Boeck, p. 107-121.

Guille-Escuret G. (dir.) (2003), *Techniques & Culture* « Efficacité technique, efficacité sociale », n° 40.

Halitim N. (1996), *La vie des objets. Décor domestique et vie quotidienne dans des familles populaires d'un quartier de Lyon, La Duchère, 1986-1993,* Paris, L'Harmattan.

Hamayon R. (2012), *Jouer. Étude anthropologique à partir d'exemples sibériens,* Paris, La Découverte (« Bibliothèque du MAUSS »).

Hanifi I. (2008), « Le port du tailleur comme moyen de forger une identité de la femme au travail », *Lien social et Politiques,* n° 59, 11-20.

Hanifi I. (2015), « La neutralité est toujours suspecte ? », *Hommes & Migrations* « Fashion Mix », n° 1310, 127-134.

Hart K. (1973), « Informal income opportunities and urban employment in Ghana », *Journal of Modern African Studies,* vol. 11, 61-89.

Hassoun J.-P. (1992), « Pratiques religieuses et entreprises chinoises à Paris. Un paysage favorable », *Revue européenne des migrations internationales* « La diaspora Chinoise en Occident », vol. 8, n° 3, 139-154.

Hassoun J.-P. (2000), « Le surnom et ses usages sur les marchés à la criée du Matif. Contrôle social, fluidité relationnelle et représentations collectives », *Genèses* « Comment décrire les transactions », vol. 41, n° 4, 5-40.

Hassoun J.-P. (2005), « "Dernières séances au palais Brongniart" (1988 et 1998). Événements et contre-événements », *Ethnologie française* « Fermetures : crises et reprises », n° 4, 627-642.

Hatton E. (2017), « Mechanisms of invisibility : rethinking the concept of invisible work », *Work, employment and society,* vol. 31, n° 2, 336-351.

Hatzfeld N. (2002), « La pause casse-croûte. Quand les chaînes s'arrêtent à Peugeot-Sochaux », *Terrain* « Travailler à l'usine », n° 39, 33-48.

Haudricourt A.-G. (1962), « Domestication des animaux, culture des plantes et traitement d'autrui », *L'Homme,* vol. 2, n° 1, 40-50.

Hayem J. (2008), *La figure ouvrière en Afrique du Sud*, Paris, IFAS-Karthala.

Hayem J. (2014a), « Chœurs de fondeurs : interpellations créatives et mises en mémoire », *Travail et Emploi* « Une crise sans précédent ? Expériences et contestations des restructurations », n° 137, 105-122.

Hayem J. (2014b), « Marikana : répression étatique d'une mobilisation ouvrière indépendante », *Politique africaine* « Travail et politique », n° 133, 111-130.

Hess S. et Puckhaber A. (2004), « "Big Sisters" Are Better Domestic Servants ?! Comments on the Booming Au Pair Business », *Feminist Review* « Labour Migrations : Women on the Move », n° 77, 65-78.

Hivon M. (2002) [1998], « "Payer en liquide". L'utilisation de la vodka dans les échanges en Russie rurale », *Ethnologie française*, n° 4, 515-524.

Hoarau F. (2009), « La communauté Emmaüs de Besançon : des sujets et des objets pris dans des réseaux d'actions sur les actions », *in* Julien M.-P. et Rosselin C. (dir.), *Le sujet contre les objets tout contre. Ethnographies de cultures matérielles*, Paris, Éditions du Comité des Travaux Historiques et Scientifiques (« Orientations et méthodes »), p. 265-290.

Hochschild A. R. (2012) [1983], *The Managed Heart. Commercialization of Human Feeling*, Berkeley, University of California Press.

Honneth A. (1996), « Reconnaissance », *Dictionnaire d'éthique et de philosophie morale*, Paris, PUF, p. 1272-1278.

Honneth A. (2000) [1992], *La lutte pour la reconnaissance*, Paris, Éditions du Cerf.

Houseman M. (1990), « Le tabou du lapin chez les marins. Une spéculation structurale ? », *Ethnologie française* « Figures animales », n° 2, 125-142.

Houseman M. (2012), « Est-ce un jeu ? », *Le rouge est le noir. Essais sur le rituel*, Toulouse, Presses Universitaires Le Mirail (« Les Anthropologiques »), p. 141-153.

Huizinga J. (1951) [1938], *Homo ludens : essai sur la fonction sociale du jeu*, Paris, Gallimard.

Inda J. X. et Rosaldo R. (dir.) (2008) [2002], *The Anthropology of Globalization : A Reader*, Malden-Oxford-Victoria, Blackwell Publishing.

Ingold T. (2010), « The textility of making », *Cambridge Journal of Economics* « The nature of technology », vol. 34, 91-102.

Ingold T. (2017), « Les matériaux de la vie », *Socio-anthropologie* « Matières à former », n° 35, 23-43 (traduction d'Ingold T. (2013), « The Materials of Life », *in* Ingold T., *Making. Anthropology, Archeology, Art and Architecture*, Londres, Routledge).

Jackson M. (2002), *The Politics of Storytelling. Violence, Transgression, and Intersubjectivity*, Copenhaguen, Museum Tusculanum Press.

Jacques-Jouvenot D. et Schepens F. (2007), « Transmettre et reprendre une entreprise : de l'Homo œconomicus à l'Homo memor », *Revue du MAUSS* « Avec Karl Polanyi, contre la société du tout-marchand », n° 29 -1, 377-391.

Jeanjean A. (1999a), « Travailler et penser une matière impensable », *in* Julien M.-P. et Warnier J.-P. (dir.), *Approches de la culture matérielle : corps à corps avec l'objet*, Paris, L'Harmattan (« Connaissance des hommes »), p. 73-87.

Jeanjean A. (1999b), « Les égouts de Montpellier : mots crus et mots propres », *Ethnologie française* « Les mots des Institutions », n° 4, 607-615.

Jeanjean A. (2004), « Ce qui du travail se noue au café », *Socio-anthropologie* « Boire », n° 15, 47-66.

Jeanjean A. (2006), *Basses œuvres. Une ethnologie du travail dans les égouts*, Paris, Éditions du Comité des Travaux Historiques et Scientifiques (« Le regard de l'ethnologue »).

Jeanjean A. (2014), « Anamorphoses souterraines. Objets exhumés des égouts », *Socio-anthropologie* « Le retournement des choses », n° 30, 119-131.

Jeanjean M. (1990), *Un ethnologue chez les policiers*, Paris, Métailié.

Jeudy-Ballini M. (1991), « Une expérience d'ethnographie en entreprise », *Journal des anthropologues* « Ethnologie de l'entreprise », n° 43-44, 45-56.

Jeudy-Ballini M. (2002), « "Et il paraît qu'ils ne sont pas tous sourds?" Le travail comme exploit et résistance au quotidien », *Terrain* « Travailler à l'usine », n° 39, 17-32.

Jorion P. (1989), « Hommes, femmes et "l'intérêt supérieur du ménage" à la petite pêche », *Terrain* « Du congélateur au déménagement », n° 12, 67-79.

Jorion P. (2012) [1983], *Les pêcheurs d'Houat. Anthropologie économique*, Vulaines-sur-Seine, Éditions du Croquant.

Jouvenet M. (2001), « "Emportés par le mix". Les DJ et le travail de l'émotion », *Terrain* « Musique et émotion », n° 37, 45-60.

Julien M.-P. (2005), « Travail et subjectivité : pistes ethnologiques du sujet », *Ethnologie française*, n° 4, 733-737.

Julien M.-P. et Rosselin C. (2003), « C'est en laquant qu'on devient laqueur. De l'efficacité du geste à l'action sur soi », *Techniques & Culture* « Efficacité technique, efficacité sociale », n° 40, 107-123.

Julien M.-P. et Rosselin C. (dir.) (2009), *Le sujet contre les objets... tout contre. Ethnographies de cultures matérielles,* Paris, Éditions du Comité des travaux historiques et scientifiques (« Orientations et méthodes »).

Julien M.-P., Poirée J., Rosselin C., Roustan M., Warnier J.-P. (2003), « Chantier ouvert au public », *Techniques & Culture* « Efficacité technique, efficacité sociale », n° 40, 185-192.

Julien M.-P., Rosselin C., Warnier J.-P. (2009), « Pour une anthropologie du matériel », *in* Julien M.-P. et Rosselin C. (dir.), *Le sujet contre les objets... tout contre. Ethnographies de cultures matérielles,* Paris, Éditions du Comité des travaux historiques et scientifiques (« Orientations et méthodes »), p. 85-109.

Kaba A. (2014), « Une culture du précariat? Devenir ouvrier journalier en Inde », *Autrepart* « Les jeunes du Sud face à l'emploi », vol. 71, n° 3, 157-173.

Kalaora B. et Poupardin D. (1988), « L'administration forestière entre 1860 et 1940. L'esprit de corps à travers les nécrologies », *Ethnologie française,* n° 1, 27-41.

Kalb D. (2014), « "Worthless Poles" and Other Dispossessions. Toward an Anthropology of Labor in Post-Communist Central and Eastern Europe », *in* Kasmir S. et Carbonella A. (dir.), *Blood and Fire. Toward a Global Anthropology of Labor,* New York-Oxford, Berghahn Books, p. 250-287.

Kalb D. et Halmai G. (dir.) (2010), *Headlines of Nation, Subtexts of Class : Working Class Populism and the Return of the Repressed in Neoliberal Europe,* Oxford, Berghahn Books.

Kanelopoulos C. (2010) [1992], « Travail et technique chez les Grecs. L'approche de J.-P. Vernant », *Techniques & Culture* « Cultures matérielles » - t. 1, n° 54-55, 335-353.

Kasmir S. et Carbonella A. (dir.) (2014), *Blood and Fire. Toward a Global Anthropology of Labor,* New York-Oxford, Berghahn Books.

Kassatly H., Puig N. et Tabet M. (2016), « Le marché de Sabra à Beyrouth par l'image et le son. Retour sur une enquête intensive », *Revue Européenne des Migrations Internationales* « Renouveler la question migratoire », vol. 32, n° 3-4, 37-68.

Katz S. (2008), « Jouer sur les mots. Langage et apprentissage théâtrale en France et en Allemagne », *Ethnologie française* « L'art au travail », n° 1, 39-48.

Kim S.-Y. (2014), *Chômeurs. Anthropologie d'un mouvement social,* Paris, L'Harmattan (« Socio-anthropologie »).

Kim-Bossard M. (2017), « Mothering as Laboring : Navigating Cultural Discourses of Mothering as Marriage-Labor Immigrants in Korea », *Anthropology of Work Review,* vol. 38, n° 2, 92-103.

KINGSOLVER A. E. (2006) [1996], « Work », *in* Barnard A. et Spencer J. (dir.), *Encyclopedia of Social and Cultural Anthropology*, p. 564-566.

KIWAN N. et MEINHOF U.H. (2011), *Cultural Globalization and Music : African Artists in Transnational Networks*, Basingstoke, Palgrave Macmillan.

KOLLMANN V. et VALIÈRE M. (1992a), « Sociabilité et pratiques festives, le pot de l'amitié et le voyage au bout du monde », *Le patrimoine industriel*, Poitiers, Mémoire d'Image et ARPE, chapitre 5, p. 143-148.

KOLLMANN V. et VALIÈRE M. (1992b), *Le patrimoine industriel*, Poitiers, Mémoire d'Image et ARPE.

KOPYTOFF I. (1986), « The cultural biography of things : commoditization as process », *in* Appadurai A. (dir.), *The Social Life of Things. Commodities in Cultural Perspective*, Cambridge, Cambridge University Press, p. 64-94.

KRISHNAMURTHY M. (2004), « Ressources and Rebels : A Study of Identity Management in Indian Call Centers », *Anthropology of Work Review*, vol. 25, n° 3-4, 9-18.

LAABS J. J. (2002) [1992], « Corporate Anthropologists », *in* Podolefsky A. et Brown P. J., *Applying cultural anthropology. An introductory reader*, Mountain View, Mayfield Publishing Co.

LAACHER S. (1998), « Économie informelle officielle et monnaie franche. L'exemple des systèmes d'échanges locaux », *Ethnologie française*, n° 2, 247-256.

LAACHER S. (2004), « Une économie choisie. L'exemple des systèmes d'échanges locaux », *in* Barbe N. et Latouche S. (dir.), *Économie choisie ? Échanges, circulations et débrouille*, Paris, Éditions de la Maison des sciences de l'homme/ministère de la Culture (« Ethnologie de la France »), p. 23-38.

LABAN R. (1994) [1950], *La maîtrise du mouvement*, Arles, Actes Sud.

LABURTHE-TOLRA P. et WARNIER J.-P. (2016) [1993], *Ethnologie. Anthropologie*, Paris, PUF (« Quadridge Manuels »).

LACAZE G. (2017), « Des négociantes à la valise dans les villes sino-mongoles », *Ethnologie française* « Gens de commerce », n° 1, 37-46.

LAFAYE F. (2001), « Le café du matin dans un département d'une grande entreprise publique : convivialité ou une autre manière de pratiquer les relations hiérarchiques ? », *Consommations et sociétés* « L'alimentation au travail », n° 2, 149-161.

LAFAYE F. (2005), « Professionnels du textile : se construire une conscience fière », *Ethnologie française* « Fermetures : crises et reprises », n° 4, 703-713.

Laghmari M. (2018), « En quête d'une tendance de mode dans un bureau de style parisien », *Terrains/Théories* « La fabrique de la mode » [en ligne], n° 8.

Lambelet L. (2003), « Un ethnologue en entreprise : entre séduction et révélation », *ethnographiques.org* [en ligne], n° 3, avril.

Langumier J., Desaleux D. et Martinais E. (2012), *État des lieux, les lieux de l'État*, Lyon, Éditions Libel.

Larguèze B. (1995), « Statut des filles et représentations féminines dans les rituels de bizutage », *Sociétés contemporaines*, vol. 21, n° 1, 75-88.

Lauraire R. (2016), « De nouveaux savoir-faire des archivistes », *in* Hottin C. et Voisenat C. (dir.), *Le tournant patrimonial. Mutations contemporaines des métiers du patrimoine*, Paris, Éditions de la Maison des sciences de l'homme/ministère de la Culture (« Ethnologie de la France »), p. 141-158.

Lave J. (1988), *Cognition in practice*, Cambridge, Cambridge University Press.

Lave J. et Wenger E. (1991), *Situated Learning : Legitimate Peripheral Participation*, Cambridge, Cambridge University Press.

Lazarus S. (dir.) (2001), « Anthropologie ouvrière et enquêtes d'usine », *Ethnologie française*, n° 3.

Le Caisne L. (2000), *Prison. Une ethnologue en centrale*, Paris, Odile Jacob.

Le Chêne M. (2004), « Entre nécessité, volonté et réalité. Le ramassage des vers marins en baie de Sallenelles (1956-2000) », *in* Barbe N. et Latouche S. (dir.), *Économie choisie ? Échanges, circulations et débrouille*, Paris, Éditions de la Maison des sciences de l'homme/ministère de la Culture (« Ethnologie de la France »), p. 159-174.

Le Chêne M. et Monjaret A. (1994), « La ville au parfum : Yves Rocher met l'usine au vert », *Ethnologie française*, n° 4, 764-776.

Le Menestrel S. (dir.) (2012), *Des vies en musique. Parcours d'artistes, mobilités, transformations*, Paris, Hermann.

Le Port É. (2013), « Fabriquer du rire à l'usine : l'humour au travail dans les témoignages écrits ouvriers des années 1960 à nos jours », *Les Mondes du Travail* « Humour au travail », n° 13, 27-42.

Le Quellec J.-L. (1999), « *Copy-Lore* et autres facécies », *in* Daphy E. et Rey-Hulman D. (dir.), *Paroles à rire*, Paris, Inalco-Langues O', p. 127-137.

Le Velly R. (2007), « Les démonstrateurs de foire. Des professionnels de l'interaction symbolique », *Ethnologie française*, n° 1, 143-151.

LEE S.-F. (2017), « Le *care* sous contrainte. La prise en charge de la dépendance par des travailleuses migrantes dans une maison de retraite taïwanaise », *ethnographiques.org* « Vieillir en institution, vieillesses institutionnalisées. Nouvelles populations, nouveaux lieux, nouvelles pratiques » [en ligne], n° 35.

LÉGÉ B. (1987), « Les castors de la Monnaie. Naissance et mort d'une épopée », *Terrain* « Habiter la maison », n° 9, 40-59.

LEGUY C. et BORNAND S. (2013), *Anthropologie des pratiques langagières*, Paris, Armand Colin.

LEM W. (1991), « Classe et région : identité sociale chez les petits viticulteurs du Languedoc », *Ethnologie française*, n° 1, 13-27.

LEM W. (2001), « Familisme, despotisme et discipline dans le Languedoc rural : le contrôle des femmes et la gestion des hommes dans l'exploitation familiale », *Anthropologie et Sociétés*, vol. 25, n° 1, 81-98.

LEMONNIER P. (1980), « Un groupe de Savoyards à Paris. Les commissionnaires de l'Hôtel Drouot », *Ethnologie française* « Provinciaux et provinces à Paris », n° 2, 181-184.

LEROI-GOURHAN A. (1943), *L'Homme et la matière*, Paris, Albin Michel.

LEROI-GOURHAN A. (1964), *Le geste et la parole. 1. Technique et langage, 2. La mémoire et les rythmes*, Paris, Albin Michel.

LEVERT F. (2007), « La Morue Normande, de la conserverie au musée », *In Situ* « Le patrimoine industriel » [en ligne], n° 8.

LEYRIS J.-C. (2005), « L'île Seguin dix ans après : une commémoration », *Ethnologie française* « Fermetures : crises et reprises », n° 4, 667-677.

LEYRIS J.-C. (2007), « Objets de grève, un patrimoine militant », *In Situ* « Le patrimoine industriel » [en ligne], n° 8.

LIÉGARD F. (2004), « Des hommes réhabilités. Travailler dans les communautés Emmaüs », *in* Barbe N. et Latouche S. (dir.), *Économie choisie ? Échanges, circulations et débrouille*, Paris, Éditions de la Maison des sciences de l'homme/ministère de la Culture (« Ethnologie de la France »), p. 145-157.

LIZET B. (2015), *Une ethnologue au jardin des plantes. Dix petits terrains*, Paris, Éditions Petit Génie.

LOCHER M. A. et WATTS R. J. (2005), « Politeness Theory and Relational Work », *Journal of Politeness Research : Language, Behavior, Culture*, vol. 1, n° 1, 9-33.

LOUX F. (1988), *Guides de montagne. Mémoire et passions*, Grenoble, Didier-Richard.

Mairesse F. et Monjaret A. (dir.) (2017), *Accueillir et surveiller. Les métiers du gardien de musée,* Paris, La Documentation française (« Musées-Mondes »).

Malinowski B. (1925), « Labour and Primitive Economics », *Nature,* n° 2930, vol. 116, 926-930.

Malinowski B. (1935), *Coral Gardens and their Magic,* New York, American Book Co. (traduction française (2002) [1974], *Les Jardins de corail,* Paris, La Découverte).

Mallet J. (2002), « Histoire de vies, histoire d'une vie : Damily, musicien de tsapiky, troubadour des temps modernes », *Cahiers de musiques traditionnelles* « Histoires de vies », vol. 15, 113-132.

Malsan S. (2001), *Les filles d'Alcatel. Histoire d'une reconversion industrielle,* Toulouse, Octarès Éditions.

Malsan S. (2007), « Licenciements collectifs : le prix d'une dette symbolique », *Revue du MAUSS* « Avec Karl Polanyi, contre la société du tout-marchand », vol. 29, n° 1, 180-206.

Manceron V. (1996), « "Être chez soi, être entre soi". La question du territoire chez les mariniers berrichons », *Ethnologie française,* n° 3, 406-417.

Manry V. et Peraldi M. (2004), « Le lien et le gain. Le marché aux puces de Marseille : une aberration économique ? », *in* Barbe N. et Latouche S. (dir.), *Économie choisie ? Échanges, circulations et débrouille,* Paris, Éditions de la Maison des sciences de l'homme/ministère de la Culture (« Ethnologie de la France »), p. 39-58.

Marchand T. H. J. (2008), « Muscles, Morals and Mind : Craft Apprenticeship and the Formation of Person », *British Journal of Educational Studies,* vol. 56, n° 3, 245-271.

Marchand T. H. J. (2010), « Making knowledge : explorations of the indissoluble relation between minds, bodies, and environment », *Journal of the Royal Anthropological Institute* « Making knowledge », vol. 16, n° 1, S1-S21.

Marcus E. G. (1995), « Ethnography in/of the World System : The Emergence of Multi-Sited Ethnography », *Annual Review of Anthropology,* vol. 24, 95-117.

Mariethoz G. (2003), « Une carrière de rêve, ethnographie des plongeurs PADI en mer Rouge », *ethnographiques.org* [en ligne], n° 4.

Marshall T. (2017), « La fabrication de soi par la transformation matérielle. L'expérience du devenir menuisier », *Socio-anthropologie* « Matières à former », n° 35, 61-74.

Martinelli B. (1996), « Sous le regard de l'apprenti. Paliers de savoir et d'insertion chez les forgerons Moose du Yatenga (Burkina Faso) », *Techniques & Culture* « Accès aux savoirs d'autrui », n° 28, 9-47.

Mauss M. (1947) [1926], *Manuel d'ethnographie*, Paris, Payot.

Mauss M. (1969) [1926], « Parentés à plaisanterie », *Œuvres, vol. 3, « Cohésion sociale et division de la sociologie »*, Paris, Éditions de Minuit, p. 109-124.

Mauss M. (1983) [1950], « Essai sur le don », *in* Mauss M., *Sociologie et anthropologie*, Paris, PUF (« Quadrige »), p. 145-279.

Mauss M. (2009) [1950], « Les techniques du corps », *in* Mauss M., *Sociologie et anthropologie*, Paris, PUF (« Quadrige »), p. 363-386.

McLennan J. F. (1865), *Primitive Marriage : An Inquiry into the Origin of the Form of Capture in Marriage Ceremonies*, Edinburgh, A. and C. Black (réed. Chicago, University of Chicago Press, 1970).

Meillassoux C. (1975), *Femmes, greniers et capitaux*, Paris, Maspero.

Meissonnier J. (2001), *Provinciliens : les voyageurs du quotidien, entre capitale et province*, Paris, L'Harmattan (« Logiques sociales »).

Meissonnier J. (2002), « Stratégies d'optimisation des temps quotidiens. Le temps du repas », *in* Garabuau-Moussaoui I., Palomarès E. et Desjeux D. (dir.), *Alimentations contemporaines*, Paris, L'Harmattan (« Dossiers Sciences Humaines et Sociales »).

Mensitieri G. (2018), *Le plus beau métier du monde. Dans les coulisses de l'industrie de la mode*, Paris, La Découverte.

Meulemans G. (2018), « Des hommes qui creusent : suivre le sol en pédologie », *in* Mariani L. et Plancke C. (dir.), *(D)écrire les affects*, Paris, Éditions PETRA, p. 299-325.

Meulemans G. (2019), « Fonder les villes : comment les terrassiers comprennent le sol », *Communications* « Vivants sous terre », n° 105, 149-159.

Meyer M., Perrot A. et Zinn I. (2017), « Entre ambition "tout-terrain" et impossible ubiquité : les ethnographes en mouvement », *SociologieS* « L'enquête ethnographique en mouvement : circulation et combinaison des sites de recherche » [en ligne].

Michau N. (2019), « Incarner la mémoire du travail industriel », *Techniques & Culture* « Technographie » [en ligne], suppléments au n° 71.

Millar K. M. (2018), *Reclaiming the Discarded. Life and Labor on Rio's Garbage Dump*, Durham-Londres, Duke University Press.

Missaoui L. et Tarrius A. (2004), « Parole, honneur, mobilité. Les "petits migrants" dans les réseaux mondiaux de l'économie souterraine », *in* Barbe N. et Latouche S. (dir.), *Économie choisie ? Échanges, circulations et débrouille*, Paris, Éditions de la Maison des sciences de l'homme/ministère de la Culture (« Ethnologie de la France »), p. 77-92.

Mollona M. (2002), « Ceux du "chaud", ceux du "froid". Fabriquer des outils à Sheffield », *Terrain* « Travailler à l'usine », n° 39, 93-108.

Mollona M. (2005), « Factory, Family and Neighbourhood : The Political Economy of Informal Labour in Sheffield », *The Journal of the Royal Anthropological Institute*, vol. 11, n° 3, 527-548.

Mollona M. (2009), *Made in Sheffield : An Ethnography of Industrial Work and Politics*, New York-Oxford, Berghahn Books.

Mollona M., De Neve G. et Parry J. (dir.) (2009), *Industrial work and life. An Anthropological reader*, Oxford-New York, London School of Economics Monographs in Social Anthropologists/Berg Publishers.

Monjaret A (1996a), « Être bien dans son bureau. Jalons pour une réflexion sur les différentes formes d'appropriation dans l'espace du travail », *Ethnologie française* « Culture matérielle et modernité », n° 1, 129-139.

Monjaret A. (1996b), « Les communications téléphoniques privées sur les lieux de travail : partage sexué des rôles dans la gestion des relations sociales et familiales », *Traverse* « Force des liens », n° 3, 53-63.

Monjaret A. (1997a), *La Sainte-Catherine. Culture festive dans l'entreprise*, Paris, Éditions du Comité des Travaux Historiques et Scientifiques (« Le regard de l'ethnologue »).

Monjaret A. (1997b), « Ethnographie des pratiques téléphoniques de "cadres" parisiens ou un univers de relations paradoxales », *Réseaux* « Usages de la téléphonie », n° 82-83, 101-128.

Monjaret A. (2001a), « Fermeture et transfert de trois hôpitaux parisiens. L'ethnologue, accompagnateur social », *Ethnologie française* « Terrains minés », n° 1, 103-115.

Monjaret A. (2001b), « La fête, une pratique extraprofessionnelle sur les lieux du travail », *Cités* « Le travail sans fin ? », n° 8, 87-100.

Monjaret A. (2004), « Images érotiques dans les ateliers masculin hospitaliers : virilité et/ou corporatisme en crise », *Mouvement* « Les hommes en crise ? », n° 31, 30-35.

Monjaret A. (dir.) (2005a), « Fermetures : crises et reprises », *Ethnologie française*, n° 4.

Monjaret A. (2005b), « Les logiques de privatisation des ateliers techniques à l'hôpital. Se singulariser en affirmant un corporatisme », *in* Bley D. (dir.), *Cadre de vie et travail. Les dimensions d'une qualité de vie au quotidien*, Aix-en-Provence, EDISUD, p. 183-200.

MONJARET A. (2005c), « Quand les lieux de travail ferment… », *Ethnologie française* « Fermetures : crises et reprises », n° 4, 581-592.

MONJARET A. (2005d), « La fermeture d'établissements publics : commande et devoir de mémoire », *in* Traimond B. (dir.), *L'anthropologie appliquée aujourd'hui*, Pessac, Presses universitaires de Bordeaux (« Études culturelles »), p. 97-108.

MONJARET A. (2006), « La privatisation de l'espace de travail à l'épreuve des changements professionnels et sociaux à l'hôpital », *in* Bidet A. (dir.) avec la coll. de Borzeix A., Pillon T., Rot G. et Vatin F., *Sociologie du travail et activité*, Toulouse, Octarès Éditions (« Le travail en débats »), p. 143-155.

MONJARET A. (2008a), *Penser le continuum travail et hors travail : comment, pourquoi et sous quelle forme ?*, Habilitation à diriger des recherches, Université Paris Descartes.

MONJARET A. (2008b), « La fête de fermeture de trois hôpitaux parisiens, ou comment se marque, se ritualise et se fabrique l'événement », *in* Balard M. et Gérôme N. (dir.), *Les fêtes et leur histoire en Île-de-France-Paris et Île-de-France Mémoires*, Revue de la Fédération des sociétés historiques et archéologiques de Paris et de l'Île-de-France, t. 59, p. 333-356.

MONJARET A. (2011a), « Du bleu de chauffe au jean. Les jeux de l'apparence des "ouvriers" à l'hôpital, entre traditions corporatistes et normes institutionnelles renouvelées », *Sociologie et sociétés* « Mode et modes », vol. 43, n° 1, 99-124.

MONJARET A. (2011b), « Le corps en miettes et la main réparatrice. Quand l'ouvrier se transforme en "chirurgien". Une expérience de la souffrance d'autrui à l'hôpital », *Communications* « Travailler », vol. 89, n° 2, 57-70.

MONJARET A. (2012a), « Ethnographier les liens entre travail et domicile : manières de traiter un questionnement (1970-2010) », note de recherches, *Sciences de la Société*, n° 82, 143-157.

MONJARET A (2012b), « Fêtes et travail dans les organisations professionnelles : quelles relations possibles ? », *ethnographiques.org* [en ligne], n° 24.

MONJARET A. (2014), « Ethnographie d'hôpitaux parisiens en situation de fermeture : entre l'urgence d'une sauvegarde et l'inscription dans une relation sociale durable », *in* Barthèlemy T., Combessie P., Fournier L. S. et Monjaret A. (dir.), *Ethnographies plurielles. Déclinaisons selon les disciplines*, Paris, Éditions du Comité des Travaux Historiques et Scientifiques (« Orientations et méthodes »), p. 181-209.

MONJARET A. (2015a), « Jour de fête pour les midinettes. L'envers de la Sainte-Catherine : les normes derrière la dérision festive », *Modes pratiques. Revue d'histoire du vêtement & de la mode* « Normes et transgressions », n° 1, 70-95.

MONJARET A. (2015b), « Hommage aux ouvrières italiennes de Nogent-sur-Marne ou les enjeux d'une création. "C'est devenu un mythe, les plumassières" », *Hommes & Migrations* « Fashion Mix », n° 1310, 15-22.

MONJARET A. (2016), « Surveiller et transmettre ? Être "gardien" : au palais de la Porte Dorée, histoire d'une transition », *in* Hottin C. et Voisenat C. (dir.), *Le tournant patrimonial. Mutations contemporaines des métiers du patrimoine*, Paris, Éditions de la Maison des sciences de l'homme/ministère de la Culture (« Ethnologie de la France »), p. 159-181.

MONJARET A. (2019a), « Entre travail et domicile. Pérégrination intellectuelle d'une ethnographe », *in* Monjaret A. (dir.), *Carrières,* Nanterre, Presses universitaires de Paris Nanterre (« Ethnographies plurielles »), p. 169-190.

MONJARET A. (2019b), « On vit avec les rats. Expériences ouvrières des dessous de l'hôpital », *Communications* « Vivants sous terre », n° 105, 107-117.

MONJARET A. (2020), *La pin-up à l'atelier. Ethnographie d'un rapport de genre,* Grâne, Éditions Créaphis.

MONJARET A. et GUILLARD V. (2014), « Objets bureaucratisés, objets domestiqués ? La fabrique ordinaire de la séparation entre le domicile et le travail », *Socio-anthropologie* « Le retournement des choses », n° 30, 47-63.

MONJARET A. et PUGEAULT C. (dir.) (2014), *Le sexe de l'enquête. Approches sociologiques et anthropologiques,* Lyon, ENS Éditions « (Sociétés, Espaces, Temps »).

MONJARET A. et ROUSTAN M. (2012), « Digestion patrimoniale. Contestations autour d'un ancien musée des colonies à Paris », *Civilisations* « Au-delà du consensus patrimonial. Résistances et usages contestataires du patrimoine », vol. 61, n° 1, 23-42.

MONJARET A. et ROUSTAN M. (2017), « A palace as legacy : The former French colonial museum - perspectives from the inside », *Journal of Material Culture,* vol. 22, n° 2, 216-236.

MONJARET A. et SCHWARTZ O. (2012), « 40 ans d'ethnologie du travail et de sociologie du travail », *Ethnologie française* « Ethnologie française, 40 ans », n° 2, 367-370.

MONJARET A., ROUSTAN M. et EIDELMAN J. (2005), « Fin du MAAO : un patrimoine revisité », *Ethnologie française* « Fermetures : crises et reprises », n° 4, 605-616.

MOORE F. (2005), *Transnational Business Cultures. Life and Work in a Multinational Corporation,* Farnham, Ashgate/Routledge (« Cross cultural management »).

MOREL A. (dir.), (1989), *Cultures de travail. Identités et savoirs industriels dans la France contemporaine,* Paris, Éditions de la Maison des sciences de l'homme/ministère de la Culture (« Ethnologie de la France »).

MOREL A. et VALLERANT J. (dir.) (1984), « Ethnologie, techniques, industries. Vers une anthropologie industrielle ? », *Terrain*, n° 2.

MORICE A. (1981), « Les vélos de Kaolack », *Cahiers d'Études africaines*, vol. 21, n° 81-83, 197-210.

MORICE A. (2011), « L'immigré et l'illégal : les activités informelles des étrangers », *La Pensée*, n° 368, 105-118.

MORICE A. et POTOT S. (dir.) (2010), *De l'ouvrier immigré au travailleur sans papiers. Les étrangers dans la modernisation du salariat*, Paris, Karthala (« Hommes et sociétés »).

MORICOT C. et DUBEY G. (2016), *Dans la peau d'un pilote de chasse. Le spleen de l'homme-machine*, Paris, PUF.

MORIN O. (dir.) (2013), « Rires », *Terrain*, n° 61.

MOULINIÉ V. (1993), « La passion hiérarchique. Une ethnographie du pouvoir en usine », *Terrain* « Liens de pouvoir », n° 21, 129-142.

MOULINIÉ V. (1996), « Tonton et Tatie : notes sur la parenté et la famille au sein de l'entreprise », *Journal des anthropologues* « Anthropologie, entreprise, entrepreneurs », n° 66-67, 71-84.

MOULINIÉ V. (1998), « "Chez Tatie". La parenté à l'usine », *in* Fine A. (dir.), *Adoptions. Ethnologie des parentés choisies*, Paris, Éditions de la Maison des sciences de l'homme/ ministère de la Culture (« Ethnologie de la France »), p. 245-273.

MOULINIÉ V. (1999), « Des "œuvriers" ordinaires. Lorsque l'ouvrier fait le/du beau… », *Terrain* « Le beau », n° 32, 37-54.

MOULINIÉ V. (2014), « "Ils se foutaient tous de ma gueule" ou l'objet bricolé comme mise en scène de soi », *Socio-anthropologie* « Le retournement des choses », n° 30, 65-82.

MOULINIÉ V. (2016), « Larry, Jules et les autres. Les gardiens de musée au miroir de la fiction », *in* Hottin C. et Voisenat C. (dir.), *Le tournant patrimonial. Mutations contemporaines des métiers du patrimoine*, Paris, Éditions de la Maison des sciences de l'homme/ministère de la Culture (« Ethnologie de la France »), p. 183-210.

MOULINIÉ V. (2017), « Le gardien de musée face à l'enfant dans la littérature jeunesse : quand un cerbère se fait passeur », *in* Mairesse F. et Monjaret A. (dir.), *Accueillir et surveiller. Les métiers du gardien de musée*, Paris, La Documentation française (« Musées-Mondes »), p. 95-118.

MUEHLEBACH A. (2012), *The Moral Neoliberal: Welfare and Citizenship in Italy*, Chicago, University of Chicago Press.

MUNZ H. (2012), « La fabrique et les usages politiques du “patrimoine horloger” dans le pays de Neuchâtel », *ethnographiques.org* « Ethnographies des pratiques patrimoniales : temporalités, territoires, communautés » [en ligne], n° 24.

MURRAY C. (1979), « The work of men, women, and the ancestors : Social Reproduction in the Periphery of Southern Africa », *in* Wallman S. (dir.), *Social Anthropology of Work*, London, Academic Press, p. 337-363.

NASH J. C. (1998), « Twenty Years of Work Anthropology : A Critical Evaluation », *Anthropology of Work Review*, vol. 18, n° 4.

NASH J. C. et FERNANDEZ-KELLY M. P. (dir.) (1984), *Women, Men, and the International Division of Labor*, New York, State University of New York Press.

Newsletter Anthropology of Work (1980), vol. 1, n° 1.

NOURRIT D. et ROSSELIN-BAREILLE C. (2017), « Incorporer des objets. Apprendre, se transformer, devenir expert », *Socio-anthropologie* « Matières à former », n° 35, 93-110.

O’CONNOR E. (2005), « Embodied knowledge : The experience of meaning and the struggle towards proficiency in glassblowing », *Ethnography*, vol. 6, n° 2, 183-204.

OBADIA L. (2003) « Le “plaisir” de “jouer”. Présence et métamorphoses du ludisme dans le football professionnel français », *Socio-anthropologie* « Jeux/Sports », n° 13, 27-41.

ODLAND PORTISCH A. (2010), « The craft of skilful learning : Kazakh women’s everyday craft practices in western Mongolia », *Journal of the Royal Anthropological Institute* « Making knowledge », vol. 16, n° 1, S62-S79.

ORTAR N. (2015), *La Vie en deux. Familles françaises et britanniques face à la mobilité géographique professionnelle*, Paris, Éditions Petra.

ORTIZ S. (1994), « Work, the division of labour and co-operation », *in* Ingold T. (dir.), *Companion Encyclopedia of Anthropology*, London, Taylor and Francis, p. 891-911.

OSSIPOW L, CSUPOR I. et LAMBELET A. (2006), « Lieux et objets d’assistance : mises en scène dans cinq Centres d’action sociale et de santé (CASS) », *ethnographiques.org* [en ligne], n° 9.

PAPADANIEL Y. (2011), « La “beauté” de la mort. Comment ethnographier l’engagement auprès des mourants ? », *ethnographiques.org* « Analyser les présences au travail : visibilités et invisibilités » [en ligne], n° 23,

PAPADANIEL Y. (2013), *La Mort à côté*, Toulouse, Anacharsis (« Les ethnographiques »).

PARRY J. (1999), « Satanic Fields, Pleasant Mills : Work in an Indian Steel Plant », *Contributions to Indian Sociology (new series)*, vol. 33, n° 1-2, 107-140.

Parry J. et Hann C. (dir.) (2018), *Industrial Labor on the Margins of Capitalism. Precarity, Class and the Neo-liberal Subject*, New York-Oxford, Berghahn.

Peraldi M. (1999), « Marseille : réseaux migrants transfrontaliers, place marchande et économie de bazar », *Cultures & Conflits* « Les anonymes de la mondialisation », n° 33-34, 51-67.

Peraldi M. (dir.) (2001), *Cabas et Containers. Activités marchandes informelles et réseaux migrants transfrontaliers*, Paris, Maisonneuve et Larose.

Perault S. (2012), « Ça c'est Paris ! Le Bal du Moulin Rouge et ses girls », *Ethnologie française* « Le Paris des ethnologues. Des lieux, des hommes », n° 3, 493-501.

Perrot M. et Petonnet C. (dir.) (1982), « Anthropologie culturelle dans le champ urbain », *Ethnologie française*, n° 2.

Pine F. (1994), « Maintenir l'économie domestique. Travail, argent et éthique dans les montages polonaises », *Terrain* « Les usages de l'argent », n° 23, 81-98.

Pizzorni Itié F. (2014), « La Forêt des choses. Substance mémorielle et correspondances sensibles des objets au musée », *Socio-anthropologie* « Le retournement des choses », n° 30, 171-181.

Polak B. (2012), « Peasants in the Making : Bamana children at work », *in* Spittler G. et Bourdillon M. (dir.), *African Children at Work. Working and Learning in Growing Up for Life*, Zurich-Berlin, LIT Verlag, p. 87-112.

Pouchelle M.-C. (2005), « Fermeture d'hôpitaux, quelles clefs ? », *Ethnologie française* « Fermetures : crises et reprises », n° 4, 593-603.

Pouchelle M.-C. (2007), « Quelques touches hospitalières », *Terrain* « Toucher », n° 49, 11-26.

Procoli A. (1996), « Du projet de reconversion en entreprise au travail de deuil en formation », *Journal des anthropologues* « Anthropologie, entreprise, entrepreneurs », n° 66-67, 59-70.

Procoli A. (1999), « À la recherche d'une stratégie de survie », *Formation Emploi* « Insertion professionnelle compétences et différences de genre », n° 68, 37-47.

Procoli A. (2000a), « Du bon et du mauvais management. Un stage de formation au Conservatoire national des Arts et Métiers », *Ethnologie française* « Pliures, coupures, césures du temps », n° 1, 97-107.

Procoli A. (2000b), « Le travail "pur" des faiseuses d'adoption. Étude d'un groupe de bénévoles d'une ONG française », *Anthropologie et Sociétés*, vol. 24, n° 3, 133-153.

Procoli A. (2001), *Anthropologie d'une formation au CNAM. La fabrique de la compétence*, Paris, L'Harmattan.

Procoli A. (dir.) (2004), *Workers and Narratives of Survival in Europe : The Management of Precariousness at the End of the Twentieth Century*, New York, State University of New York Press.

Quashie H. (2016), « Débuter sa carrière professionnelle en Afrique : l'idéal d'insertion sociale des volontaires français à Dakar et Antananarivo (Sénégal, Madagascar) », *Cahiers d'Études africaines* « Mobilités et migrations européennes en (post) colonies », vol. 221-222, n° 1, 53-80.

Radcliffe-Brown A. R. (1940), « On joking relationships », *Africa : Journal of the International African Institute*, vol. 13, n° 3, 195-210.

Rapport N. (2007), « "Je suis peut-être un salaud d'Anglais, mais je suis pas un feignant !" Être brancardier dans un hôpital écossais », *Ethnologie française* « Anthropologie at home », n° 2, 255-264.

Rautenberg M. (1989), « Déménagement et culture domestique », *Terrain* « Du congélateur au déménagement. Pratiques de consommation familiale », n° 12, 54-67.

Raveneau G. (1994), « Radiologie d'une expédition d'entreprise : Bull en Himalaya », *Ethnologie française*, n° 4, 777-789.

Renahy N. (2001a), « Football et représentation territoriale : un club amateur en milieu ouvrier », *Ethnologie française*, n° 4, 707-715.

Renahy N. (2001b), « Générations ouvrières et territoire industriel. La transmission d'un ordre ouvrier localisé dans un contexte de précarisation de l'emploi », *Genèses*, n° 42, 47-71.

Renahy N. (2005), « Une occupation d'usine, chant du cygne d'un syndicalisme villageois », *Ethnologie française* « Fermetures : crises et reprises », n° 4, 691-702.

Renahy N. (2006), « "L'œil de Moscou". Devenir porte-parole d'un groupe illégitime ». *ethnographiques.org* [en ligne], n° 11.

Renaud G. et Lamy Y. (1992), « Le bizutage dans les classes préparatoires aux Grandes Écoles » Document, *Genèses* « Conservatisme, libéralisme, socialisme », n° 9, 138-149.

Richards A. (1939), *Land, Labour and Diet in Northern Rhodesia : an economic study of the Bemba tribe*, Londres-New York, International Institute of African Languages & Cultures/Oxford University Press.

Richards A. I. (1932), *Hunger and Work in a Savage Tribe. A Functional Study of Nutrition among the Southern Bantu*, Londres, Routledge & Sons.

Riot T. (2017), « Matière à jouer, effets de matière : le danseur, la lance et le poignet », *Socio-anthropologie* « Matières à former », n° 35, 127-139.

Rivière C. (1995), « Ritualité dans l'entreprise », *Les Rites profanes*, Paris, PUF, chapitre 9, p. 219-235.

Robinson A. et Vandenberghe C. (2017), « Dans l'intimité des rondes nocturnes des musées : une expérience du sensible », *in* Mairesse F. et Monjaret A. (dir.), *Accueillir et surveiller. Les métiers du gardien de musée*, Paris, La Documentation française (« Musées-Mondes »), p. 57-68.

Rodda N., Bril B., Goujon A.-L. et Shim K.-E. (2015), « Ethnographier "le tour de main". Une proposition méthodologique pour un défi toujours actuel », *ethnographiques.org* « La part de la main » [en ligne], n° 31.

Rolle V. (2013), *L'art de tatouer. La pratique d'un métier créatif*, Paris, Éditions de la Maison des sciences de l'homme/ministère de la Culture (« Ethnologie de la France »).

Rosini P. (2012a), « Le fragile refuge de l'habitude », *Techniques & Culture*, n° 58, 212-239.

Rosini P. (2012b), « L'appel du travail. Technologies et mobilisation subjective d'intérimaires "non qualifiés" », *La nouvelle revue du travail* « Temps professionnels éclatés, TIC et urgences » [en ligne], n° 1.

Rosini P. (2014), *Temporaires en permanence. Une ethnologie du travail intérimaire « non qualifié »*, thèse de doctorat en anthropologie, Université Aix-Marseille.

Rosselin C., Lalo É. et Nourrit D. (2015), « Prendre, Apprendre et Comprendre. Mains et matières à travailler chez les scaphandriers », *ethnographiques.org* « La part de la main » [en ligne], n° 31.

Rosselin-Bareille C. (2019), « "Tourner". Corps au travail et pénibilité chez les scaphandriers travaux publics », *La nouvelle revue du travail* « Corps au travail, corps travaillés » [en ligne], n° 4.

Rosselin-Bareille C. (dir.) (2017), « Matières à former », *Socio-anthropologie*, n° 35.

Roth C. (2002), « 24 heures sur 24 à la mine. Porion et ingénieur : le travail comme art de vivre », *Terrain* « Travailler à l'usine », n° 39, 79-92.

Rousseleau R. (2015), « Lire la terre, truelle en main. Une ethnographie de la fouille archéologique amateure », *ethnographiques.org* « La part de la main » [en ligne], n° 31.

Roustan M. (2007), *Sous l'emprise des objets ? Culture matérielle et autonomie*, Paris, L'Harmattan.

Roustan M. (2016), « Des clefs des réserves aux mots clefs des bases de données. Mutation du rapport aux objets pour les conservateurs du MAAO au musée du quai Branly », *in* Hottin C. et Voisenat C. (dir.), *Le tournant patrimonial. Mutations contemporaines des métiers du patrimoine*, Paris, Éditions de la Maison des sciences de l'homme/ministère de la Culture (« Ethnologie de la France »), p. 117-139.

Roy D. (1959), « "Banana Time" : Job Satisfaction and Informal Interaction », *Human Organization*, vol. 18, n° 4, 158-168.

Rudnyckyj D. (2011), « Circulating Tears and Managing Hearts : Governing through Affect in an Indonesian Steel Factory », *Anthropology Theory*, vol. 11, n° 1, 63-87.

Sagnes S. (2010), « Suivez le guide. De l'autre à soi, ou comment devenir monument », *Ethnologies*, « Tourisme culturel », vol. 32, n° 2, 81-102.

Sagnes S. (2016a), « Au futur antérieur de la médiation patrimoniale. Les chargées d'action culturelle au château et aux remparts de Carcassonne », *in* Hottin C. et Voisenat C. (dir.), *Le tournant patrimonial. Mutations contemporaines des métiers du patrimoine*, Paris, Éditions de la Maison des sciences de l'homme/ministère de la Culture (« Ethnologie de la France »), p. 253-271.

Sagnes S. (2016b), « Guider au temps des médiations : des enjeux d'une réinvention », *Ethnologies* « Créativité et médiation en tourisme et en patrimoine », vol. 38, n° 1-2, 107-125.

Sagnes S. (2019), « D'une quête l'autre : la visite de Notre-Dame », *in* Anheim É., Etter A.-J., Glasson-Deschaumes G. et Liévaux P. (dir.), *Les patrimoines en recherche(s) d'avenir*, Nanterre, Presses universitaires de Paris Nanterre, p. 109-120.

Sahlins M. (2017) [1972], *Stone Age Economics*, Londres, Routledge (traduction française : (2017) [1976], *Âge de pierre, âge d'abondance. L'économie des sociétés primitives*, Paris, Gallimard).

Salas Carreño G. (2017), « Mining and the living materiality of mountains in Andean societies » *Journal of Material Culture*, vol. 22, n° 2, 133-150.

Savignac E. (2013), « Carnaval d'entreprise et spectacularisation de l'ordre managérial. Le cas du reversal day », *Journal des anthropologues*, n° 132-133, 385-407.

Savignac E. et Waser A.-M. (2003), *Start-up – Les Rois éphémères*, Paris, Éditions Descartes & Cie (« Techno-cités »).

Savignac E., Andonova Y., Lenel P., Monjaret A. et Seurrat A. (dir.) (2017), *Le travail de la gamification. Enjeux, modalités et rhétoriques de la translation du jeu au travail*, Bruxelles, Peter Lang.

Schwartz O. (2002) [1990], *Le monde privé des ouvriers. Hommes et femmes du Nord*, Paris, PUF.

Schwartz O. (2018) [1993], « L'empirisme irréductible », postface, *in* Anderson N., *Le Hobo. Sociologie du sans-abri*, Paris, Armand Colin, p. 335-384.

SEGALEN M. (1980), *Mari et femme dans la société paysanne*, Paris, Flammarion (« Champs »).

SEGALEN M. (2017) [1994], *Les enfants d'Achille et de Nike. Une ethnologie de la course à pied ordinaire*, Paris, Métailié.

SEGALEN M. et CHEVALIER S. (1996), « Décloisonner la famille : l'exemple de la culture matérielle domestique », *Traverse* « Force des liens », n° 3, 20-30.

SEIZER S. (2005), *Stigmas of the Tamil Stage : Ethnography of Special Drama Artists in South India*, Durham, Duke University Press.

SEIZER S. (2012), *Road Comics : Big Work on Small Stages*, film documentaire.

SEIZER S. (2017), « Dialogic Catharsis in standup comedy : Steward Huff plays a bigot », *HUMOR : International Journal of Humor Research*, vol. 30, n° 2, 211-237.

SELIM M. (1984), « Travail, distance sociale, résidence », *Terrain* « Ethnologie urbaine », n° 3, 5-19.

SELIM M. (1985), « Une cohabitation exclusive : le quartier Saint-Leu à Amiens », *in* Althabe G. (dir.), *Sociétés industrielles et urbaines contemporaines*, Paris, Éditions de la Maison des sciences de l'homme/ministère de la Culture (« Ethnologie de la France »), p. 35-56.

SELIM M. (1991a), *L'Aventure d'une multinationale au Bangladesh*, Paris, L'Harmattan.

SELIM M. (1991b), « Insertions ethnologiques dans l'entreprise », *Journal des anthropologues* « Ethnologie de l'entreprise », n° 43-44, 23-28.

SELIM M. (1993), « Ethnologie et entreprise », *L'Homme et la société* « Sciences sociales et travail », n° 109, 50-66.

SELIM M. (1998), « L'entreprise », *in* Althabe G. et Selim M., *Démarches ethnologiques au présent*, Paris, L'Harmattan (« Anthropologie critique »), p. 101-158.

SELIM M. et SUGITA K. (dir.) (1991), « Ethnologie de l'entreprise », *Journal des anthropologues*, n° 43-44.

SENNETT R. (2008), *The Craftsman*, New Haven-Londres, Yale University Press.

SGAMBARO I. (2017), « Devenir moniale au monastère orthodoxe de Solan. Le rôle de l'habit dans la construction de la sœur », *Socio-anthropologie* « Matières à former », n° 35, 111-125.

SIGAUT F. (2003), « La formule de Mauss », *Techniques & Culture* « Efficacité technique, efficacité sociale », n° 40, 153-168.

SIGAUT F. (2009), « Techniques, technologies, apprentissage et plaisir au travail... », *Techniques & Culture* « Technologies », n° 52-53, 40-49.

SOLA C. (2007), « "Y a pas de mots pour le dire, il faut sentir". Décrire et dénommer les happerceptions professionnelles », *Terrain* « Toucher », n° 49, 37-50.

SONNTAG S. K. (2005), « Appropriating Identity or Cultivating Capital ? Global English in Offshoring Services Industries », *Anthropology of Work Review*, vol. 26, n° 1, 13-20.

SPITTLER G. (1990), « La notion de travail chez les Kel Ewey », *Revue du monde musulman et de la Méditerranée*, n° 57, 189-198.

SPITTLER G. (2001), « Work : Anthropological Aspects », *in* Smelser N. J. et Baltes P. B. (dir.), *International Encyclopedia of the Social & Behavioral Science*, vol. 24, p. 16565-16568.

SPITTLER G. (2003), « L'anthropologie du travail en Afrique : traditions allemandes et françaises », *in* Lakroum M., Almeida-Topor H. (d') et Spittler G. (dir.), *Le travail en Afrique noire. Représentations et pratiques à l'époque contemporaine*, Paris, Karthala, p. 17-41.

SPITTLER G. (2008), *Founders of the Anthropology of Work. German Social Scientists of the 19th and Early 20th Centuries and the First Ethnographers*, Berlin, LIT Verlag.

SPITTLER G. (2018a), « Anthropologie du travail : des classiques à la comparaison ethnographique », *in* Musso P. et Supiot A. (dir.), *Qu'est-ce qu'un régime de travail réellement humain ?* Paris, Hermann, p. 149-160.

SPITTLER G. (2018b), « Work », *The International Encyclopedia of Anthropology*, New York, John Wiley & Sons, Ltd.

SPITTLER G. et BOURDILLON M. (dir.) (2012), *African Children at Work. Working and Learning in Growing Up for Life*, Zurich-Berlin, LIT Verlag.

SPYRIDAKIS M. (2012), « Being an Ex-Worker : The Experience of Job Loss in a Tobacco Factory in Piraeus », *Urbanities*, vol. 2, n° 2, 78-95.

SPYRIDAKIS M. (2017) [2013], *The Liminal Worker : An Ethnography of Work, Unemployment and Precariousness in Contemporary Greece*, Farnham, Surrey, Ashgate.

STEINER A. et CONORD S. (2012), « Portrait d'un bistrot des faubourgs : Le Mistral », *Ethnologie française* « Le Paris des ethnologues. Des lieux, des hommes », n° 3, 471-481.

SWINKEL M. et DE KONING A. (dir.) (2016), « Humour and Anthropology », *Etnofoor*, vol. 28, n° 1.

TAMBS-LYCHE H. (2013), « L'entrepreneuriat au sein de la famille. Marchands et entrepreneurs en Inde », *Moussons* « Lectures anthropologiques de l'éthique entrepreneuriale », n° 21, 123-139.

TARRIUS A. (1992), « Circulation des élites professionnelles et intégration européenne », *Revue européenne des migrations internationales*, vol. 8, n° 2, 27-56.

TARRIUS A. (2014), « Transmigrations européennes de travailleuses du sexe balkaniques et caucasiennes accompagnées de parentèles féminines », *Revue Tiers Monde* « Travail, femmes et migrations dans les suds », vol. 217, n° 1, 25-43.

TEBOUL J. (2015), « Combattre et parader. Des masculinités militaires plurielles », *Terrains & travaux* « Socialisations masculines, de l'enfance à l'âge adulte », n° 27, 99-115.

TEBOUL J. (2017), *Corps combattant. La production du soldat*, Paris, Éditions de la Maison des sciences de l'homme/ministère de la Culture (« Ethnologie de la France »).

THURNELL-READ T. (2014), « Craft, tangibility and affect at work in the microbrewery », *Emotion, Space and Society* « Intimacy and Embodiment », vol. 13, 46-54.

TORNATORE J.-L. (2005), « L'"invention de la Lorraine industrielle" : note sur un processus en cours », *Ethnologie française* « Fermetures : crises et reprises », n° 4, 679-689.

TRIVIÈRE F.-X. (1999), « Objets de bricole. De l'usine à l'univers domestique », *in* Bromberger C. et Chevallier D. (dir.), *Carrières d'objets. Innovations et relances*, Paris, Éditions de la Maison des sciences de l'homme/ministère de la Culture (« Ethnologie de la France »), p. 83-98.

UDY S. H. (1970), *Work in Traditional and Modern Society*, Englewood Cliffs, Prentice-Hall.

VALLARD A. (2012), « De la jupe à la femme. Tissage, vêtements et subjectivation au Laos », *in* Anstett É. et Gélard M.-L. (dir.), *Les objets ont-ils un genre ? Culture matérielle et production sociale des identités sexuées*, Paris, Armand Colin (« Recherches »), p. 105-120.

VAN GENNEP A. (1981) [1909], *Les rites de passage*, Paris, Picard.

VEGA A. (2000), *Une ethnologue à l'hôpital. L'ambiguïté du quotidien infirmier*, Paris, Éditions des archives contemporaines.

VEGA A. (2001), « Pauses et pots à l'hôpital : une nécessité vitale », *Consommations et Sociétés*, « L'alimentation au travail », n° 2, 137-148.

VEGA A. (2003), *Dans les cuisines des ministères*, Paris, Hachettes littératures (« La vie quotidienne »).

VERDIER Y. (1979), *Façons de dire, façons de faire. La laveuse, la couturière, la cuisinière*, Paris, Gallimard.

VERNANT J.-P. (1965), *Mythe et pensée chez les Grecs. Études de psychologie historique*, Paris, Maspero.

VERRET M. avec NUGUES P. (1999), *Le travail ouvrier*, Paris, L'Harmattan (« Logiques sociales »).

VIALLES N. (1987), *Le sang et la chair. Les abattoirs du pays de l'Adour*, Paris, Éditions de la Maison des sciences de l'homme/ministère de la Culture (« Ethnologie de la France »).

VIALLES N. (1988), « La viande ou la bête », *Terrain* « Des hommes et des bêtes », n° 10, 86-96.

VITI F. (2018), « Sous le regard de l'ethnologue. Les rapports sociaux d'apprentissage (Sénégal, Côte d'Ivoire, Togo) », *Journal des africanistes* « Le forgeron, le juge et l'ethnologue : autour de Bruno Martinelli », vol. 88, n° 2, 40-59.

WALLMAN S. (dir.) (1979), *Social Anthropology of Work*, London, Academic Press.

WARNIER J.-P. (1999), *Construire la culture matérielle : l'homme qui pensait avec ses doigts*, Paris, PUF.

WARNIER J.-P. (2017), « De la "civilisation matérielle" à "Matières à former". Entretien avec Jean-Pierre Warnier, propos recueillis par Céline Rosselin-Bareille », *Socio-anthropologie* « Matières à former », n° 35, 143-156.

WATEAU F. (1989), « "Gens de l'eau" : structure familiale de la batellerie artisanale du Nord de la France », *Ethnologie française*, n° 4, 350-361.

WEBER F. (2001) [1989], *Le travail à-côté. Étude d'ethnographie ouvrière*, Paris, Éditions de l'EHESS.

WENDLING T. (2010), « Us et abus de la notion de fait social total. Turbulences critiques », *Revue du MAUSS* « Marcel Mauss vivant », vol. 36, n° 2, 87-99.

WOODSON REES M. (2006), « ¿Ayuda or Work? Labor History of Female Heads or Household from Oaxaca, Mexico », *in* Durrenberger E. P. et Marti J. (dir.), *Labor in Cross-Cultural Perspective*, Lanham, AltaMira Press, p. 87-109.

YANAGISAKO S. J. (2002), *Producing Culture and Capital : Family Firms in Italy*, Princeton, Princeton University Press.

YANAGISAKO S. J. (2018a), « Family Firms », *in* Callan H. (ed.), *International Encyclopedia of Anthropology*, London, Wiley-Blackwell.

YANAGISAKO S. J. (2018b), « Reconfiguring labor value and the capital-labor relation in Italian global fashion », *Journal of the Royal Anthropological Institute* « Dislocating Labour », special issue, vol. 24, n° 1, 47-60.

YANAGISAKO S. J. (2019), « Family firms as kinship enterprises », *Economics* « Bio-psycho-social foundations of macroeconomics », Discussion Papers [en ligne], n° 12.

ZAMAN S. (2013), « L'hôpital comme microcosme de la société. Ethnographie d'un hôpital du Bangladesh », *Anthropologie et Sociétés* « Ethnographies hospitalières », vol. 37, n° 3, 45-62.

ZONABEND F. (1980), *La mémoire longue. Temps et histoires au village*, Paris, PUF.

ZONABEND F. (2014) [1989], *La presqu'île au nucléaire. Three Mile Island, Tchernobyl, Fukushima... et après ?*, Paris, Odile Jacob.

Table des matières

Table des encadrés

262453 - (I) - OSB 90 - BEL - MPN
Dépôt légal : janvier 2021

Achevé d'imprimer par la Nouvelle Imprimerie Laballery
58500 Clamecy
N° d'impression : 011492

Imprimé en France

La Nouvelle Imprimerie Laballery est titulaire de la marque Imprim'Vert®